지금껏 나만 몰랐던

창업 기술

30일 도전!
저자본, 저위험
창업 가이드

최은희 지음

지금껏 나만 몰랐던
창업 기술

읽고 싶은 책

추천사 1

이것은 창업의 모범 교과서이다

꼼꼼히 적힌 책 내용을 보며 깜짝 놀랐다. 최근 저자를 만났을 때 '뭔가 단단해졌다고 느꼈던 이유가 이것이었구나' 하며 의문점이 풀렸다. 창업 초창기부터 지금까지 직접 몸으로 부딪혀 얻은 노하우를 그동안 책으로 집대성하고 있었던 것이다.

감히 이 책을 창업의 모범 교과서라고 부르고 싶다. 첫 장부터 꽤나 진지하고 담백하게 창업의 길로 안내를 하고 있다. 창업에 답은 없다지만, 저마다 풀어가는 방식이 있을 텐데 이 책은 아주 착실하게 문제풀이를 하고 있다. 꼼수나 빠른 길을 찾는다면 이 책이 맞지 않을 수 있다. 창업은 진정성과 장기적인 안목으로 도전하지 않으면 실패를 맞게 된다. 세상이 투명해지고 공정해져서 금세 실력과 진정성이 드러나기 때문이다. 이 책은 빠른 풀이가 아니라, 바른 풀이를 알려준다. 응용문제가 나오더라도 쉽게 풀 수 있는 정석과 같다. 원리를 깨칠 수 없는 쉬운 요령만 있다거나,

너무 이론에 몰두해 정작 실무적인 해답을 찾을 수 없다면 창업의 교과서라고 표현하지 않았을 것이다. 창업을 준비 중인 누군가가 있다면 첫 장을 펴서 페이지마다 자신의 생각을 적어가며 '그대로' 따라가 보아라. 어느 순간 희미했던 창업의 시작이 또렷해질 것이다.

배움과 성장에 목말랐던 1인 창업가이자 창작자인 저자는 이제 멘토를 자처하고 있다. 책에 쓰인 이 한 줄에서 그 따뜻한 마음을 느낀다. "창업이 처음인 예비창업자에게 스승이나 선배가 있다면 얼마나 큰 힘이 되겠는가. 필요한 조언을 해주고 자신의 경험을 나눠주는 멘토처럼 말이다." 정말 그렇다. 옆에서 직접 한번 보는 것만으로 노하우를 알 수 있는 경우가 많다. 선배들의 창업 노하우를 듣고 '많은 시간을 들여 힘들게 일해왔는데 이렇게 간단한 거였다니!'하고 허망함을 느낄 때도 부지기수다. 때로는 먼저 길을 가본 창업가의 한 마디가 시간과 돈을 아끼게 해준다. 아는 사람들만 몰래 활용한다는 알곡 같은 정보가 대방출되어 있다. 아마 친동생이나 자녀에게 알려준다는 생각으로 쓴 게 아닐까. 이 책에서 알려주는 유용한 정보와 실전 팁들로 창업 우등생이 되길 빈다.

㈜리슬 대표 **황이슬**
<나는 한복 입고 홍대 간다> 저자

추천사 2

김 서린 안경을 쓱쓱 닦아내면 앞이 선명해진다

이 책을 전해 받았을 때의 느낌이 딱 그랬다. 막연한 창업의 현재와 미래를 명확하게 실행시켜 줄 창업 지침서임에 분명하다. 돌이켜보면 나는 '어쩌다 창업파'였다. 7년여 전 오로지 경험만 믿고 그 어떤 창업의 기술 없이 시작했기에 이 책이 더 특별하게 다가왔다. 그 당시 이런 지침서가 곁에 있었더라면 좌충우돌, 우왕좌왕하며 흘려보낸 시간을 현저히 줄일 수 있었을 것이다. 그래서 "왜 이제야 이런 창업 책이 나왔을까!" 하며 감탄을 연발했다. 심지어 지금의 나에게도 필요한 기술들이 있어서 꼭 활용해 봐야겠다는 생각으로 이어졌다. 읽으면 읽을수록 다양한 경험으로 알게 된 창업의 기술들을 보물창고처럼 한 권의 책에 차곡차곡 모아두어서 '친한 지인에게 시크릿으로 알려 주고 싶은 책'이다.

와인드컴퍼니 대표 **박근아**

<부끄러움을 버리고 부러움을 사다> 저자, 前 방송 아나운서

추천사 3

아이디어는 많지만, 경험은 부족한 열정 부자들에게

사업자를 내고, 창업을 하는 일은 생각보다 어렵지 않다. 요즘은 인터넷으로도 가능해서 하루 만에 뚝딱! 가능하지만, 그것을 유지하는 것은 차원이 다른 문제이기에 우리에겐 전략과 매뉴얼이 필요하다. 다만, 왜 그곳에 가야 하는지. 그곳에서 무엇을 하고 싶은지를 알아차리는 것이야말로 창업의 본질이자 원동력이라는 저자의 생각에 한참을 머물렀다.

부실한 토대 위에 성공한 기업을 세울 수는 없다. 질문을 던지고 답하는 과정은 방향을 선명하게 하고, 자칫 간과하기 쉬운 문제들을 재조명하는 안내자가 되었다. 창업을 준비하는 사람들을 뛰어넘어 나를 위한 일을 고민하고 있다면, 자립하고 싶은 직장인이라면, 이 책을 통해 '나'와의 여행을 떠나보자.

로미브릭 대표 **정경미**

<엄마도 퇴근 좀 하겠습니다> 저자

프롤로그

놀면 뭐하니? 30일 도전으로 창업 준비하자

창업 바람이 봇물이다. 통계청 자료에 따르면, 작년 국내 대졸자 100명 중 30명이 창업을 했거나 창업을 고려하고 있는 것으로 나타났다. 산업화가 시작된 1960년대 이후 우리나라 고용지표에서 대졸자 창업이 두 자릿수 비율을 기록한 건 2017년 이후의 일이다. 지난 3년간 통계자료만 봐도 꾸준히 상승하는 창업 추세를 한눈에 확인할 수 있다. 언제까지 직장을 다닐지 늘 불안한 3~40대와 은퇴를 앞둔 50대의 창업까지 고려하면 창업은 선택이 아닌 필수인 시대가 되었다.

창업 전성시대가 온 건 맞지만, 막상 내가 하려면 쉽지 않다. 고려해야 할 일들이 한둘이 아니다. 실패를 생각하면 겁도 나고 여러 가지 고민에 빠지게 된다. 어떤 아이템이 먹힐까, 내 아이디어가 돈과 연결될 수 있을까, 이런 생각들이 두서없이 떠오른다. 착

수 단계에 이르지도 못하고 사업이 자칫 묻혀버리는 안타까운 사례들이 수없이 일어난다. 이것이 내가 이 책을 쓴 이유다. 빛나는 아이디어가 있지만, 초기 자금이 없어 어려움을 겪는 사람들도 있고, 경험이 없어 자신감 부족을 호소하는 사람들도 너무나 많다. 이들에겐 창업 정보와 체크리스트가 담긴 안내서가 절실하다. 요즘의 창업은 자기 계발을 위한 것도 있지만 대부분은 생계형이기 때문이다. 실수라도 하면 돈은 돈대로 날리고 헤어나기 힘든 나락으로 빠지게 된다. 창업을 생각하지만 한 걸음도 나아가지 못하고 발만 동동 구르는 것은 '망하진 않을까' 걱정부터 앞서기 때문이다.

하지만 궁하면 통한다고 하지 않던가! 찾으면 길은 있다. 다만 모를 뿐이다. 이 책은 아이디어는 있지만, 생각 단계에서 머물러 있는 분들을 위한 매뉴얼이다. 소중한 아이디어를 얼마나 더 창의적으로 발전시키고 구체화하느냐에 따라서 세상의 주목을 받을 수도, 소리 없이 사라질 수도 있다. 내 돈을 들여서 아이디어를 테스팅 하기 겁나면 여러 지원 사업을 활용하는 방법을 추천한다. 아무런 시도조차 하지 않으면 아무 일도 일어나지 않음을 알지 않는가! 창업 전에 스몰 스텝으로 무엇이든 시도해 보자.

창업에선 '무엇을(What), 어떻게(How)' 만큼 중요한 것이 '왜(Why)'이다. 창업하면 그 자체로 자신의 직업이 되기 때문이다. 기왕 하는 김에 좋아하는 일을 창업 아이템으로 선택해 직업으로 만들면 오랫동안 버틸 힘이 된다. 개인적 삶(YOLO, You Only Live Once), 일과 삶의 균형(Work-Life Balance)을 중시하는 세상이니 즐기면서 돈도 벌면 그보다 좋을 수는 없다. 좋아하는 일에 기술력과 사업역량을 갖추려면 최소 1년 이상의 준비 기간이 필요하다. 그런데 대다수의 사람은 빨리 창업해서 빨리 성공하길 기대한다. 실패하지 않으려면 창업에는 준비가 필수다.

이 책은 예비 창업자들이 '알면 쓸 데 있는 중요한 정보와 실전 팁(Tip)'을 정리하였다. 스텝 바이 스텝으로 준비할 수 있도록 [준비], [실전], [심화], 세 단계로 나누었다. [STEP 1] 준비 단계에서는 창업에 대한 생각 정리, 창업 목적과 단기·중기·장기 목표 세우기, 정부와 지자체의 무료 교육 및 멘토링, 다양한 창업 지원사업에 관한 내용을 담았다. [STEP 2] 실전 단계에서는 빅데이터를 활용한 창업 아이템 찾기, 시장조사, 벤치마킹 방법과 체크리스트, 고객 찾기 등 실질적인 활용을 안내하였다. 마지막 [STEP 3] 심화 단계에서는 상품의 본질과 콘셉트, 브랜드 네이밍, 상표등록, 상권분석 등으로 성공 치트키가 될 창업 비법을 제시하였다.

각 단계별로 저자본, 저부담, 저위험 창업에 대해 안내하므로 체계적으로 준비할 수 있다. 하루 1시간 투자로 30일 만에 창업할 수 있도록 30개의 내용으로 구성하였다. 한 번 읽고 바로 응용할 수 있어서 1인 창업에 날개를 달아줄 부스터 매뉴얼이다. 예비 창업자 중에서도 좋아하는 일로 창업하려는 분, 나만의 경험과 노하우로 창업하려는 분, 내 돈보다는 창업 지원금으로 시작하려는 분, 퇴사나 은퇴 후 세컨드 라이프를 준비하는 분들에게 특히 도움을 주고자 하였다. 친절한 안내서를 따라서 쉽게 창업하고 롱런하길 기원한다.

차례

지금껏 나만 몰랐던
창업기술

STEP 1

[준비]

기본이 탄탄한

저자본 창업 매뉴얼

DAY 1

막막하다면, 창업 정리 마인드맵

준비 단계에 뭐부터 시작할까

직장에 얽매이지 않고 자유롭게 일하고 싶은 프리 워커(Free Wor-ker)들이 늘고 있다. 사회 분위기가 창업을 권장하며 '하고 싶은 대로 해봐'라며 도전을 부추긴다. 그래서 20대부터 60대까지 '나도 창업해 볼까!'하고 한 번쯤 생각한다. 하지만 창업을 결심했다 하더라도 절대 사업자등록부터 하지 마라. 먼저 왜, 무엇을, 어떻게 할 것인지 충분히 생각하고 계획해야 한다. 꼼꼼히 준비하고 창업해도 예기치 못한 일들이 많이 생긴다. 그런데 무턱대고 사업자등록부터 할 이유가 없다. 더구나 정부 예비창업자 지원 사업은 필히 사업자등록이 없어야 한다. 선정된 지원 사업을 종료한 후 사업자등록을 하면 된다.

창업하려면 인재(창업가), 자금, 기술(아이템)이 있어야 한다. 최근엔 저자본, 1인 창업, 온라인 창업이 대세이다. 첫 번째 창업 요소인 창업가는 전문성과 기술력이 있어야 하며, 인적·물적 관리 능력, 추진력, 정신적·육체적 건강도 갖추어야 한다. 두 번째 창업 요소인 자금은 자기 자본금, 예비창업 지원금, 소상공인 대출금, 제3자 투자금을 활용할 수 있다. 여기서 창업가의 부담을 낮추려면 자기 자본금을 최대한 적게 투입하고 예비창업 지원금을 받는 것이 좋다. 세 번째 창업 요소인 기술이나 아이템은 시장 상황에 맞춰 아이디어를 발전시켜야 한다. 어떤 창업자는 남들이 생각하지 못한 아이템으로 성공하기도 하고, 어떤 창업자는 소비자 반응이 없어 폐업하기도 한다.

창업의 성공 가능성은 잘 준비할수록 높아진다. 그럼, 뭐부터 시작해야 좋을까? 목적이 분명해야 오랜 시간이 걸리고 험난한 과정이 있더라도 포기하지 않고, 성공할 때까지 밀고 나가는 힘을 갖는다. 왜 창업을 하는가, 창업하는 이유는 무엇인가. 창업 포털 사이트에 소개된 창업 이유에 대한 응답은 '돈을 많이 벌고 싶어서', '하고 싶던 일을 하려고', '취업이 어려워서', '노후에도 일을 계속하려고' 등으로 나타났다. 실제 주변에서 많이 듣는 창업 이유다. 하지만 돈과 성공은 창업 목적이 아니다. 돈을 벌고 경제적 자유를 얻는 것은 창업의 결과로 생기는 성과이지 '왜'에 대한 동기로 적합하지 않다. 창업은 능동적으로 자기 일을 만들고 많은 것들을 시도하는 과정이다. 그렇기 때문에 창업이 '나(창업자)를 실현하는 수단'임을 명심해야 한다. 왜, 어떤 삶을 만들기 위해 새로운 것에 도전하고 시도하는 것인지, 그것부터 생각해 보길 바란다.

창업 실마리 찾기: 일에 대한 나의 태도

살면서 갖게 되는 '일' 중 하나가 창업이다. 창업은 누가 나를 고용하는 것이 아닌, 주체적으로 자기 일을 만드는 것이다. 그렇다면 '일'에 대한 태도로부터 창업 실마리를 찾아보자. 〈나를 지키며 일하는 법(강상중, 사계절, 2017)〉에서 미래를 알 수 없는 불확실한 시대에 '어떻게 일할 것인가?' 하고 묻고, 직장인보다는 직업인으로 '나의 일'을 찾으라고 한다. 여기서 직장인 VS 직업인, 언뜻 비슷해 보이지만 차이가 있다. 어떤 곳에 소속되어 일하고 급료를 받는 사람을 직장인이라 할 수 있고, 스스로 자기 일을 찾아 '업'으로 연결하는 사람을 직업인이라 할 수 있다.

직업인으로 '나의 일'은 무엇일까. 24년간 직장인으로 디자인을 가르치고 있다. 반면, 직업인으로는 10년 이상 패턴 디자인과 일러스트레이션 창작을 하며 프리 워커로 일해왔다. 그런데 한 번도 그 둘을 연결하려 시도해 본 적은 없다. 나도 모르는 사이에 학교 안과 밖이라는 공간의 경계로 하는 일을 구분 짓고 있었다. 둘 다 디자인 영역이라 같은 일이 아닌가 생각할 수 있지만, 일의 종류로는 교육과 예술 서비스로 달라진다. 디지털 노마드(Nomad)의 삶이 일상화된 지금, 오랫동안 해온 직장인의 일을 직업인의 일로 연결할 수 있는지 고민해 볼 만하다.

직업인으로 의미 있게 '나'를 지키는 법은 '나를 반영한 일 찾기'부터 출발한다. 자신이 좋아하는 일, 또는 잘하는 일은 무엇인가. 책 읽기, 글쓰기, 굿즈 만들기, 그림 그리기, 코치(Coach), 마케팅 등 여러 일이 있을 것이다. 다른 일보다 조금 더 끌리는 일이 있는가. '나'를 반영한 일은 자기다움을 찾는 일이다. 아무것도 해보지 않고 자신에게 맞는 일을 찾기란 어렵다. 뭐든 시작해 봐야 안다. 그래서 취미를 창업으로 연결한 창업가(하비 프리너, Hobby-Preneur)와 호큐페이션(솜씨 창업, Hoccupation)이 급부상하고 있다. 좋아하는 일로 돈을 벌고 자아실현을 할 수 있다면 금상첨화 아닌가.

1인 창업에 '창업자(나)'를 반영한다는 건 좋아하는 일, 잘하는 일을 적용하는 것이다. 창업이라는 하나의 세계에 자신을 담아보자. 분명히 '나다운 일, 나다운 창업'이 '소소하지만 확실히 행복한 창업(코로나 시대 자영업의 미래, 김상훈, 아이콤마, 2021)'으로 이끌어 줄 것이다. 그뿐만 아니라 창업자(나)로부터 시작하는 일이 더 오래 시장에서 살아남는 비법이 될 수 있다. 이제 '자기다움을 반영한 일'을 찾기 위해 지난 경험을 떠올려보고, 그와 연관된 기술이 있는지 종이에 적어보자. 좋아하는 일과 잘하는 일이 다를 수 있으니 별도로 구분해 생각해 보면 좋겠다.

[표1] 창업 실마리 찾기

구분	경험	기술
좋아하는 일		
잘하는 일		
'나'로부터 창업		
창업 종류		

본격적으로 '나(창업자)'에게 집중하자

새로운 일을 만듦에 무형의 기술은 중요한 자산이다. 좋아하는 일, 잘하는 일에 오랜 시간과 경험을 쌓으면 자연스럽게 기술과 노하우가 생긴다. 누군가는 카운슬링 노하우(Counseling Know-how)가 있고, 누군가는 설득의 기술이 있으며, 또 누군가는 프로젝트 관리 능력이 뛰어나다. 지금까지 쌓아온 경험은 무엇을 하든지 큰 도움이 된다. 학교와 직장 생활에만 국한하지 말고, 일상에 쌓인 나(창업자)만의 노하우를 찾아보자. 의·식·주 생활로부터 찾아도 좋다. 평소 출근길에 어울리는 패션 스타일링(Styling), 우리 집 특색을 살리는 인테리어 코디네이션, 아이들을 위한 집밥 레시피처럼 일상에서 늘 마주하는 일일 수도 있다. 이런 소소한 경험을 모으고 기록하면 나(창업자)만의 노하우가 되는 것이다.

창업의 무기가 되는 기술은 무엇이 있을까. 늘 당연시했던 노하우나 관심사로부터 창업 실마리를 발견하자. 자신이 지닌 장점이나 기술을 특별하다고 생각하고, '내 안에 무엇이 있나?' 응시하는 시간을 갖길 바란다. 맘에 드는 제품을 잘 고르는 쇼핑도, 아이들과의 집콕 놀이도 노하우가 될 수 있다. 좋아하는 일, 잘하는 일에서 나(창업자)만의 기술이나 노하우가 떠오르는가. 그렇다면 무척 반가운 일이다. 조금 더 쉽게 실마리를 풀 수 있기 때문에. 만약 특별한 것이 떠오르지 않는다면, 일반 창업과 기술 창업의 종류를 참고해서 찾아보자. 어디서든 조금이라도 힌트를 발견해 보자. 그런 다음, 원하는 창업 유형을 1순위(플랜 A), 2순위(플랜 B), 3순위(플랜 C), 순서대로 적어보자. 세 가지가 떠오르지 않으면 단 한 가지라도 좋으니 일단 써보자. 창업을 준비하는 단계이기 때문에 아직 확정이 아니다. 먼저 윤곽(Outline)을 잡고 나중에 구체화하면 된다.

[표2] 일반 창업과 기술 창업 종류

구 분	해당 업종	비 고	
기술창업	제조업	의료용 물질 및 의약품, 전자부품/컴퓨터/영상/음향 및 통신장비, 의료/정밀/광학기기 및 시계, 항공기/우주선 및 부품제조업	혁신형 제조업
		화학물질 및 화학제품(의약품 제외), 전기장비, 기타 기계 및 장비, 자동화 및 트레일러, 철도 및 기타 운송장비(항공기 제외)	
		코크스/연탄 및 석유정제품, 고무제품 및 플라스틱제품, 비금속광물제품, 1차금속, 금속가공제품(기계 및 기구 제외), 선박 및 보트 건조업	비혁신형 제조업
		식료품, 음료, 담배, 섬유제품(의복 제외), 의복/의복 액세서리 및 모피제품, 가죽/가방 및 신발, 목재 및 나무제품(가구 제외), 펄프/종이 및 종이제품, 인쇄 및 기록매체 복제업, 가구, 기타 제품 제조업	
	지식 서비스업	출판, 영상, 정보통신 및 정보서비스업	혁신형 서비스업
		전문, 과학 및 기술 서비스업	
		사업지원 서비스업	
		교육 서비스업	
		보건업 및 사회복지 서비스업	
		예술, 스포츠 및 여가서비스업	
일반창업	생계형 창업	도매 및 소매업	비혁신형 서비스업
		숙박 및 음식점업	
	기타 서비스업 및 건설업	일반 서비스업	기 타
		건설업 등	

[표3] '나'로부터 시작하는 창업 / 예시

구분	경험		기술
좋아하는 일	(예시) 1. 드로잉, 스케치 / 20대 2. 디자인 (조형 / 아이디어 발상) / 20~50대 3. 자연 관찰, 가드닝 / 40~50대		(예시) 1. 수채화, 유화 그리기 / 20~30대, 5년 2. 일러스트 & 패턴디자인 창작 / 40~50대, 10년 3. 패치워크, 쏘잉(Sewing) / 30대, 5년
잘 하는 일	1. 강의 / 교육 : 학습자와 의사소통, 피드백 2. 조사 / 분석 : 기획서 작성, 연구 분석		1. 연구 및 디자인 프로젝트 관리 / 20년 2. 강의 교안 만들기 / 24년
'나'로부터 창업	1. 디자인 제품 브랜드	2. 일러스트 / 패턴디자인 창작	3. 강의 / 수업
창업 종류	기술창업 / 제조업	기술창업 / 지식 서비스업	기술창업 / 지식 서비스업

창업 생각 정리, 마인드맵을 활용하자

유독 마음을 끄는 일은 무엇인가. 살면서 다른 일보다 끌리는 일이 적어도 한두 가지 정도 분명히 있을 것이다. 기억에 남는 일을 20대, 30대, 40대, 시기별로 나열해 보자. 좋아하는 일, 잘하는 일, 할 수 있는 일, 하고 싶은 일이 보일 것이다.

이런저런 머릿속 생각만으로 그치면 진전이 없다. 눈에 보이도록 써보면 막연했던 생각이 점차 선명해진다. 실타래처럼 엉켜있는 생각을 단순하게 정리해 보자.

여기에 마인드맵(Mind Map)을 활용해 보자. 마인드맵은 아이디어 발상뿐만 아니라, 생각 정리 도구로 널리 알려져 있다. 간략히 마인드맵을 소개한다. 먼저, 주제어(Main Keyword)를 선정한다. 둘째, 주제어를 중심으로 가지를 확장하고 각 가지에 핵심 단어(Sub-Keyword)를 작성한다. 셋째, 핵심 단어에서 부 가지를 만들어 연관 단어(Related Keyword)를 작성한다. 넷째, 핵심·연관 단어로부터 가지와 부 가지의 확장 과정을 반복한다. 다섯째, 주제어부터 핵심 단어, 연관 단어까지 그룹별로 잘 연결되어 있는지 확인하며 수정한다. 이 순서대로 마인드맵을 활용해 창업에 관한 생각을 구체화해보자.

1순위(플랜 A)인 창업 아이디어가 있는가. 먼저 한 예를 제시해 보겠다. 디자인 제품을 만드는 경우, 중심어에 '디자인 제품 브랜드'라고 적는다. 제품을 만들어 사업을 시작하면 차별화된 마케팅 전략이 필요하기 때문에 제롬 메카시(E. Jerome McCarthy, Basic Marketing, Irwin, Inc., 1960)의 4P 프레임워크를 핵심 단어로 넣어보자. 창업가 관점에서 4P는 제품(Product), 가격(Price), 유통경로(Place), 판매촉진(Promotion)으로 구성되어 있다.

제품(Product)

제품과 상품에 대한 구분을 이해하고 넘어가자. 제품은 기업이 스스로 원료를 써서 만들어낸 물품이고, 상품은 완성된 제품을 되파는 유통과정에서의 거래 물품을 말한다. 4P에서 제품은 그 자체뿐만 아니라, 제품이 사용되고 폐기되는 전반적인 수명 주기(Life Cycle)까지 고려해야 한다. 그래서 상표, 품질, 서비스, 시스템까지 제품을 구성하는 요소라 할 수 있다. 제품 기획을 할 때 유형·무형의 제품이 기능적 편익, 정서적 편익, 사회적 편익(이 제품을 사용함으로써 남들의 부러움을 받는 혜택)을 고객에게 제공하는지 확인하고, 시장에 적합한 제품을 만들어야 한다.

세상의 수많은 제품 중에서 무엇으로 창업할지 정해보자. 예를 들어, 패턴 디자인과 일러스트레이션(Illustration)으로 만들 수 있는 제품은 가방, 옷, 핸드폰 케이스, 문구, 포장지, 벽지처럼 다양하다. 그런데 처음부터 많은 제품을 만들긴 어렵고, 타깃층에 맞는 제품을 기획해야 한다. 재봉틀로 핸드메이드 제품을 만드는 일이 취미인 30~40대 여성을 타깃으로 패브릭 원단을 판매하고, 인테리어에 관심 있는 고객을 대상으로 홈데코 패브릭 포스터를 판매할 수 있다. 또한 20~30대 여성을 위한 패션 소품인 에코백과 파우치 판매도 가능하다. 그러면 마인드맵에 정리할 핵심 단어는 패턴 원단, 인테리어 소품, 패션잡화가 된다. 예시에서처럼 창업 아이템으로 기획한 제품을 마인드맵으로 정리해 보자.

[그림1] 창업 생각 정리_4P/제품

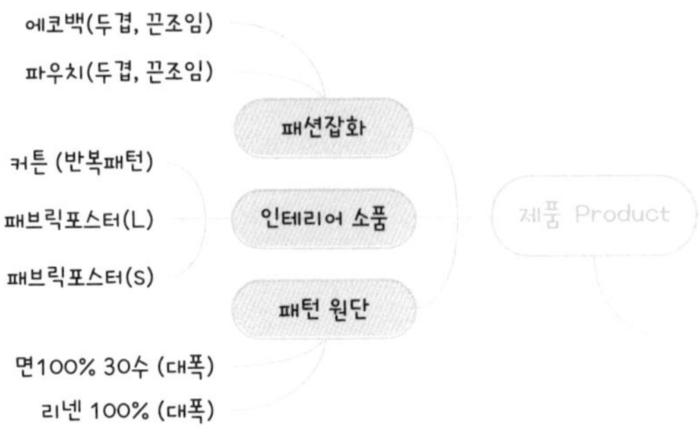

[그림2] 창업 생각 정리_4P/가격

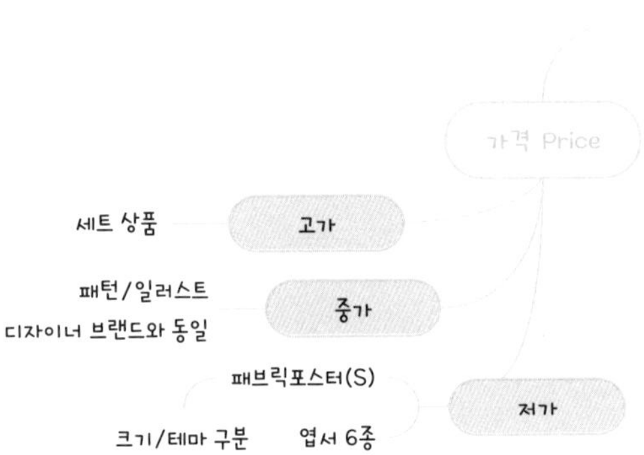

가격(Price)

제품 구매를 위해 고객이 지불하는 가격을 정해야 한다. 고객이 제품 가치를 얼마만큼 인식하느냐에 따라 가격이 결정된다. 낮은 가격은 더 많은 고객에게 접근하도록 만들며, 높은 가격은 그 자체로 진입장벽이 높은 시장에서 기업의 가치를 찾는 고객에게 어필한다. 기업의 수익 창출을 위해선 제작 원가가 소비자 가격의 30~50% 이내여야 유통과 유지관리 비용을 감당할 수 있다.

제품군(Line-Up)이 있다면 저가, 중가, 고가의 다양한 가격 구성을 만들자. 예를 들어, 디자인 제품에서 저가 제품은 스티커, 엽서, 노트, 키 링(Key Ring), 종이테이프, 핸드폰 그립 톡(Griptok) 등이다. 요즘은 소량 굿즈 제작 사이트들이 많이 생겨서 저가 제품으로 시작하면 창업 초기 부담을 줄일 수 있다. 각 사이트마다 제작하는 굿즈 종류가 다른데, 위드 굿즈(Withgoods), 케이스 마이 케이스(Casemycse), 레드프린팅 앤 프레스(Red Printing&Press), 만수 메달(Mansumedal), 마플(Marple), 오 프린트 미(Ohprintme)와 같은 곳에서 1개부터 소량 생산이 가능하기 때문에 이용해 보자. 중가 제품은 경쟁사와 비슷한 가격대로 구성하고, 고가 제품은 저가와 중가 제품에서 함께 사용할 수 있는 세트 상품을 구성하는 방법이 있다.

이미 제품 종류를 정했기 때문에 시장에서 형성된 가격대가 있을 것이다. 그 가격대를 기준으로 경쟁사와 얼마 만큼의 차별성을 둘지에 따라서 약간 높거나 낮게 정하면 된다. 또한 소량 생산인지, 대량 생산인지에 따라서 책정할 수 있는 가격이 달라진다. 위험 부담을 줄이려면 초기에는 소량 생산으로 고객 반응을 본 후, 점차 제작 수량을 늘리는 방법을 추천한다.

유통경로(Place)

고객이 제품을 경험하거나 구매할 수 있는 공간을 의미한다. 과거엔 오프라인 공간을 의미했지만, 지금은 고객과 제품 사이의 접점(Touch Point)이 되는 온라인 공간까지 포함한다. 오프라인 공간은 고객 응대 공간, 물류 보관 공간, 사무공간이 어느 정도 필요한지에 따라서 적합한 규모가 정해진다. 거주지와 근접성, 유동인구와 타깃 고객의 접근성, 월 임대료와 같은 조건도 점포 위치를 정할 때 고려할 사항이다.

온라인 공간은 자사 쇼핑몰과 대형 쇼핑몰 입점으로 나뉜다. 자사 쇼핑몰은 특정한 도메인(Domain)을 가진 온라인 공간을 구축해서 만든다. 하지만 독립적인 숍보다 네이버 스마트 스토어와 카카오 쇼핑에 숍인숍(Shop In Shop) 형태로 입점해 있는 온라인 숍의 수가 훨씬 더 많다. 또 한편으로는, 오늘의 집, 무신사, 지그재그, 아이디어스와 같은 특색 있는 쇼핑몰에 입점해 온라인 채널을 확장할 수 있다. 일정 규모의 고객층이 생겼다면 임시로 운영하는 팝업(Pop-Up) 스토어를 1년에 1~2회 여는 방식도 괜찮다. 팝업 스토어는 백화점이나 특정 공간을 잠시 빌려 운영하는 형태를 말한다. 온라인 고객이 많은 경우 팝업 스토어를 통해 고객과 직접 소통해 보고, 고객 반응을 직접 확인하는 것도 도움이 된다.

판매 촉진(Promotion)

판매촉진은 광고, 홍보, 마케팅, 고객 관리와 같은 고객과의 모든 커뮤니케이션을 뜻한다. 판매촉진 활동은 온라인과 오프라인, 두 가지로 나눠볼 수 있다. 온라인에서는 인스타그램, 페이스북, 네이버 블로그와 같은 SNS 채널 운영과 함께 이메일·문자 마케팅, 서포터즈·체험단 활동이 있다. 오프라인에서는 박람회나 페어(Fair), 발표회(Showcase), 각종 행사 등이 있다. 박람회나 페어는 홍보 효과를 높일 수 있는 행사를 선택하고, 이런 홍보 활동에 정부와 지자체 지원사업을 활용할 수 있다는 것을 기억하도록 하자.

[그림3] **창업 생각 정리_마인드맵**

창업에 대한 생각 정리를 단계별로 진행하였다. 첫 번째, 좋아하는 일이나 잘하는 일로부터 경험과 기술을 찾아 적었다. 두 번째, '나(창업자)'로부터 시작하는 창업의 종류를 찾아보았다. 세 번째, 마인드맵으로 창업에 필요한 내용을 정리했다. 마인드맵은 종이에 작성해도 되고, 알마인드(Almind)나 마인드 마이스터(Mindmeister)와 같은 디지털 마인드맵 도구를 활용해도 좋다. 디지털 마인드맵은 수정이 용이하고 컴퓨터 파일로 보관하기 쉬운 장점이 있으니 꼭 한번 써보길 바란다. 자주 사용하다 보면 이것도 '나(창업자)만의 노하우'가 생긴다.

창업을 통해서 하고 싶은 일이나 이루고 싶은 꿈이 있을 것이다. 하지만 계속 생각만 오래 하면 아무것도 이루어지지 않는다. 창업에 대한 생각 정리도 하나의 문제 해결 과정이다. 수학교육자인 조지 폴리야(George Polya, 1887~1985)는 문제 해결 과정을 4단계로 설명한다. 문제 이해하기(Understanding the Problem), 계획 작성하기(Devising a Plan), 계획 실행하기(Carrying out the Plan), 되돌아보기(Looking Back, 반성), 4단계가 그 과정이다. 이것을 창업에 적용하면 '생각-계획-실행-평가' 하는 과정으로 바꿔볼 수 있다. 아직 준비 단계에 있으니 여러 가능성을 보며 타진해 보자. 가볍게 몸풀기 하듯이 창업에 관한 생각을 정리하면 된다. 워밍업에서부터 완벽할 필요는 없다. 주체적으로 창업을 준비할 수 있도록 '스스로 생각할 시간'을 갖는 것부터 시작해보자.

DAY 2

무엇을 어떻게 차별화할까

"지금 하는 일의 핵심이 뭐야?"

"왜 이것이 사람들에게 필요하지?"

"그래서 앞으로 어떻게 진행할 건데?"

이런 질문을 한 번 이상 받아봤을 것이다. 평소 생각했던 질문이면 그 대답이 어렵지 않다. 창업도 마찬가지다. 누군가 던진 하나의 질문으로부터 꼬리에 꼬리를 물어 의외의 답을 찾기도 한다. 누가 알겠는가, 생각 정리가 한 번에 되어 창업에 대한 밑그림을 쉽게 그릴지! 반대로, 아이디어 진척이 더 없으면 잘 정리된 사업 사례를 찾아보는 일이 의외로 큰 도움이 된다. 창업진흥원(https://www.kised.or.kr)의 재도전 성공패키지 우수사례집을 꼭 찾아보길 바란다. 소비자 니즈를 반영한 아이디어 소개, 성장 가능성, 관련 시장 동향, 리스크 요인 및 대응 방안, 종합의견까지 일목요연하게 정리되어 있다. 매우 유용한 자료라서 이 사례들만 꼼꼼히 분석하고 응용해서 사업계획서를 작성해도 된다.

창업 계획을 세우려면 연관된 내용을 모으는 일이 필요하다. 글을 쓸 때도 글감을 찾아야 하듯, 뭐라도 좋으니 모으자. 기억에 남는 경험, 지식, 노하우도 괜찮고, 뉴스나 책에서 찾은 내용도 좋다. '나(창업자)'로부터 시작하는 창업이니 생각날 때마다 떠오르는 관심사나 좋아하는 물건을 메모해 두면 도움이 된다. 어느 날 메모에 적힌 단어들이 연결되고 연결되어 '나(창업자)만의 창업 아이템'이 되는 경우도 있다. 주변부터 찾아보자. 반짝이는 아이디어는 어디든 숨겨져 있으니까!

창업의 핵심 정리, 육하원칙(5W 1H)

구슬도 꿰어야 보배가 된다. 창업의 핵심 단어만 잘 정리해도 무엇을 할지 명확해진다. 그런데 사업계획서부터 작성하려고 하면 왠지 더 어렵다. 어떻게 접근해야 쉽게 정리할 수 있을까. 뉴스나 기사 작성의 기본 요소, 육하원칙(5W 1H)을 활용해 보자. 육하원칙에 따라 창업 내용을 정리하면 핵심이 모두 담긴다. 육하원칙은 프로젝트 기획이나 보고서 작성에 많이 사용하는 방법이며, 왜, 누가, 무엇을, 언제, 어디서, 어떻게, 이 여섯 항목에 비즈니스 모델 핵심을 모두 담을 수 있다. 커다란 종이에 포스트잇(Post-It)을 붙여가며 창업에 필요한 내용을 작성하자. 디지털 도구가 편리하면 '비즈니스 모델 캔버스(Business Model Canvas)(알렉산더 오스터왈더, 예스 피그누어, 비즈니스 모델의 탄생, 비즈니스북스, 2021)'를 검색해 무료 양식이 있는 사이트(예: https://miro.com/)에서 곧바로 만들어보자.

무엇(What)

무엇을 만들고 판매할 것인가. 이 '무엇'에는 유형의 제품과 무형의 서비스가 포함된다. 하고 싶은 일, 잘하는 일과 연관된 제품이나 서비스가 있는가. 그렇다면 그것의 핵심 자원과 핵심 활동은 어떠한 것이 있는가. 예를 들어, 5년간 다녔던 직장 경험이 창업 아이템의 핵심 자원이 되고, 취미나 관심사가 창업의 핵심 활동이 되기도 한다. 비누 만드는 취미가 있다면 소재와 형태를 차별화해서 창업 아이템으로 발전시킬 수 있다.

창업의 핵심 활동과 핵심 자원이 디자인인 경우, 기술 창업의 전문적인 지식 서비스에 속한다. 디자인과 연관된 창업이라도 다양한 '무엇(창업 아이템)'이 가능하다. 자체적인 디자인 개발에 중점을 둘 것인지, 개인과 기업으로부터 의뢰받은 디자인 개발에 중점을 둘 것인지, 디자인 노하우를 가르칠 것인지, 대략 세 가지로 나뉜다. 자체적인 디자인에 중점을 두면 콘텐츠를 무엇으로 할지, 제품 포지셔닝(Positioning)을 어디에 둘지 결정해야 한다. 그래야 뾰족한 창업 아이템이 된다. 반면, 디자인 개발이 아닌 교육

서비스로 창업 아이템을 정하면 클래스 101(https://class101.net/), 베어유(https://bear-u.com/)와 같은 플랫폼에 온라인 강의 론칭(Lauching)을 할 수 있다. 이와 같이 디자인이라는 동일한 영역에서도 할 수 있는 일은 다양하다. 한 가지 일로만 한정 짓지 말고, 여러 창업 아이템을 탐색하는 과정이 꼭 필요하다.

왜(Why)

'왜'라는 물음을 던져보자. 왜 창업하나, 왜 이 아이템이 있어야 하는가. 창업자는 하루에도 수많은 의사결정을 하는데 '왜'라는 질문으로부터 최선의 답을 찾아가야 한다. 예를 들어, 어떠한 문제(Problem)로 고통받는 사람들에게 유용한 해결안(Solution)을 제공한다면 충분히 창업 아이템이 될 수 있다. 흔히 디자인을 문제 해결 과정(Problem Solving Process)이라고 하는데, 창업도 동일하다. 그 문제 해결의 시작점을 '왜'로부터 출발해 보자.

요즘 주목받는 글루텐 프리(Gluten Free) 식품을 빵, 과자, 국수, 라면 제품으로 개발하려는 예비창업자가 있었다. '왜 이 아이템을 시작했냐'는 질문에 그는 '밀가루 음식을 좋아하는 사람들이 많은데 글루텐 유해성이 염려되었기 때문'이라고 말했다. 자신도 밀가루 음식을 좋아하기 때문에 만족스러운 제품이 나올 때까지 많은 테스팅을 할 거라고 했다. 그래서 건강, 안전, 영양, 친환경 키워드로 다양한 상품개발을 했고, 결국 글루텐 프리 베이커리로 창업했다. 지금은 예상했던 것보다 훨씬 성업 중이다. 글루텐 프리가 주는 혜택이 분명했기 때문에 소비자의 관심과 호응을 받은 것이다. 이것처럼 창업 아이템에는 반드시 존재 이유가 필요하다.

디자인 제품에서는 어떨까. 예쁜 디자인으로만 어필하기엔 너무나 많은 제품이 시장에 존재한다. 기능이 우수한 제품도 많고, 좋은 가치를 담고 있는 제품도 많다. 그래서 무니무니(moony moony) 제품 개발 단계에서 '왜'라는 질문을 스스로에게 끊임없이 했다. '왜 디자인을 하는지, 왜 자연을 그리는지, 왜 제품을 만드는지' 고민했고, 결국 '심리적 위안을 주는 제품을 만들고 싶다'라는 결론에 이르렀다. 유년 시절부터 자연과 가까운 삶을 살았고, 자연이 주는 정서적 혜택이 엄청나게 크다는 것을 경험으로 잘 알고 있었다. 그래서 자연을 모티브로 일러스트를 그렸고 '자연이 주는 위로와 평안'을 제품을 통해 전달하려고 했다. 그뿐만 아니라, 로컬 창작자로서의 삶과 일을 연결해 '일=디자인=삶'이라는 메시지를 알리고 싶었다. 궁극적으로 창업가를 닮은 창업 아이템은 더 '자기답게' 일할 수 있는 동기부여를 해준다는 사실! 직접 경험해 보면 알게 된다.

누구(Who)

이 아이템을 구입할 고객과 사용자는 누구인가. 비즈니스 모델 설계의 가장 기본적인 원칙은 고객 중심의 관점을 가져오는 것이다. 고객은 무엇을 원하는가. 고객은 무엇을 위해 기꺼이 비용을 지불하는가. 고객의 일상에 무엇을 제안해 줄 수 있는가. 창업가는 거기에 부응할 합당한 답을 찾아야 한다.

아이템 기획에서 세분화된 고객 특성을 파악하는 일은 매우 중요하다. 잠재 고객이 어떤 모습일지 머릿속에 그려지는가. 제품과 서비스의 타깃이 되는 페르소나(Persona)를 상상해 보자. 페르소나는 사회 역할이나 배우에 의해 연기되는 등장인물을 뜻한다. 먼저, 임의의 이름과 사진으로 고객의 정체성을 설정하고, 직업과 나이를 타깃 범위에서 정한다. 다음으로, 가상 인물인 페르소나가 창업 아이템을 이용하며 얻는 것들을 정의한다. 이 인물이 창업 아이템인 제품이나 서비스를 이용하는 주된 목적은 무엇인가. 지금 예상하고 있는 고객을 한 줄로 요약해 보자.

"창업자의 브랜드 고객은 누구인가?"

- 25~45 여성 고객.
- 자연에서 힐링을 얻고 여유를 찾으려는 사람들.
- 도심에서 바쁘게 생활하지만 자연을 그리워하는 사람들.
- 디자인 제품이나 서비스에 관심이 많은 사람들.
- 인테리어에 관심이 많고 자신만의 공간을 꾸미길 바라는 사람들.
- 흔한 제품보다는 유니크한(Unique) 디자이너 제품을 선호하는 사람들.

언제(When)

준비 기간을 어느 정도로 가질 것인가, 언제 오픈이나 론칭을 할 것인가. 이것은 창업 시기(언제)에 초점을 둔 계획이다. 하지만 창업 아이템에 포커스를 두면, 언제 사용하는 제품인가, 언제 출시할 것인가를 정해야 한다. 출시를 크라우드 펀딩(Crowd Funding)으로 하는 경우엔 가장 좋은 시기가 언제일지 검토해야 한다. 추석이나 설날에 필요한 선물로 기획한 아이템의 펀딩이라면 언제로 정해야 할까. 펀딩 후원자가 명절 전에 아이템을 받도록 거꾸로 일정을 계산하는데, 예약 알림 기간(15일), 실제 프로젝트 기간(30일), 제작 기간(30일), 포장 및 배송 준비 기간(10일), 배송기간(5일)과 같은 전체 소요되는 날짜를 모두 합해 여유 있게 3개월은 잡아야 한다.

시즌 제품인 경우, 시장에 진입하는 타이밍을 잘 잡아야 성공 가능성이 높아진다. 만약 창업 아이템이 친환경 제품이라면 연관성 있는 날(예: 환경의 날, 식목일 등)을 찾아 리스트를 작성한다. 그 리스트 중에서 오픈 출시일이나 특별 이벤트 날짜를 정해보자. 매년 동일한 날짜에 이벤트를 열어 고객들이 브랜드를 기억하게 하는 방법은 브랜드 이미지 구축에 효과적이다. 아이템이 발렌타인데이, 화이트데이, 크리스마스와 연관된다면 적어도 몇 달 전부터 계획을 세워 최대의 홍보 효과를 이끌어내야 한다.

어떻게(How)

기업을 어떻게 경영하고 관리할 것인가의 문제이다. 핵심 활동, 비용 구조, 수익원이 함께 연계되어 움직이는 구조를 갖는다. 여기서는 기술 개발, 자금 조달, 홍보 마케팅, 시장 개척, 경영전략을 종합적으로 고려해야 한다. 핵심 활동이 되는 창업 아이템의 경우, 어떻게 제작할 것인가, 생산비 책정은 어떻게 할 것인가, 유통 체계는 어떻게 할 것인가 등을 계획하게 된다. 기업의 전체적인 관리와 운영에 해당되기 때문에 창업자의 경영철학과 전략이 있어야 한다.

어떤 핵심 활동이 기업을 이끌어 가는가. 아무리 작은 1인 기업이어도 어떻게 수익창출이 이루어질지 시스템을 만들어야 한다. 디자인 개발 후 제품을 제작하고 판매하기 위해 온·오프라인 숍을 운영한다고 가정해보자. 초기에는 일정한 매출이 발생하지 않기 때문에 다양한 수익창출 경로를 열어둬야 한다. 그래서 제품 판매 수익, 디자인 지식 서비스 수수료, 강의 수익 등이 발생하면 그 일부를 다시 제조비용으로 사용해 순환관계를 만든다. 또한 판매 촉진을 위한 홍보 마케팅은 SNS를 적극적으로 활용해 저비용 대비 최대 효과를 내도록 한다. 이러한 '어떻게'의 관계를 '비즈니스 모델 캔버스'(그림 4)에 대입해 연계성 화살표로 표현해 보자. 기업의 운영 흐름이 보이도록 말이다.

어디서(Where)

창업 장소 또는 입지가 '어디서'에 해당된다. 이것은 크게 두 가지, 온라인과 오프라인 공간으로 구분할 수 있다. 가능하다면 온·오프라인 공간을 모두 갖추는 것이 좋다. 하지만 오프라인 공간은 임대료 및 유지관리 비용이 들기 때문에 어느 정도 고객이 생긴 후 공간을 마련하는 것이 바람직하다. 온라인 쇼핑몰이나 홈페이지가 있으면 고객에게 전문성과 신뢰성을 줄 수 있고, 숍인숍(Shop In Shop) 입점에 유리하다. 오프라인 공간에 대한 장소, 유동 인구 및 상권 분석, 그리고 온라인 공간 구축에 관한 내용은 [STEP 3]에서 조금 더 상세히 다루도록 한다.

여기까지 설명한 비즈니스 모델 캔버스나 창업 육하원칙(5W 1H)은 핵심 활동을 무엇으로 하느냐에 따라서 달라진다. 지금 개발하는 것이 제품인지 서비스인지 핵심 활동부터 생각해 보자. 여러 비즈니스 모델을 구상해 보고, 가장 사업성이 좋은 모델을 1차적으로 시도해 보길 바란다. 실제 작은 프로젝트 한 개라도 진행해 보면 '생각(Ideation)-계획(Planning)-실행(Execution)-평가(Evaluation)'의 과정이 반복적으로 이루어짐을 알 수 있다. 아직은 창업 준비 단계에 있으니 창업의 핵심 포인트를 비즈니스 모델 캔버스와 창업 육하원칙(5W IH)으로 잘 정리해 보자. 핵심단어를 적절히 선정하면 창업을 조망하기 쉬워진다.

[표4] **비즈니스 모델 캔버스** (알렉산더 오스터왈더 & 예스 피그누어)

구분	내용	비고
1. 가치 제안	기업이 고객을 위해 전달하려는 가치(기능적, 사회적, 감정적 가치)는 무엇인가. 왜 이 제품이나 서비스가 필요한가.	왜 (Why)
2. 핵심 자원	비즈니스가 원활히 진행되기 위해 기업이 지닌 유형·무형의 자산(인적자원 포함)은 무엇인가.	무엇 (What)
3. 고객 세분화	기업이 제공하는 제품이나 서비스는 누구를 위한 것인가. (하나 이상의 세분화된 고객)	누구 (Who)
4. 고객 관계	고객과 어떻게 상호작용하고 어떤 관계를 구축할 것인가. (잠재/고정 고객)	누구 (Who)
5. 핵심 파트너십	특정한 활동들은 외부의 파트너십을 통해 수행하며 (아웃소싱), 일부 자원 역시 조직 외부(B2B, B2C)에서 얻는다.	누구 (Who)
6. 채널	기업의 가치를 고객에게 어떤 채널을 통해 전달할 것인가. (온/오프라인, 유튜브, 블로그, 책 등)	어디서 (Where)/ 언제 (When)
7. 핵심 활동	가치를 만들고 비즈니스의 원활한 진행을 위해 필요한 핵심 활동은 무엇인가. (제작, 연구개발, 콘텐츠 창작 등)	어떻게 (How)
8. 비용 구조	사업 운영에서 발생하는 모든 비용은 어느 정도이고, 어떻게 마련할 것인가. (고정비, 변동비, 외주비 등)	어떻게 (How)
9. 수익	다양한 형태의 수익 모델이 있는가. (강의 수익, 컨설팅 수익, 스마트 스토어 수익 등)	어떻게 (How)

[그림4] 비즈니스 모델 캔버스 & 창업 육하원칙(5W 1H)

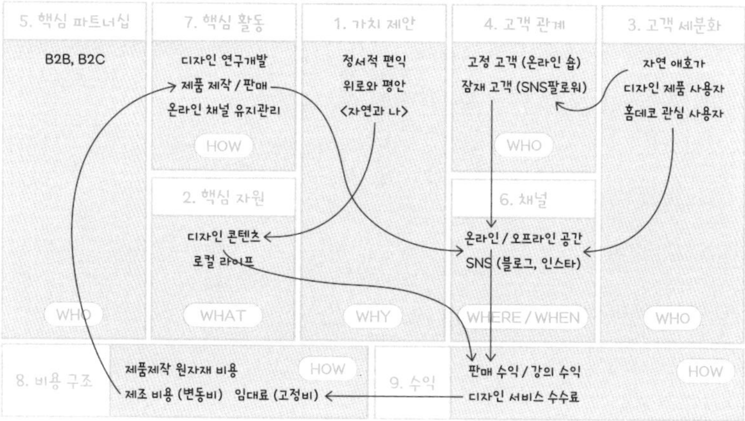

[표5] 창업 육하원칙(5W 1H)

구분	내용		키워드
핵심 정리	왜 (Why)	왜 필요한가? 어떤 의미와 가치가 있는가?	
	무엇 (What)	무슨 아이템인가?	
	누구 (Who)	구매 고객 / 사용자는 누구인가?	
	언제 (When)	언제 사용하는 제품인가, 언제 출시할 것인가?	
	어떻게 (How)	어떻게 제작 / 생산 / 홍보 마케팅을 할 것인가? 어떻게 수익을 창출할 것인가?	
	어디서 (Where)	어디서 판매할 것인가? (온 · 오프라인 공간)	

DAY 3

부스터를 달아줄 단기·중기·장기 목표 세우기

무작정, 어쩌다 창업

아무런 계획 없이 절대 창업하지 마라. 적어도 몇 개월 또는 1년 계획을 세워보자. 월별 계획이 어려우면 간략히 1/2/3/4분기 계획이어도 좋다. 무엇을 할지 계획하고 실행해야 목표 달성이 쉬워지기 때문이다. 무턱대고 사업자등록을 한 후 허송세월을 보내면 창업 연차만 늘어난다. 그런 일을 미연에 방지하기 위해 '이루고 싶은 목적과 목표가 무엇인지' 생각해 보자. 여기서 목적은 실현하는 일이나 상태를 말하며, 목표는 어떤 목적을 실현하기 위한 정량적 지표를 뜻한다. 이미 창업했더라도 적절한 목표를 세웠는지 중간 점검이 필요하다. 최종 목적은 변하지 않지만, 상황에 따른 목표는 달라질 수 있다. 활쏘기에서 목표물을 향해 화살을 정확히 쏴야 적중률이 높아진다. 분명한 목적과 방향을 정하면 나아갈 길이 명확해지고 원하는 목표에 더 빨리 도달할 수 있다.

2016년, 말 그대로 '어쩌다 창업'을 했다. 전년도 가을, 공모전 상금 100만 원으로 한지 노트를 만든 게 출발점이었을까. 한지 노트를 본 KCDF(한국공예디자인문화진흥원) 담당자로부터 입점 제안을 받아 사업자등록을 하게 되었다. 얼떨결에 사업자등록을 해서 창업에 대한 생각 정리를 할 틈이 없었다. 홍보와 마케팅이 뭔지, 어떻게 고객을 찾아야 하는지, 재고 관리가 뭔지 등등. 정말 아는 게 하나도 없었다. 그때까지 내가 알고 있던 세상은 비즈니스와 전혀 상관없는 곳이었기 때문에 더욱 그랬다.

[그림5] **한지노트** (공예트렌드페어 전시)

막상 창업을 하고 나니 눈앞에 놓인 일만 쫓기 바빴다. 그런데 벌써 사업자등록을 한 지 6년이 되어간다. 이 중 2년은 팬데믹(Pandemic) 시기였고, 그 이전 창업 4년까지 매년 전년대비 40~200% 성장했다. '이제 조금만 더하면 원하는 목표에 이를 것 같아'하고 장밋빛 꿈을 꾸던 때였다. 그 당시 주력 제품은 관광문화상품이었다. 전주 한옥마을이라는 로컬의 장점을 살린 제품이었고, 전통문화유산에 푹 빠져있던 때라 그 방향으로 디자인 개발이 이루어졌다. 한 사람 한 사람, 일반 고객을 대상으로 판매하는 B2C(기업 대 소비자, Business to Customer)보다 기업과 관공서를 대상으로 판매하는 B2B(기업 대 기업, Business to Business), B2G(Business to Government)가 중심이었다. 처음 B2B 판매가 운이 좋게 연결되었고 한 기관에서 다른 기관 담당자에게도 알려지게 되었다. 제품이 공예품 전시관, 관광기념품관 등에 입점해 있어서 그곳을 통해 연결된 것이다. 관광문화상품이었지만 모던한 제품으로 틈새시장을 공략하였고, 행사 기념품으로써 적정한 가격을 지닌 디자인이어서 여러 요인이 잘 맞았었다. 코로나19로 인해 그동안의 판로에 변화가 생기면서 그때의 경험을 바탕으로 새로운 시장을 찾아가는 중이다. 꼭 창업이 아니어도, 상황이 바뀌면 그에 맞는 모드전환은 누구에게나 필요하다.

창업 목표를 삶과 연결할 수 있을까

공부도 그렇지만 창업도 목표가 있어야 한다. 그냥 되는대로 하다 보면 방향성이 없어진다. 목표를 정하고 세부 계획과 실행을 쌓으면 그 목표에 가깝게 도달한다. 이 목표를 정할 때 자신이 소망하는 삶의 목적도 함께 생각하길 바란다. 왜냐하면 창업은 삶에서 하나의 과정이지 그 자체가 목표는 아니기 때문이다. 창업은 삶을 구성하는 한 부분이며, 창업을 통해 이루려는 단기, 중기, 장기 목표를 모아 연결하면 지향하는 삶의 목적과 만나게 될 것이다.

창업을 시작하는 이유는 각자 다르다. 그렇다 해도 돈을 쏟아부으며 자선사업하듯 창업하는 사람은 아무도 없다. 돈을 벌기 위해, 일하기 위해, 재미있게 놀기 위해 등등. 당신의 마음을 잘 들여다볼 시간이 필요하다. 남을 돕기 위해, 선한 영향력을 주기 위해? 겉으로 보이는 그럴듯한 이유 말고! 진짜 왜 창업을 하는가, 어떤 목적을 이루고 싶은가, 5년 후 또는 10년 후 이루고 싶은 목표는 무엇인가. 그 목표를 향해 지금부터 어떻게 준비하고 실행할 것인가. 우리가 사는 현실에서 목표를 한 번에 이룰 수 있는 일은 많지 않다. 한 걸음 한 걸음 쌓아가야 작은 길이라도 보이기 시작한다. 꾸준히 오랜 시간을 쌓으려면 마음에서 우러나오는 주도적인 자세가 필요하다.

아무리 의미가 좋아도 돈을 벌어 수익이 생겨야 그 일을 계속할 수 있는 최소의 조건을 갖게 된다. 조금이라도 수익이 생기는 현실적인 창업 계획을 세우자. 이왕이면 즐겁고 재미있게 실행할 수 있는 계획이면 더욱 좋겠다. 하지만 예비창업자에게 이것 또한 막막할 수 있다. 좀 더 쉽게 접근하려면, 지금 꿈꾸는 10년 후 모습, 5년 후 모습을 상상해 보자. 눈앞에 보이는 창업 준비만이 아닌, 10년 후 이루고 싶은 목표부터 중기·단기·초단기 목표를 계획하는 '거꾸로 생각 정리'를 해보면 어떨까.

목표를 시각화하는 방법

보물지도(모치즈키 도시타카, 나라원, 2017)나 비전보드를 활용해 자신의 계획을 시각화한 사례를 연초에 자주 본다. 실제로 보물지도 계획을 실천에 옮겨 목표를 이룬 사람들을 많이 만난다. 그것처럼 창업 목표를 시각화하고 구체화할 수 있는 도구는 무엇이 있을까. 간략히 그려진 큰 틀에 자기 주도적으로 계획을 세우는 도구! 무엇보다 왜 이 일을 하는지 근본적인 질문으로 시작하는 방법을 활용해 보자.

왜(Why)-어떻게(How)-무엇을(What) 순서로 목적과 목표를 가시화하는 도구가 있다. 사이먼 사이넥(Simon Sinek)의 골든 서클(Golden Circle)이다.(나는 왜 이 일을 하는가, 사이먼 사이넥, 타임비즈, 2013) 이 도구를 가지고 '나는 왜 이렇게 행동하는가'에 대한 궁극적인 답변을 할 수 있다. 일반적인 의사결정은 '무엇을-어떻게-왜'의 순서로 서클 바깥에서 안쪽으로 향한다. 반면, 안쪽에 있는

'왜'로부터 '어떻게'를 거쳐 '무엇'까지 거꾸로 확장하는 순서는 큰 차이를 만든다. 그 이유는 '왜'라는 질문이 신념, 목적, 존재 이유를 설명하는 핵심 내용이기 때문이다. 본질인 핵심부터 찾아야 하지 않을까.

가장 중심에 있는 목적(비전/신념/가치/동기)부터 시작한 후, 바깥쪽으로 장기·중기·단기 목표에 이르기까지 연관된 흐름을 만든다. 창업 계획은 플랜 A, 플랜 B, 플랜 C 등 다양한 탈출구를 만들어야 한다. 플랜 A대로 이루어지면 그다음 단계 A'로 진행하고, 만약 플랜 A가 안되면 플랜 B 또는 C로 융통성 있게 대처해야 한다. 그래야만 상황에 따라 모드전환이 가능한 성공 창업을 할 수 있다.

[그림6] **사이먼 사이넥, 골든 서클**

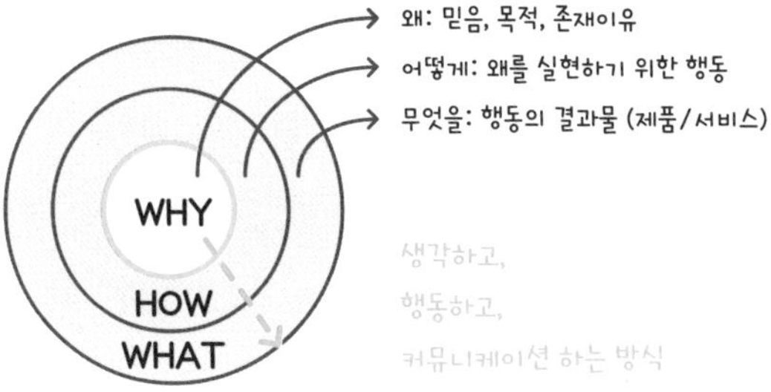

골든 서클, 한 단계씩 적용해 볼까

왜 창업하는가, 왜 일하는가. 이 골든 서클에 어떤 삶을 만들고 싶은지 담아보자.

잠시 지난 시간을 되돌아봤다. 오래전부터 그리는 일이 좋아서 지금까지 디자인을 하고 있다. 앞으로도 디자인 창작을 계속할 것이고 그 안에 어떤 형태로든 자연을 담을 것이다. 그래서 내 삶과 일의 목적은 '창조하는 삶', '자연과 함께 하는 삶'이다. 그것은 변치 않을 '삶의 목적'이다. 반면, 목적을 향한 과정에서 여러 가지 달성해야 할 목표는 상황에 따라 달라질 수 있다.

먼 훗날, 10년 후 이루고 싶은 장기 목표는 사람들을 연결하는 문화 플랫폼 구축이다. 크리에이터를 위한 컬처 플레이그라운드(Culture Playground) 공간을 만들어 운영하고 싶다. 문화에 관심 있는 사람들이 함께 즐길 수 있는 공간. 창작자들이 서로 소통하고 협업할 수 있는 공간. 나 자신도 창작을 이어갈 수 있는 공간을 도시와 농촌의 경계에 만들고 싶다. 아직은 꿈일지라도 말이다. 6년 전 '어쩌다 창업'한 그 시절에는 이런 생각까지는 전혀 하지 못했다. 바로 눈앞에 놓인 일만 따라갔었기 때문이다.

장기 목표를 이루기 위한 중기 목표는 자금 확보를 위한 두 가지 일의 병행이다. 하나는 안정적인 커리어를 위해 계속 강의를 하며, 성장을 위한 책 읽기와 글쓰기를 지속할 계획이다. 다른 하나는 '자연-나-삶-디자인-일'이 연결된 브랜드를 통해 자연이 주는 따뜻함과 평안함을 사람들에게 전하려고 한다. 패턴 디자인을 시작할 무렵엔 '사계절 자연을 그리는 디자이너'라고만 소개했다. 그러다가 '왜' 그 많은 소재 중에서 자연을 그리는지 이유를 생각해 봤다. 어린 시절 시골에서의 추억, 자연과 가까운 로컬라이프, 자연이 주는 삶의 에너지 등. 삶에서 자연이 차지하는 비중이 컸기에 자연스레 자연애호가가 된 것이다. 삶과 일을 함께 고민하다 보면 왜, 무엇을, 어떻게 할지 답을 찾는다.

단기 목표로는 1년 차, 2년 차로 나누어 계획했다. 1년 차엔 시장조사와 벤치마킹을 통한 창업 아이템 선정, 디자인 개발, 브랜드 네이밍과 상표출원, 정부 지원 사업, 상품 제작 등을 추진했다. 2년 차엔 오프라인 공간 준비, 온라인 쇼핑몰 구축, 기록과 소통을 위한 SNS 글쓰기, 텀블벅(Tumblbug) 펀딩 등을 실행했다. 초단기 계획으로는 온라인 오픈 일(Open Day)로 언제가 좋을지 고민했다. 그때가 상반기여서 후보 날짜는 식목일(4월 5일), 지구의 날(4월 22일), 환경의 날(6월 5일) 등이었고, 최종적으로 '지구의 날'을 오픈 일로 정했다. 브랜드를 알리기 위한 전략이기도 했지만, 지향하는 삶의 방향이기도 해서 매년 이벤트를 기획할 예정이다.

[그림7] 골든 서클을 응용한 창업 목표 계획 / 예시

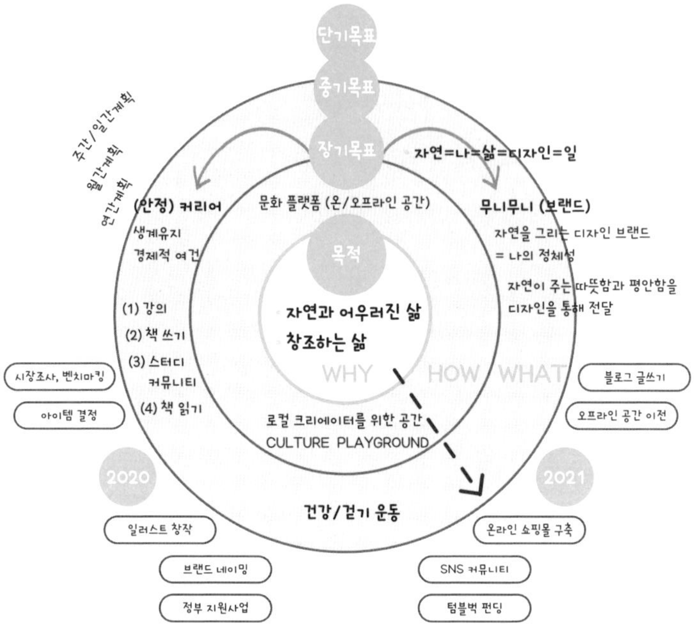

목적 있는 삶 VS 목적 없는 삶

목적 있는 삶과 없는 삶은 무엇이 다를까. 여러 연구에서 '목적 있는 삶이 목표 성취에 도움이 된다'는 결과를 확인할 수 있다. 삶의 목적이 있을수록 목표 달성을 위한 긍정적인 태도를 갖는다. (Eric S. Kim et al., JAMA Psychiatry 74(1), pp.1039~1045) 그런 점에서 부스터(Booster, 로켓, 인공위성 등이 궤도에 도달하는 데에 필요한 속도와 방향을 줄 때 쓰이는 보조 추진 장치)가 되어줄 초기·중

기·장기 목표를 세워보자. 장기 목표부터 초단기 목표까지 미리 계획하고 시작하는 창업은 방향성이 뚜렷해진다. 창업 전에 누군가 이런 가이드를 미리 알려줬더라면, 한 번이라도 생각해 봤을 것이다. 하지만 무작정 창업했기 때문에 방향성 없이 갈팡질팡했던 기간이 꽤 길게 있었다.

처음부터 삶의 목적이 떠오르지 않을 수 있다. 그런 경우엔 먼저 떠오르는 일부터 적어보자. 예를 들어, 창업 아이템 결정, 시장조사, 벤치마킹, 브랜드 네이밍(Brand Naming) 또는 사업자 이름 짓기, 공모전 지원하기, 블로그 개설하기, 인스타그램 계정 만들기, SNS 소통하기, 시제품 테스팅 하기, 정부 지원 사업 도전하기, 쇼핑몰 구축하기. 이 일들을 장기·중기·단기 목표로 나눠보자. 여러 계획과 실행을 하나씩 쌓다 보면 사업의 범위를 확장할 수 있다. 지금 실행할 수 있는 작은 계획, 그 한 가지부터 먼저 시작하자.

창업에 필요한 목표 실행을 체크리스트로 만들어보자. 예시 Ver 1. 과 Ver 2.에 있는 내용을 추가하거나 삭제해도 괜찮다. 각자 창업 유형이 다르기 때문에 구체적인 계획도 다를 수 있다. 중요한 것은 방향성이 있느냐 없느냐이다. 방향성이 있는 창업은 과정도, 결과도, 속도도 다르다. 누가 시켜서 하는 일이 아니기 때문에 자기 주도적으로 목적에 맞는 일을 계획해야 한다.

[표6] 창업 목표 실행 체크리스트 Ver 1. / 예시

구분	TO DO LIST	확인
체크리스트 (초단기 · 초기 · 중기)	창업 생각 정리 마인드맵	□ 예 □ 아니오
	창업 핵심 정리 (5W 1H / 비즈니스 모델 캔버스)	□ 예 □ 아니오
	창업 목표 (골든 서클)	□ 예 □ 아니오
	창업 아이템 결정	□ 예 □ 아니오
	국내 · 외 시장조사 (성장 가능성, 시장 규모, 트렌드 등)	□ 예 □ 아니오
	벤치마킹 (경쟁업체 조사/분석)	□ 예 □ 아니오
	공모전 도전	□ 예 □ 아니오
	예비창업자 무료교육	□ 예 □ 아니오
	정부 · 지자체 창업 지원 사업 신청	□ 예 □ 아니오
	브랜드 네이밍 / 로고 제작	□ 예 □ 아니오
	상표 출원	□ 예 □ 아니오
	오프라인 공간 마련	□ 예 □ 아니오
	창업 아이템(제품 또는 서비스) 제작	□ 예 □ 아니오
	창업 아이템 사진/영상 촬영	□ 예 □ 아니오
	온라인 쇼핑몰 또는 홈페이지 구축	□ 예 □ 아니오
	사업자등록 / 통신판매업 허가신고	□ 예 □ 아니오
	온라인 SNS 채널 구축 (블로그, 인스타그램 등)	□ 예 □ 아니오
	온라인 홍보 마케팅 전략 (키워드)	□ 예 □ 아니오
	고객과 지속적인 소통 (1주일 0회)	□ 예 □ 아니오

[표7] **창업 목표 실행 체크리스트 Ver 2. / 예시**

구분		내용	확인
초단기 목표	준비성	창업 목적이 있는가?	□ 예 □ 아니오
		창업을 해야만 하는 이유가 있는가?	□ 예 □ 아니오
		관련 분야의 경험이나 전문성이 있는가?	□ 예 □ 아니오
		적성이나 흥미에 잘 맞는 창업 유형인가?	□ 예 □ 아니오
		예상되는 소요자금에 대한 계획이 있는가?	□ 예 □ 아니오
	상품성	잘 알고 있는 창업 아이템(제품이나 서비스)인가?	□ 예 □ 아니오
		창업 아이템이 고객에게 새로운 가치를 제공하는가?	□ 예 □ 아니오
		창업 아이템이 경쟁업체와 차별화가 가능한가?	□ 예 □ 아니오
		관리 및 운영이 쉬운 아이템인가?	□ 예 □ 아니오
		성장 가능한 아이템인가?	□ 예 □ 아니오
단기 목표	시장성	리서치를 통해 관련 시장조사를 하였는가?	□ 예 □ 아니오
		경쟁업체에 대한 조사와 분석을 하였는가?	□ 예 □ 아니오
		시장의 성장 가능성(수요)이 높은가?	□ 예 □ 아니오
		주 타깃이 명확한가?	□ 예 □ 아니오
		시장 규모는 큰가?	□ 예 □ 아니오
	수익성	1~2년 이내에 흑자 실현이 가능한가?	□ 예 □ 아니오
		예상하는 희망 매출액이 있는가?	□ 예 □ 아니오
		예상하는 순이익 발생이 가능한가?	□ 예 □ 아니오
		제품이나 서비스 가격이 적정한가?	□ 예 □ 아니오
		원자재 조달이 용이하고 안정적인가?	□ 예 □ 아니오

	입지성	오프라인 공간이 필요한가?	□ 예 □ 아니오
		오프라인 공간의 주변 상권분석과 유동인구 등을 파악하였는가?	□ 예 □ 아니오
		오프라인 공간의 접근성과 교통상황 등을 조사하였는가?	□ 예 □ 아니오
		오프라인 공간의 위치를 선정하였는가?	□ 예 □ 아니오
		온라인 쇼핑몰 또는 홈페이지를 준비하였는가?	□ 예 □ 아니오
중기 목표	지속성	온라인 SNS 채널이 있는가? (블로그, 인스타그램 등)	□ 예 □ 아니오
		3개월, 6개월, 장기적인 홍보 전략이 있는가?	□ 예 □ 아니오
		경쟁업체 또는 거래업체와 분쟁 소지는 없는가?	□ 예 □ 아니오
		부가가치세, 종합소득세에 대한 기본 지식이 있는가?	□ 예 □ 아니오
		다양한 정부 지원 사업을 파악하였는가?	□ 예 □ 아니오
	전문성	전문성을 높이는 무료교육을 알고 있는가?	□ 예 □ 아니오
		네이밍, 로고에 대한 콘셉트가 있는가?	□ 예 □ 아니오
		상표등록, 디자인등록 같은 지식 재산권 준비가 되었는가?	□ 예 □ 아니오
		제품의 지속적인 관리와 운영이 가능한가?	□ 예 □ 아니오
		제품 또는 서비스 제작 협력업체가 있는가?	□ 예 □ 아니오
장기 목표	목표성	창업 3년 후 목표가 있는가?	□ 예 □ 아니오
		창업 5년 후 목표가 있는가?	□ 예 □ 아니오
		창업 10년 후 목표가 있는가?	□ 예 □ 아니오
		목표를 실행할 계획이 있는가?	□ 예 □ 아니오
		상황 변화에 따라 대체 가능한 사업 계획이 있는가?	□ 예 □ 아니오

건축에서 설계도가 중요하듯, 목적을 향해 나아갈 단기·중기·장기 목표는 창업의 기본 골격을 형성하는 중요한 일이다. 하지만 실행 없는 계획은 아무 소용이 없다. 계획에 대한 목표 달성을 했는지 못했는지, 정기적으로 확인해야 한다. 1년 계획, 월간 계획, 주간 계획 등을 세우고, 매일 '투 두 리스트(TO DO LIST)'를 작성하는 방법도 좋다. 분명히 목표 달성률이 높아질 거라 확신한다.

가장 좋은 방법은 눈에 보이도록 시각화하는 것이다. 골든 서클이나 체크리스트를 작성한 후, 매일 사용하는 핸드폰이나 컴퓨터 바탕화면 이미지로 설정해 놓자. 하루 1번 이상 보면서 실행하도록 환경 세팅을 하자. 매일 계획하고 실천하는 일이 어렵다면 1주일에 3일도 좋다. 다만 '지금 해야 할 일을 잘 하고 있는지' 꾸준히 확인하며 한 걸음씩 나아가자.

DAY 4

예비창업자를 위한 무료 교육

창업 기본 교육, 무조건 배우자

혼자서 모든 것을 해결하려 하지 마라. 필요한 것이 있으면 바로 찾아서 배우자. 의외로 창업에 필요한 다양한 내용을 무료로 교육하는 곳이 많다. 처음 사업자등록을 하고 나서 뭘 할지 몰라 여러 사람을 붙잡고 기본부터 물어봤다. 그러다 우연히 무료 교육 과정(비즈니스 아카데미)을 알게 되어 신청서를 내고 수료했다. 창업에도 공부가 필요하다는 사실을 창업 후에야 알게 된 것이다. 독학해도 되겠지만, 정부 창업교육을 받으면 필수 내용을 집중적으로 알려주기 때문에 황금 같은 시간을 절약할 수 있다. 게다가 무료라니 얼마나 좋은가. 무료 창업교육을 받는 일부터가 창업 준비다. 비용이 1원도 들지 않는데 안 받을 이유가 없다.

창업 준비에 필요한 마인드 교육부터 받자. 마인드 셋(Mind Set, 마음가짐)이 기본이다. 창업에 대한 자기중심적 사고를 객관적인 사고로 전환하고, 다양한 변화에 맞춰 배우고 도전하는 자세가 필요하다. 기본과 실전 창업교육에서는 시장 흐름, 아이템 분석, 사업성 검토, 사업계획서 작성, 자금 조달, 세무 및 회계, 마케팅 등 창업에 필요한 정보와 지식을 배운다. 적용은 각자 상황에 맞게 하더라도 창업에서 알아야 할 필수적인 기본 사항이다. 실제 설문조사 결과, 창업교육을 받고 나서 창업한 경우가 창업교육을 받지 않고 창업한 경우보다 성공률이 높았다.(서울 일자리포털, 창업교육) 먼저, 누구나 등록해서 배우는 온라인 창업교육부터 받아보자. 관련된 홈페이지에서 자신에게 필요한 교육을 선택하면 바로 수강할 수 있다.

[표8] 무료 온라인 수강 창업교육

구분	URL	내용	주관기관
서울시 소상공인 아카데미	https://edu.seoulsbdc.or.kr/	• 온·오프라인 강의: 수료증 발급·미발급 과정, 온라인 쇼핑몰 특강 등 • 수료증 발급 과정 외식업/도소매업/서비스업/인터넷(IT)업 창업과정, (경영개선 과정) 온라인 창업교육 특강. • 온라인 강의 홈페이지-회원가입-강좌 수강신청(90일)-학습 종료 후 시험-수료증 발급	서울 신용보증재단

스타트업 위키	https://startup.snu.ac.kr/	· 온라인 강의 (누구나 바로 수강가능) (1) 준비 & 실행: 커뮤니케이션 리더십, 사업계획서, 시장분석, R&D (2) 성장: 마케팅, 투자유치, 유통/영업, 크라우드 펀딩 (3) 성공 & 실패: M&A, IPO, 실패 사례 (4) 공통: 사회적기업, 여성창업, 노무 (5) 법률: 세무/회계, 법률 지원, 유통	서울대학교 창업지원단
소상공인 지식배움터 창업교육	https://edu.sbiz.or.kr/	· 온라인 강의 창업/성장/재기/교양/노하우/실시간 교육/정책 자금 연계(추천강좌) 등 · 정책 자금 연계(추천강좌) 창업준비중/소상공인(영업중)/재창업 준비중, 세 카테고리별로 총 12시간 필수 영상 제공	소상공인 시장진흥공단 / 중소벤처기업부
창업진흥원 창업교육	https://www.k-startup.go.kr/edu/	· 온라인 창업교육 플랫폼(창업 에듀) 창업 관련 이론 및 실무, 사례 중심 강의. 15분 이내 마이크로 러닝 강좌 제공 (1) 개별 강좌 기업가정신, 창업 기회 발견, 비즈니스 모델, 창업 아이디어 개발, 사업계획서, 지식 재산권, 제품 생산, 유통 판매, 마케팅, 자금, 세무회계, 실전 창업교육 등 (2) 패키지 과정 기본형/주제별/맞춤형/사업별 패키지 · 온라인 강의 회원가입-수강 강좌 신청-수강-수료 기준 충족 시 수료증 발급 · 맞춤강좌 추천	중소벤처기업부

수강생을 선발하는 맞춤형 창업교육

창업 육성을 위한 새로운 기관들이 5~6년 전부터 생겨났다. 기관마다 청년창업, 시니어창업, 벤처 창업, 스타트업 창업 등 중점 내용이 조금씩 다르다. 기관은 각기 달라도 예비창업자를 위한 맞춤형 무료 교육은 창업기관의 주요 사업 중 하나이다. 앞에서 안내한 창업교육보다 별도의 선발을 거치는 맞춤형 교육이 더 다양한 혜택을 준다. 그렇기 때문에 무료 맞춤형 창업교육을 받고, 후속사업으로 창업 자금 지원을 받는 일석이조의 기회를 얻도록 하자.

정부와 지자체의 창업 지원 예산은 매년 증가 추세이다. 2022년에는 총 3조 6,668억 원 예산이 편성될 정도로 창업 생태계 활성화를 적극 장려하고 있다.(중소벤처기업부 https://www.mss.go.kr/ 알림 소식-보도자료, 2022. 1. 4) 주관기관에 따라서 사업이 다른데, 중앙부처 14개 부서에서 100개 사업, 80개 광역·기초지자체에서 278개 사업을 진행한다. 1개 사업마다 지원 규모가 결코 작지 않다. 지원 유형으로는 창업 사업화(172개), 시설 보육(96개), 행사 네트워크(37개), 멘토링(32개), 창업교육(30개), 기술 개발(6개), 융자(5개) 순이다. 여기서 창업교육 예산은 569억 원(1.6%)을 차지하고 있다. 창업과 연관성이 적은 법무부, 기상청까지 창업지원 사업이 생긴 걸 보면, 향후 창업교육도 분야별 전문성이 강화될 것으로 예상된다.

[표9] **교육생을 선발하는 맞춤형 무료 교육** (*매년 상황에 따라 변동될 수 있음)

주최	교육명	대상	모집 시기	내용	주관기관
서울 창업카페 서초교대점	온라인 창업교육 (두두 아카데미)	예비창업자, 초기창업자/ 80명	1년 4회 (2, 6, 8, 10월)	• 창업 기본 교육 (온라인/24차시) 기업가 정신, 기술 창업과 아이디어 발상, 사업계획서 작성, 비즈니스 모델 개발, 시제품 개발 및 제작 과정 창업가에게 필요한 투자/세무/법률 가이드, 지식 재산권(IP), 유통 및 상권 분석, 마케팅 기본 전략	서울특별시 서초구
서울 창업카페 천호점	모의 창업스쿨	예비창업자	5월, 7월	• 창업 기본 교육 (온라인/12차시) (1) 창업 트렌드, 창업 아이덴티티 도출, 창업팀 구성 (2) 아이디어 스크리닝(Screening), 사업 타당성 분석 (3) 사업 콘셉트 및 사업화 플랜 수립, 가상 기업 설립 (4) 마케팅 전략 수립, 창업 정책자금 및 창업 보육지원 전략적 대응	서울특별시 강동구 청년해냄센터
서울 창업카페 숭실대점	숭실 스타트업 아카데미	예비창업자/ 창업 기업	6월	• 창업 기본 교육 (온라인) 창업 아이템 선정, 스타트업 노무의 이해, 인사분쟁 사례, 지식 재산권 획득 및 관리 방안 SNS를 활용한 스타트업 마케팅 전략, 창업 실무-제품 촬영, 홍보 실무- 유튜브 동영상 활용 세무 회계, 정부 지원사업 활용 방안	서울특별시/ 숭실대학교 창업지원단
서울 창업카페 신촌점	1인 창조기업 A to Z	1인 예비창업가, 1인 창업에 관심 있는 일반인	수시로 공지	• 1인 창조기업 기본 교육 (1) 1인 기업 개념 이해 (2) 1인 기업 자가 진단 (3) 사업 아이디어 평가 (4) 1인 기업의 창업 준비 과정 (5) 퍼스널 브랜딩 전략 수립 (6) 1인 기업의 성공요건	서울특별시/ 연세대학교 창업지원단 (2021)

서울 창업카페 대학로점	창업 기초교육	일반인, (예비)창업가, 대학생(예비) 창업가/ 30~40명	수시로 공지	• 사업계획서 작성 (온/오프 믹스) 창업아이템을 구체화할 수 있는 기초 단계 /심화 단계 • 기초 세무/재무 관리: 창업자 역량 강화 실무 교육 • 초보 셀러를 위한 기초 교육: 소상공인 자세, 아이템 선정 방법과 사업전환	서울특별시 종로구
경기 창업허브	창업 실전교육	경기도 거주 예비 창업자, 1년 미만 창업자, 경기도 재학 대학생/50명	상반기 (3월)	• 창업교육: BM, 맞춤형 아이템 고도화, 중장기 로드맵 작성 실습, 투자 유치 계획 작성, IR 발표 실습 • 온/오프라인 교육: 총 5주, 11회, 총 50시간 • 멘토링, 피칭 대회 • 후속 창업 지원 프로그램 (보육, 투자 연계) 정보제공	소상공인 시장 진흥공단/ 중소 벤처기업부
경기 스타트업 플랫폼	창업가 양성 프로그램 (경기창업 허브 창업 교육)	경기도 거주 (예비)창업자, 재직자, 경기도 거주 및 재학 대학생/90명	상/하반기 (4월, 9월)	• 창업을 위한 기초 교육 - 아이템 검증 및 트렌드 분석 - 수익창출을 위한 사업 타당성 분석 - 시장조사를 통한 BM 고도화 - 마케팅 채널 분석 및 전략 수립 - 창업절차 및 사업자등록 방법 - 창업 자금 조달 및 사업계획서 작성 • 성장/재도전에 필요한 교육 • 온라인 교육(15시간) 이후 전문가 멘토링	경기도 경제과학 진흥원
경기 꿈마루	창업교육	경기도 거주 (예비)창업자	수시로	• 소수 인원 오프라인 교육 - 온라인 쇼핑몰 창업 - 여성창업 챌린지 아카데미 - 카카오톡 스토어 운영 - 자영업 트렌드 및 손익분석 - 해외소싱 전문셀러 창업 - 쇼핑몰 사진촬영 - 비즈니스 모델 수립 - 사업계획서 작성 (기초/심화) - 실전 SNS 마케팅 - 성공하는 크라우드 펀딩	경기도 일자리재단

[표9] **교육생을 선발하는 맞춤형 무료 교육** (*매년 상황에 따라 변동될 수 있음)

주최	교육명	대상	모집 시기	내용	주관기관
관광창업 아카데미	관광창업 아카데미	관광분야 창업에 관심 있는 예비창업자 / 전국권 40명 전북권 15명 울산권 15명 (총 70명)	상/하반기 (4월, 8월)	• 온라인 교육 + 현장 교육 (그룹 멘토링, 1:1 멘토링 등) • 교육 내용: 관광 아이템 기획, 비즈니스 모델 작성 실습, 아이템 검증, 전문가 멘토링, 사업계획서 작성 실습, 모의 피칭 대회 등 • 40시간 이상 교육 • 수료증 발급: 온라인 교육 80% (10시간 이상), 현장 교육 2회 이상 이수, 사업계획서 제출	문화체육관광부/ 한국관광공사
전라북도 경제통상 진흥원	4050 행복창업	전라북도 내 예비창업자, 만 40세 이상/ 40명 내외	상/하반기 (4월, 8월)	• 4050 세대의 재도약을 위한 맞춤형 창업교육 • 1단계 (기초 과정): 창업자 마인드, 창업절차, 사례 분석, 지원 자금 활용, 비즈니스 모델링 등 • 2단계 (심화 과정): 업종별 창업이론 및 실습, 소호무역 창업과정, 온라인 기반 1인 창업과정, 제조 서비스 창업	전라북도 경제통상 진흥원
	지식기반 창업교육	전라북도 내 예비창업자, 만 20~39세 이하/ 40명 내외	상/하반기 (4월, 8월)	• 청년창업 활성화 및 선순환 창업 생태계 기반 조성 혁신형 기술 창업 프로젝트 • 1단계 (기초 과정): 창업자 마인드, 창업 절차, 사례분석, 지원 자금 활용, 비즈니스 모델링 등 • 2단계 (심화 과정): 업종별 창업이론 및 실습, 글로벌셀러 창업과정, 창업 기능 전문가 과정, 지식 서비스 창업	
경남 중장년 기술창업 센터	실전 창업교육	만 40세 이상 (예비)퇴직자, (예비)창업자 /15명 내외	상/하반기 (4월, 7월)	• 중장년 (예비)창업자 창업 역량 제고 창업 예정자 및 후속 지원(멘토링, 워크숍, 세미나) 대상자 발굴 • 기초 과정: K-Startup 자가 진단 키트 작성법, 정부 지원 사업 사업계획서 작성, 지식 재산권 등 • 심화 과정: 창업 아이템 개발, 사업화 전략, 시장 분석 및 경쟁력 확보, 시장 진입 및 성과 창출 전략, 맞춤형 온라인 마케팅	경남 중장년 기술창업 센터

전남 콘텐츠 코리아랩	콘텐츠 창업교육 (웹툰, 영상, 캐릭터)	콘텐츠 예비창업자, 초기 창업자, 전남 소재 대학 재학생, 전남도민 /15팀	하반기 (8월)	1단계 (창업 교육): 콘텐츠 아이디어 개발, 사업화 모델 도출, 마케팅 전략 수립, 사업계획서 작성, IR 피칭 발표 2단계 (창업 컨설팅): 콘텐츠 아이디어 구체화, 시장 분석, 콘텐츠 사업화 모델 구축, 사업 계획 수립, 콘텐츠 개발 및 고도화, 기술 지원 등	전남 정보문화산업 진흥원

기관마다 창업교육 공지 시기는 모두 다르다. 그것을 알기 위해 관련된 모든 사이트를 매일 방문하는 일은 사실상 쉽지 않다. 여기서도 창업교육의 일부분만 찾아본 것이다. 그래서 스마트폰 앱 중 '기업마당'(www.bizinfo.go.kr)을 설치해 1주일에 1회 정기적으로 확인하는 방법을 추천한다. 웬만한 사업정보가 가장 많이 있는 중소기업 종합정보서비스이며, 9개의 탭으로 지원 사업을 구분하고 있어 편리하다. 금융, 기술, 인력, 수출, 내수, 창업, 경영, 제도, 동반성장 등 9개 탭을 중심으로 검색할 수 있고, 지역, 소관부처, 업종을 추가적으로 선택해서 원하는 정보를 찾자. '기업마당' 외에 창업 지원 포털 사이트인 K-Startup(www.kstartup.go.kr)에서는 정부와 지자체의 창업 사업을 중점적으로 확인할 수 있다.

창업 지원 사업 통합공고는 매년 1월, 중소벤처기업부(https://www.mss.go.kr/) 사이트(전화문의: 국번 없이 1357)에서 안내한다. 안내 책자 pdf 파일을 올려놓기 때문에 누구나 쉽게 다운로드해 볼 수 있다. 매년 동일한 창업교육이 있지만, 새롭게 추가되는 내용(예: 스타트업 스쿨, 시/군 청년혁신가 예비창업 지원)이 생긴다. 수많은 정보를 찾는데 시간 절약을 하려면 미리 관심 있는 사업을 안내 책자에서 찾아 스케줄러에 메모해놓자. 정부 예산이 각 부처와 지자체, 그리고 중소기업 지원 기관으로 편성되기까지는 다소 시간이 걸린다. 그래서 대부분 3~5월부터 각 사업을 주관하는 기관에 지원 사업 모집공고가 난다. 이 시기에는 1주일에 2회, 집중적으로 관심을 갖고 살펴보길 바란다. 긴 교육과정은 1년에 1번, 또는 상·하반기에 1번 이루어진다. 반면, 짧은 1회 교육과정은 수시로 이루어진다.

교육 내용은 기초-심화의 단계별 교육과 지역 특화교육이 있다. 또한 특정 연령대를 대상으로 하는 교육과정이 있다. 청년 창업은 만 20세 이상~만 39세 이하, 시니어 또는 중장년 창업은 40세 이상의 예비창업자를 모집한다. 그뿐만 아니라, 장애인 창업은 장애유형별로 맞춤형 교육을 받을 수 있으며, 장애인기업 종합지원센터(https://www.debc.or.kr)에서 수시로 '온라인 교육-특화교육-창업 멘토링'을 단계별로 진행한다. 가장 많은 횟수로 열리는 교육은 각 지자체와 대학교의 창업보육센터에서 진행된다. 세무/회계 강좌, 제품 사진촬영 강좌, 온라인 쇼핑몰 만들기 강좌처럼 바로 써먹을 수 있는 실용적인 교육이다. 이렇게 다양한 창업교육이 있는데, 들어보지도 않고 이용해 보지도 않고 왜 무작정 창업하는가. 창업에 대한 기본 교육부터 창업 실무, 마케팅, 시장조사 등 역량 강화 심화 교육까지, 이것이 무료 교육이라니! 창업에 관한 기본부터 체계적인 교육을 받는 일은 저자본, 저위험 창업의 밑거름이다.

DAY 5

멘토가 필요하다면 무료 전문가 컨설팅

창업은 배움의 반복이다

'배움-실행-경험'의 반복이 창업이다. 앞에서 알려준 마인드맵, 육하원칙, 골든 서클, 세 가지 도구를 활용해 창업에 대한 생각 정리를 하고, 예비창업자 교육까지 받았는가. 그렇다면 창업을 향한 첫걸음이 잘 진행되고 있다. 지금 와서 창업 초기를 되돌아보면 무료교육이 있는 줄도 모르고 무작정 창업 선배들을 찾아가 조언을 구했었다. 이 아이템이 괜찮은지, 지금 단계에 뭘 해야 하는지, 초기에 어떻게 알려야 좋을지, 지원 사업은 어디서 어떻게 알아보는지, 전부 모르는 것뿐이었다. 창업이 처음인 예비창업자에게 스승이나 선배가 있다면 얼마나 큰 힘이 되겠는가. 필요한 조언을 해주고 자신의 경험을 나눠주는 멘토처럼 말이다.

지식으로 배우는 것과 경험으로 배우는 것은 차이가 있다. 창업교육이 지식으로 배우는 것이라면 창업 멘토링(Mentoring)은 경험자에게 배우는 것이다. 두 가지 모두 장단점이 있어서 상호 보완하는 것이 바람직하다. 대부분의 1인 창업자는 각자가 정한 목표와 성장을 향해 나아간다. 그 과정에서 혼자 고민하기보다는 선배 창업자나 전문가의 조언을 받으면 생각지 못한 인사이트(Insight)를 얻게 된다. 실제로 창업 초기 단계에 받은 멘토링이 성과를 이끌어내는데 중요한 역할을 한다는 연구 결과도 있다.(방혜민, 전인오, 한국콘텐츠학회 논문지, 2015. 5) 그래선지 창업진흥원 예비 창업패키지에는 1:1 전문가 멘토링이 포함되어 있다. 전문가 멘토링은 이제 막 시작하려는 예비창업자에게 아이디어를 실현하도록 돕는 프로그램이다.

하지만 예비 창업패키지는 매년 상·하반기(1년 2회) 특정 시기에 신청서를 제출하고 선정되어야만 그 혜택을 받을 수 있다. 그렇기 때문에 시기를 놓쳤거나 선정이 안 된다면, 다른 멘토링 지원을 찾아보는 것이 낫다. 창업 지원금 받는 일은 지원서류 작성에 많은 시간을 투여해야 하고, 어느 해엔 경쟁률이 높아져 선정될 가능성이 낮아질 수 있다. 그렇게 경쟁률이 높은 예비 창업패키지가 아니더라도, 공공기관에서 무료로 진행하는 전문가 컨설팅이나 멘토링을 받을 수 있는 방법이 있다. 대부분의 창업 교육을 수료하면 후속으로 멘토링을 지원한다는 사실을 알아두면 유용한 정보가 된다.

창업자에게 멘토가 필요하다면

정부 창업 지원 사업의 안내 책자에 멘토링, 컨설팅 파트가 별도로 있다. K-Global 창업 멘토링, 공간 정보 창업 멘토링, 생활 혁신형 창업 지원 사업 등 19개 지원 사업이 있고, 창업 특성에 맞게 전담 멘토단이 구성된다. 창업 멘토 대부분은 경영 컨설턴트 또는 5~10년 차 창업가들이다. 나의 경우엔 창업하고 1년이 되었을 때 모 공공기관의 경영 컨설팅을 받을 기회가 생겼다. 그 당시에 주력했던 관광문화상품을 설명하고 수익 창출 가능성에 대해 상담했었다. 2시간 상담 후 받았던 주요 컨설팅 내용은 여성기업 신청과 공공구매를 활용하라는 것이었다. 당장 크게 달라지는 것이 없다 해도 한 번 받아보는 것이 훨씬 낫다. 미처 생각지 못한 새로운 정보 하나라도 알게 될 것이니까. 창업 컨설턴트나 멘토들은 수많은 창업자를 만나봤기 때문에, 그 경험을 바탕으로 각자의 상황에 맞추어 조언할 내용이 분명히 있다. 무료 멘토링인데 뭐가 고민인가, 일단 문을 두드려보자.

효과적인 멘토링은 창업하려는 분야의 선배 창업가에게 받을 때이다. 5~10년 동안 사업을 유지하면서 수많은 경험을 쌓은 선배 창업가로부터 실질적인 조언을 받게 된다. 선배 창업가들도 창업 초기에 시행착오를 겪었기 때문에 예비창업자의 궁금증을 시원하게 해결해 줄 수 있다. 만약 멘토링을 받게 된다면 미리 궁금한 사항을 리스트로 작성해 질문하도록 하자. 어떤 멘토는 궁금증 해소뿐만 아니라, 시행착오를 줄일 수 있는 유익한 조언까지 해준다. 어떤 중견기업 멘토는 제조를 위한 협력업체까지 안내해 준다. 제조를 위한 적절한 공장을 찾는 일은 초기 창업자에게 커다란 고민 중 하나인데, 그런 큰 고민거리를 해결해 주니 얼마나 고마운 일인가.

디자인만 하다가 막상 시제품 제작을 어디에 맡겨야 할지, 시작부터 무척 막막했었다. 처음엔 시장의 가내수공업 하는 곳을 찾아가 상담하기도 했고, 공단지역을 발품 팔아 다니며 제조업체를 찾기도 했다. 달리 방법이 없으니 '모래사장에서 바늘 찾기'처럼 그날의 운을 믿고 찾아 나선 것이었다. 만드는 제품에 따라 너무 다양한 제조업체가 있어서 사실상 그 모두를 찾아다닐 수도 없었다. 결국 제작 기한이 촉박해서 급하게 찾은 제조업체는 퀄리티를 보장하지 못했고, 손해를 감수하고라도 다른 제조업체를 찾아 다시 의뢰했었다. 그나마 소량 제작이어서 손해가 크지 않아 다행이었다.

원자재를 구입할 때 인터넷 구매를 해도 상관없는 재료는 직접 찾아가서 확인할 필요까지는 없다. 하지만 직접 확인이 필요할 때는 서울 동대문 시장, 대구 서문 시장, 부산 진시장 등 여러 곳을 찾아다녔다. 또한 대량생산하려면 직접 가서 여기저기 비교하고 상담한 후, 단가와 퀄리티, 보유수량을 종합적으로 판단하고 필요한 물량을 주문해야 한다. 이 원자재 구입도 경험 많은 누군가 알려줬더라면 시행착오를 줄일 수 있었을 것이다.

가장 큰 도움을 주었던 멘토는 시장 트렌드, 시제품 제작, 원자재 수급, 제조업체까지 원스톱(One-Stop) 서비스처럼 친절히 안내해 주었다. 10년 이상 가방 브랜드를 운영하고 있는 분이어서 누구보다 가방 제작과 판매에 대한 경험이 무척 많았다. 고맙게도 내가 처한 애로사항에 공감하며 믿을만한 협력업체들을 소개해 주었다. 첫 만남은 콘텐츠 코리아랩 리빙랩(Livinglab) 프로그램의 멘토링이 인연의 시작이었지만, 그 이후로도 조언이 필요할 때마다 상담을 했었다.

[그림8] **리빙랩 멘토링**

[그림9] **콘텐츠진흥원 멘토링**

지푸라기라도 잡고 싶은 절박한 마음으로 도움을 요청하면 도와주는 것이 인지상정이다. 이제 막 첫걸음을 뗀 예비창업가의 진정성이 선배 창업가에게 전달되었던 것일까. 성실함과 열정이 느

껴지면 뭐라도 돕고 싶은 마음이 생기는 건 당연한 일이다. 누가 처음부터 자신의 경험과 노하우를 쉽게 알려주겠는가. 자신의 심정을 진정성 있게 전달하면 누구든 도와주는 사람이 생긴다. '하늘은 스스로 돕는 자를 돕는다'고 하지 않는가.

무료 전문가 멘토링, 무조건 신청하자

무엇을 하든 이상과 현실은 다르다. 경험이 없을 땐 혼자 이상만 좇다가 갑작스레 힘든 현실을 마주하게 된다. 창업이 쉬운 일은 아니지만, 그렇다고 아무것도 하지 않으면 정말 아무 일도 생기지 않는다. 자신감도 없고, 용기도 없고, 경험도 없다는 이유로 그냥 제자리에 머물러 있을 것인가. 아직 본격적으로 시작하기 전이니 한 발짝을 떼기 위한 창업 조언을 받아보자. 생각보다 많은 곳에서 창업 멘토링을 하고 있으며 누구든 도움받을 기회가 있다.

- **K-ICT 창업 멘토링센터** [http://gomentoring.or.kr]

전담 멘토로 선배 벤처기업인을 스타트업과 1:1 매칭한다. 전담 멘토링은 1:1 멘토링과 다양한 협업 멘토링을 통해 성공적인 창업을 이룰 수 있게 돕는 제도이다. 성공 또는 실패 경험을 가진 전담 멘토를 지정하여 맞춤형 멘토링을 제공하며, 다양한 실전 창업교육과 투자유치 지원 등 성장 기회를 잡을 수 있는 멘토링 지원 사업이다. 모집 대상은 ICT(정보통신기술), 4차 산업혁명, 과학기술 분야의 예비창업자 및 7년 이내 창업기업이다. 총 200개 내외 기업(팀)을 모집하며, 1년에 2회(상/하반기) 홈페이지에 공고가 난다. 글로벌 멘토링에서는 해외 시장 진출을 희망하는 기업을 대상으로 해외 판로개척 및 현지 검증을 할 수 있도록 글로벌 선도기업과 네트워킹을 주선한다.

문의 과학기술정보통신부 정보통신방송기반과 (044-202-6243)
한국청년기업가정신재단 K-ICT 창업 멘토링센터 (031-778-7454)

- **공간 정보 창업 컨설팅** [http://www.spacen.or.kr/]

4차 산업혁명 분야인 공간 정보를 기반으로 하는 스타트업(신생 벤처기업)을 지원하는 프로그램이다. 예비창업자와 7년 이내 창업기업의 성공률을 높이기 위한 컨설팅을 실시한다. 지원 대상이 LX 공간 드림센터에 있는 보육기업이기 때문에 먼저 입주기관으로 선정되어야 한다. 지원사항으로는 분야별(경영, 세무, 특허, 마케팅, 법률 등) 기초교육과 기업별 애로사항 컨설팅을 제공한다.

문의 국토교통부 공간정보진흥과 (044-201-3472)
공간정보산업진흥원 연구조사팀 (031-606-2552)

- **서울창업카페 멘토링**

서울창업카페는 낙성대점, 상봉점, 홍대점, 서초교대점, 숭실대입구점, 신촌점, 천호점, 양천신정점 등 총 11 곳이 있다.(2020.7.

기준) 각 지점마다 중점사업이 조금씩 다르고, 매년 프로그램이 바뀔 수 있기 때문에 홈페이지에서 재확인하도록 하자.

- **상봉점** [http://www.창업카페상봉.com (02-6953-1570)]

예비·초기 창업자의 문제점을 집중 관리하고 개선하기 위해 전문 인력이 상주해 멘토링 한다. 사전 상담 신청을 받은 후, 온·오프라인 1:1 멘토링을 1시간 정도 진행한다. 상담분야를 미리 정해야 하는데, 창업/경영(사업 아이템 발굴, 비즈니스 모델링, 사업 타당성 검토, 사업계획서 작성), 마케팅 전략(경영전략기획, 시장조사, 마케팅 전략 수립), 자금/투자(정부 지원금) 등 세 분야로 나누어져 있다. 거의 한 달에 1회, 수시로 이루어지고 있어서 필요한 내용을 지속적으로 상담받을 수 있는 장점이 있다. 그 외에 이곳의 특이사항인 패션/봉제 특강과 제품 사진촬영 지원이 수시로 있다는 점도 필요한 창업자에겐 도움이 된다.

- **신촌점** [https://seoulstartupcafe.com (070-5121-1441)]

예비창업자의 니즈(Needs)를 고려한 사업계획서, 법률, 회계, 기술 등 다양한 맞춤형 1:1 멘토링을 제공한다. 신청은 서울창업카페 신촌점 홈페이지에 접속해 구글 신청서를 작성하면 된다. 3월부터 12월까지 매달 선착순 마감이며, 매월 마지막 주에 온라인 비대면으로 멘토링이 진행된다. 전문 멘토링뿐만 아니라, 멘토링 후 개발 동아리를 연계하거나 창업 프로그램에 참가 자격을 부여하는 혜택도 받을 수 있다.

- **서초교대점** [https://서울창업카페서초교대점.com/ (070-4185-5491)]

창업 전문가와 온라인 1:1 컨설팅을 받는다. 상담은 창업 자금 조달, 비즈니스 모델 검증, 사업계획서 작성, 아이템 발굴 및 사업화, 지식 재산권(특허/상표), 마케팅 및 브랜딩 전략, 6 가지 분야로 나뉜다. 각 분야별 창업상담을 원하는 예비창업자 3명(팀)을 선정하고, 1시간 간격으로 전문 컨설팅을 진행한다. 공고는 월별로 다르기 때문에 미리 확인해야 한다.

- **천호점** [http://창업카페천호.com (02-488-6880)]

서울창업카페 천호점은 '강동구 청년해냄센터'라고도 부른다. 12명의 전담 멘토가 있어서 상시 컨설팅이 가능하다. 창업/경영, 마케팅/판로, 특허, 세무/회계, 법률/법무, 정책자금/투자, 노무, 사업계획서 중에서 상담분야를 신청한다. 월별 일정표를 확인한 후, 홈페이지에 접속해서 신청서를 제출하면 된다. 온라인 멘토링이 1시간 내외로 진행되며, 당일 불참할 경우 한 달 간 프로그램 참여를 할 수 없는 페널티(Penalty)가 있다.

창조경제혁신센터

전국에 강원, 경기, 경남, 경북, 광주, 대구, 대전, 부산, 서울,

세종, 울산, 인천, 전남, 전북, 제주, 충남, 충북, 총 17개 지역별 센터가 있다. 센터별로 멘토링을 신청하는 기간과 신청방법이 다르기 때문에 각 센터 홈페이지를 꼼꼼히 확인해야 한다. 스타트업의 성장단계에 필요한 전문 지식을 갖춘 멘토단이 구성되어 있는 특징이 있다. 창업, 경영, 기술, 마케팅, 금융, 투자 분야 전문가들이 온·오프라인 멘토링을 상시로 진행하기 때문에 지역 센터에 문의하도록 하자.

- **서울시 자영업지원센터** [https://www.seoulsbdc.or.kr/ (02-2174-5675)]

예비창업자 또는 업종전환이나 경영개선을 희망하는 창업자가 멘토 업체를 방문해 진행한다. '현장체험 멘토링' 방식이며, 현장체험과 노하우를 전수받을 수 있는 기회를 제공한다. 지원 규모는 350명이며 홈페이지에서 신청해야 한다. 1:1 멘토링으로 '기본-심화-리마인드 멘토링'의 순서로 진행되고 있다. 기본 멘토링에서는 경영 전반에 관한 정보와 지식을 공유하며 경영 노하우를 학습한다. 심화 멘토링에서는 점포 운영, 고객 서비스, 실전 현장체험을 하게 된다. 리마인드 멘토링은 심화 멘토링 후 멘티 사업장에 멘토가 방문하여 현장 멘토링을 진행한다. 멘토 업체의 업종과 상호, 멘토링 키워드를 홈페이지(멘토 맵)에서 확인 가능하기 때문에 미리 살펴보길 추천한다.

• **소상공인진흥공단** [https://www.sbiz.or.kr/ (국번 없이 1357)]

경영에 어려움을 겪는 소상공인 또는 예비창업자를 대상으로 전문 컨설팅을 지원한다. 긴급경영 컨설팅과 창의 육성 컨설팅, 두 종류가 있으며 1년 1회만 지원 가능하다. 예비창업자와 1년 이내 창업자, 간이과세자, 백년가게 소상공인은 무료(국비 100%)로 컨설팅을 지원받는다. 첫 번째, 긴급경영 컨설팅은 경영, 브랜드/디자인, 법률, 기술, 투자/디지털 전환 등 맞춤형 컨설팅을 제공한다. 두 번째, 창의육성 컨설팅은 가치 향상, 판로 창출, 경영/기술/혁신, 법률, 점포 개선 등을 지원한다. 이 두 가지 컨설팅 신청은 홈페이지 상단의 소상공인 컨설팅 탭에서 할 수 있다.

이 외에도 각 지자체의 소상공인 광역지원센터(예: 전라북도 소상공인광역지원센터)와 각 지자체 창업보육센터(예: 완주군 창업보육센터), 그리고 각 대학 창업지원센터에서 경영 컨설팅을 하고 있다. 선출 과정 없이 신청서를 받고 전문가 컨설팅을 진행한다. 국비 컨설팅 비용이 이 기관들에 지급되기 때문에 예비창업자들에게 무료 컨설팅이 이루어지는 것이다. 다양한 전문가에게 컨설팅과 멘토링을 받고 경쟁력을 강화할 수 있는 방법이 도처에 많이 있다. 전문가와 상담하면서 미처 생각지 못한 부분을 발견할 수도 있다. 지금 거주하고 있는 지역, 가까운 기관부터 찾아보자.

DAY 6

네트워킹을 통한 알짜배기 정보 공유

빨리 가려면 혼자 가고, 멀리 가려면 함께 가라.

많이 들어 본 아프리카 속담이다. 사막이나 정글을 지나려면 여러 어려움이 생기는데 멀리 가려면 길동무가 필요하다는 뜻이다. 현대의 경쟁 사회에서 혼자 가면 방해받지 않고 빨리 갈 수 있다. 하지만 그건 잠시뿐이고, 혼자서는 결코 멀리 갈 수 없다. 혼자 해결할 수 없는 상황에 부닥치기도 하고, 혼자 가다가 지쳐 포기하는 상황이 생기기도 한다. 혼자서 불가능한 일을 여럿이 함께 하면 기적처럼 해결할 수 있다. 인생에서 그런 경험이 한 번 이상 있지 않는가.

꼭 대단한 일이 아니어도, 연대의 힘으로 함께 성장하는 사람들을 쉽게 만난다. 독서모임, 블로그 글쓰기 모임, 온·오프라인 마켓 그룹, 마을기업과 협동조합처럼 함께하면서 개개인도 성장할 수 있다. 창업 준비도 혼자서 A부터 Z까지 다 하려면 어렵다. 어디서 정보를 얻을지, 테스팅에 필요한 것은 무엇인지, 어느 과정을 거치는 게 좋은지, 요즘 트렌드는 어떤지, 혼자 찾고 결정해야 할 일이 너무 많다. 게다가 아직 경험하지 못한 일에 대해서는 모르는 것이 더 많기 때문에 수많은 시행착오를 겪는다. 그런 필요성에 맞춰 예비창업자, 창업기업가, 전문가들이 함께 모여 유용한 정보와 애로사항을 나눌 수 있는 네트워킹 행사가 있다.

창업 네트워킹 프로그램

"창업 네트워킹 행사는 어디서 하지?"

"도대체 어떤 행사에 가야 도움이 될까?"

"어떤 행사에 가야 선배 창업자와 인맥을 쌓을 수 있을까?"

이제 창업을 준비하거나 시작한 지 얼마 되지 않은 창업자에게는 "일단 관심 가는 곳은 다 가 본다"가 정답이다. 코로나 이전엔 전국 스타트업 지원 공간에서 다양한 네트워킹 모임이 있었다. 예비창업자와 초기 스타트업에 많이 알려진 행사는 스타트업 얼라이언스의 커피 클럽/런치 클럽(테헤란로), 팁스타운의 고 벤처포럼(역삼동), cel벤처단지의 셀톡이나 셀데모데이(청계천로, 문화벤처단지), 디캠프의 디파티/디데이(역삼동), 스타트업 그라인드서울의 마루180(역삼동), 경기 문화창조허브의 커피 반상회/끼허브 네트워킹

파티(성남시) 등이었다. 모든 행사는 유동적으로 그때그때 변하기도 하고, 코로나 이후로 지금은 거의 없다.

코로나19 이후로 오프라인 행사들이 대대적으로 축소된 상황이다. 행사 종류도 줄었지만, 오프라인 행사가 있더라도 참여인원을 5~10명 이내로 제한한다. 많은 인원이 직접 만나서 소통하면 좋겠지만, 온·오프라인 네트워킹 어디든 상관없이 행사에 참가해 보자. 이 또한 창업의 경험이다. 네트워킹의 퀄리티는 몇몇 온·오프라인 행사에 참가해 성격을 파악한 후, 나중에 판단해도 늦지 않다. 현재는 오프라인 네트워킹 행사가 거의 없다 보니 실질적인 기회가 많지 않다.

네트워킹 행사에 참석하기 전에는 괜한 걱정이 앞선다. 아직 아무것도 안 했는데 '괜한 시간 낭비는 아닐까, 참석 자격이 있을까, 가서 무슨 말을 해야 할까' 하는 쓸데없는 생각이 머릿속을 맴돈다. 막상 결심을 하고 가려 해도 잠시 귀차니즘이 발동한다. 그렇지 않은 사람들도 있겠지만, 새로운 사람들을 만나는 일이 쉽지 않은 사람에게는 그런 생각이 들기도 한다. 하지만 그럼에도 불구하고, 창업자를 위한 네트워킹은 어떤 장점이 있기에 참여해야 할까.

"알게 된 사람들끼리 다양한 교류가 이뤄진다."

"고립감과 막막함을 느낄 때가 많은데, 이런 모임을 통해 조언과 영감을 얻었다."

"몰랐던 정보를 얻고, 더 나아가 협업할 수 있는 아이디어를 얻었다."

"아이템만 생각했는데 사용자 입장을 반영하라는 선배 창업자의 조언을 받았다."

"수익 모델에 대해선 생각하지 못했는데 이번 기회에 비즈니스 모델을 재점검하게 되었다."

네트워킹을 통해 다양한 참가자들이 상호보완해 줄 접점을 만든다. 마케팅, 투자, 회계, 노무, 생산 등 다양한 분야 사람들로부터 유익한 창업 정보를 얻을 수 있기 때문이다. 혼자만 알고 있는 정보는 1 가지지만, 여러 사람이 함께 모이면 그 정보가 N 가지가 된다. 또한 관심 있는 사람들과 지속적인 관계 형성을 통해 협업 프로젝트를 만들 수 있다. 아무것도 하지 않고 먼저 다가가지 않는다면 좋은 인연이 될 기회조차 갖지 못한다. 종합하자면, 네트워킹은 새로운 정보를 얻어 부족한 부분을 채우고, 투자자나 다른 창업자를 만나 한 단계 레벨 업(Level Up)할 수 있는 장점이 있다.

어떤 네트워킹 행사가 있을까

매달 정기적으로 있던 네트워킹 행사는 확연히 줄었다. 그래도 행사 주관처마다 1년에 몇 번 네트워킹 데이가 열린다. 각 대학별 창업보육센터, 시·군 창업보육센터, 지역별 창조경제혁신센터와 콘텐츠 코리아랩, 지역별 메이커스 스페이스, 중소기업진흥공단, 기술보증재단 등에서 행사를 진행한다. 현재 정부와 지자체에서 지원하는 네트워킹 행사는 온라인 또는 소수 인원의 오프라인 행사로 열리고 있다.

기업은행, 산업은행, 국민은행 등 은행권에서도 스타트업을 위한 네트워킹 프로그램을 1년에 1~2회 준비한다. 예를 들어, 신한은행은 스타트업 네트워킹 프로그램, 월간 Find:를 론칭했다. 이런 공적인 행사는 대부분 무료로 진행되며, 네트워킹 후속 행사에서 선발된 아이디어는 지원금 혜택까지 연결된다. 반면, 민간기업에서 주최하는 네트워킹 행사가 있긴 하지만, 비용 부담이 있고 후속 프로그램으로 멘토링과 교육을 권유하기도 한다. 그래서 민간기업보다는 다양한 공공기관에서 진행하는 행사를 먼저 찾아보는 것을 더 권한다.

- **콘텐츠 코리아랩** [https://venture.ckl.or.kr/]

전국 16개 콘텐츠 코리아랩이 있다.(강원, 경기, 경남, 경북, 광주, 대구, 대전, 부산, 서울, 울산, 인천, 전남, 전북, 제주, 충남, 충북) 각 지역의 콘텐츠 코리아랩 홈페이지에서 수시로 네트워킹 행사를 확인해야 한다. 행사 참여 대상이 콘텐츠 코리아랩 프로그램에 참여한 참가자들의 네트워킹인 경우도 있고, 관심 있는 일반 참가자인 경우도 있다. 지역별로 특화된 창업 정보를 참가자끼리 서로 공유할 수 있어서 좋다. 또한 같은 지역 창업자들끼리 지속적으로 교류할 수 있는 시발점이 되는 큰 장점이 생긴다.

경기도 일자리재단, 여성 창업플랫폼 꿈마루 [https://www.dreammaru.or.kr/]

창업과 재취업을 돕는 다양한 온·오프라인 교육을 중점적으로 제공하고 있다. 경기남부(용인), 경기북부(의정부), 고양시, 양주시, 화성시, 5곳에 관리 기관이 있으니 거주지와 가까운 곳을 방문해 보자. 청년·중장년·여성 창업에 필요한 지원과 상담이 매월 이루어지고 있기 때문에 홈페이지를 자주 확인하길 바란다. 소수 인원이 참여하는 네트워킹 행사는 매월 다양한 선배 창업가를 초청해 이루어지고 있다. 창업에 도움 되는 행사를 놓치지 않도록 네트워킹 내용과 일정을 미리 확인하는 것이 좋다.

각 지역의 메이커 스페이스(Makers Space) / 공방 및 창작자

중소벤처기업부, 창업진흥원에서 2018년부터 신설한 공간 구축 사업이 메이커 스페이스이다. K-Startup(www.kstartup.go.kr) 홈페이지 사업 소개에서 시설/공간/보육을 찾아보면 전국 메이커 스페이스가 어디에 있는지 알 수 있다. 전문 랩(창업 연계형 창작 공간)과 일반 랩(생활밀착형 창작활동 공간)이 있으며, 3D/UV 프린터 등을 활용하여 전문적인 메이커 활동을 할 수 있다. 전국 189개 장소에 마련되어 있고, 예비창업자들이 시제품을 직접 만들어 볼 수 있다는 장점이 있다. 실제 시제품 1개를 만들어 판매를 시작한 창업자도 있다. 메이커 스페이스에 관심 있는 예비창업자는 핸드메이드, 공방 창업과 연관된 서울 여성공예센터(https://seoulcraftcenter.kr), 경기 공예지원센터(https://www.csic.kr)에서 교육 및 창업 정보를 얻을 수 있다. 메이커 스페이스의 네트워킹 데이는 각 지역별 프로그램에서 확인하도록 하자.

최근 서울창업카페(양천신정점 https://ycstartup.co.kr)의 창업 네트워킹 행사는 메타버스(Metabus, 가상과 현실이 결합한 또 다른 세계) 플랫폼인 게더타운(Gather Town)을 통해 참여할 수 있었다. 참가자가 아바타를 통해 자유롭게 이동하고 소통하며 그룹 멘토링도 받았다. 팬데믹 이후 온라인 비대면 행사가 일상화되면서 메타버스 공간을 행사장으로 만들어 새롭게 소통하는 방식이 등장한 것이다. 지금처럼 빠르게 변화하는 시기에는 새로움을 낯설다고 기피할 것이 아니라 적극적인 수용태도로 익숙해져야 한다.

[그림10] **메타버스, 게더타운 행사**

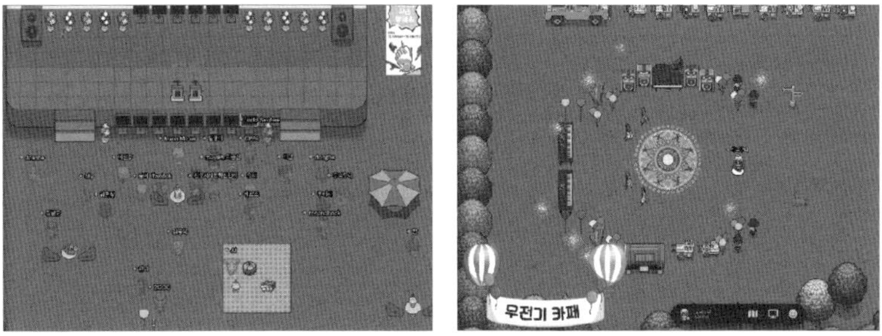

창업 네트워킹 행사는 예비창업자, 3년 미만 초기 창업자, 창업 아이템을 보유한 직장인이나 대학생 참가자에게 도움이 된다. 참가자끼리 앞으로 경험할 창업 생태계에 대해 이야기 나누며 궁금증을 해소할 수 있기 때문이다. 또한 자유로운 대화 속에서 실질적인 정보뿐만 아니라 새로운 인사이트를 얻기도 한다. 다만, 다양한 기관의 네트워킹 행사가 비정기적으로 있기 때문에 꾸준히 관심을 갖고 지켜봐야 한다. 관련 기관 홈페이지를 매주 1번, 특정 날짜나 요일을 정해두고 주요 행사와 프로그램을 확인하자. 짧은 시간의 창업 네트워킹일지라도 예비창업자끼리 동병상련의 마음을 나눌 수 있어서 그것만으로도 큰 힘이 된다.

DAY 7

관심 있는 공모전으로 스펙 쌓기

스몰 스텝부터 시작하자

창업자마다 성향이 달라서 창업 준비도 각기 다르다. 준비 단계부터 차근차근 시작하려는 창업자가 있는 반면, 얼른 준비해서 빨리 성과를 내려는 창업자도 있다. 개인적인 성향으로는 첫 번째 창업자에 가깝다. 그런데 갑자기 창업했기 때문에 제대로 준비하지 못한 채 시작했다. 다시 6년 전으로 되돌아간다면, 더 많은 것들을 미리 생각하고 준비해서 창업하고 싶다. 필요한 것을 미리 배우고, 나(창업자)만의 강점을 찾아 선택과 집중을 하며, 부업(Side Job)으로 천천히 성과를 내서 창업으로 확장하는 과정을 밟을 것이다.

창업은 단계별로 달성할 목표를 정하는 것이 바람직하다. 창업에 대한 생각 정리, 창업교육, 전문가 멘토링과 같은 과정을 스텝 바이 스텝(Step by Step)으로 따라가면 우왕좌왕하는 시간이 단축된다. 그뿐만 아니라 준비 기간을 통해 창업 근육이 단단해져 리스크를 줄일 수 있다. 이제 스몰 스텝을 시작해 보면 어떨까. 어디서부터 시작할지 고민하지 말고 공모전부터 도전하자. 창업과 연관된 공모전, 평소 관심 있던 공모전, 실력 발휘를 할 수 있는 공모전을 찾아보자. 공모전 수상 경력이 1인 창업을 위한 부스터가 되어줄지 어떻게 알겠는가. 예비창업자인 나의 능력과 강점이 어디에 있는지 확인할 수 있는 좋은 기회이다. 성공 또는 실패 여부와 상관없이 스몰 스텝의 도전이 쌓여 경험 자체가 '스토리 있는 스펙'이 된다.

언제 시작해도 늦은 때란 없다

삶에서 부업이나 창업은 전혀 계획에 없었다. 다만 좋아하는 일이 있었고, 아날로그에서 디지털로 모드 전환하는 배움이 있었을 뿐이다. 천천히, 꾸준히, 필요한 능력을 업(Up) 하고 다시 업(Up)하는 시간을 가졌었다. 지나고 보니 〈뉴타입의 시대〉(야마구치 슈, 인플루엔셜, 20220)에서 말하는 것처럼 '직장인이 아닌 직업인'이 되기 위한 준비를 꾸준히 했던 것이다. 인테리어 디자인을 전공했지만. 그리는 작업이 좋아서 패턴 디자인과 일러스트 디자인을 시작한지 벌써 10년이 넘는다. 거북이처럼 느린 속

도라도 좋아하는 것을 찾아서, 잘 하는 것을 찾아서, 스몰 스텝을 하나씩 만들어갔다. 당장 눈에 띄는 성과가 보이지 않더라도 꾸준함이 중요하다. 그래서 1주일 1패턴 만들기 같은 작은 목표를 정해 실력을 쌓았다.

새로운 것을 배우는데 처음부터 잘 하길 바라는 건 욕심이다. 물감과 붓으로 그리는 아날로그 방식이 익숙했기 때문에 디지털 드로잉을 숙련할 시간이 필요했다. 쏘잉(Sewing)이 취미여서 자연스럽게 텍스타일과 패턴 디자인에 관심을 두게 되었고, 자료를 검색하다보니 영국 패턴 디자이너의 온라인 e-코스를 알게 되어 집중 훈련 과정을 거쳤다.(https://makeitindesign.com) 이 과정을 통해 유용한 정보와 전문적인 패턴 디자인 프로세스를 배울 수 있었고, 여러 나라의 디자이너들과 온라인으로 교류할 수 있게 되었다. 이때부터 원래 전공인 인테리어 디자인뿐만 아니라 패턴 디자인까지 혼자 할 수 있는 일의 영역을 확장한 것이다.

해외 온라인 코스를 통해 만난 디자이너들과 특정 플랫폼에 디자인을 업로드해 보면서 실력에 대한 자신감을 갖게 되었다. 하지만 공식적으로는 패턴 디자인 커리어가 하나도 없는 상태였다. 전공을 한 것도 아니고 실무 경력이 있는 것도 아니어서... 40대 중반, 늦은 나이라고 볼 수도 있지만 무언가를 시작하는데 늦은 나이란 없다. 그래서 마흔여섯이던 해, 국내 여러 디자인 공모전에 참가했다. 국제 커뮤니케이션디자인 공모전, 경상북도 콘텐츠 공모전, 부산 텍스타일 대전, 전통문화 융복합 공모전, 전주문화재단 공모전 등이었다. 1년 동안 수많은 스케치를 그려 패턴 디자인을 했고 그중에서 공모전 조건에 적합한 디자인을 골라 제출했다.

[그림11] **전주문화재단 공모전**

[그림12] **전통문화융복합공모전**

'노력은 배신하지 않는다'는 말처럼 참가한 모든 공모전에서 특선 이상의 성과를 얻었다. 드디어 패턴 디자인에 새로운 커리어가 생긴 것이다. 그 경력을 바탕으로 KCDF(한국공예디자인문화진흥원) 한지 상품개발 공모전에 선발되어 패턴 한지 노트를 제작하게 되었다. 그 공모전 상금 100만 원으로 한지 상품을 만든 후, 청와대 사랑채 숍과 인천공항 기념품 숍에 상품을 입점했고, 그것이 '어쩌다 창업'의 시작이었다. 어찌 보면 독학하듯이 하고 싶은 일을 좇아오다 보니 여기까지 온 것이다. 대박이나지 않더라도, 좋아하는 일을 가능한 한 오래도록 하고 싶다. 많은 경험을 쌓은 만큼 플랜 A, 플랜 B, 플랜 C와 같은 여러 대안을 두고 말이다.

"뭐 하러 고생을 사서 하나?"

"편하게 살지, 왜 그리 끊임없이 자신을 채찍질하나?"

좋아하는 일이 분명한 사람은 안다. 그런 일은 10억 복권 당첨이 된다 해도 그만 둘 일이 아니라는 것을! 당장 가시적인 성과가 안 보여도 오랜 시간을 지속할 수 있는 이유는 마음속 열정이 살아있기 때문이다. 그래서 이런저런 시행착오를 겪더라도 계속 도전하는 것이다. 시행착오도 오랜 시간 축적되면 '그 무엇도 대체 불가능한 나(창업자)만의 스토리, 나(창업자)만의 콘텐츠'가 된다.

공모전이나 대외활동은 어디서 찾을까

안정을 추구하는 개인적인 성향에 맞게, 스몰 스텝의 시작을 공모전 도전으로 잡았다. 그리고 공모전 성과들이 모여 다음 단계로 나아가는 발판이 되었다. 스몰 스텝으로 자신의 능력을 시험해 볼 곳은 무척이나 많다. 행여 첫 공모전 도전에 성과가 없어도 실망할 필요가 없다. 포기하지 말고 또 다른 공모전에 도전해 보자. 첫 번째 경험을 바탕으로 더 꼼꼼히 준비할 수 있다. 스펙을 쌓듯 꾸준히 도전하면 반드시 성과가 생기기 마련이다. 그러면 공모전이나 대외활동은 어디서 찾을까. 핫한 공모전 소식을 빠르게 알 수 있는 4개 사이트가 있다. 스몰 스텝으로 도전할 준비가 되었는가.

- **링커리어** [https://linkareer.com]

스펙이나 경력을 쌓을 수 있는 공모전, 대외활동, 동아리, 커뮤니티 활동을 공지한다. 공모전 주체(대기업, 중소기업, 공공기관, 비영리단체)에 따라 검색할 수 있어 편리하다. 또한 맞춤형 채용 공고를 함께 볼 수 있는 장점이 있으며, 지난 공모전 후기와 자료를 볼 수 있어서 공모전 준비에 큰 도움이 된다. 공모전 수상작을 분석만 잘해도 수상 가능성이 높아진다는 사실을 알고 있는가.

- **씽굿** [https://www.thinkcontest.com]

네 가지 섹션(분야, 주최기관, 응모대상, 시상 내용) 중에서 관심 있는 공모전을 선별해서 볼 수 있다. 씽굿콘텐츠 메뉴에는 공모전 전략, 트렌드, 주최사/수상자 인터뷰, 공모전 지식 Q&A, 수상작 등이 상세한 내용으로 있어서 공모전 도전자들에게 실질적인 도움이 된다.

- **위비티** [https://www.wevity.com]

분야, 응시대상자, 주최사, 시상내역, 네 섹션 별로 공모전을 찾아볼 수 있다. 특히 시상내역 카테고리에는 입사 시 가산점, 취업 특전, 1천만 원 이하, 1천만 원~3천만 원으로 분류되어 있다.

다른 사이트에서는 두 단계를 거쳐야 확인할 수 있는데, 이 사이트에서는 바로 확인할 수 있어서 시간 절약이 된다. 또한 인증샷, 인기투표로 부담 없이 참여할 수 있는 이벤트 행사도 있다. 공모전은 준비 기간이 필요하지만, 이벤트는 마음만 먹으면 쉽게 도전할 수 있으니 가볍게 참여해 보자. 일관성 있는 작은 것들이 모이면 의미 있는 뭔가가 만들어질 것이다.

- **올콘** [https://www.all-con.co.kr]

한국경제신문에서 만든 공모전 사이트이다. 청소년, 대학생, 일반인 등 지원 자격에 따라 공모전을 찾아볼 수 있다. 다른 사이트와 달리, 올콘 추천 콘테스트 메뉴에서 제일 핫한 공모전을 한눈에 확인할 수 있어서 편리하다. 또한 올콘 인재풀에 등록해서 다양한 혜택을 받길 바란다. 인재풀 혜택으로는 올콘에서 진행하는 다양한 공모전, 시상식, 포럼과 같은 행사 진행에 아나운서, 심사위원, 행사 진행 스태프로 참여할 기회가 주어진다. 참여 자체가 경험과 스펙이 될 수 있기 때문에 기회를 놓치지 말자.

'마음 가는 곳에 발길이 머문다'는 말이 있다. 공모전에 관심이 있으면 꾸준히 방문하며 도전할 공모전을 찾아야 한다. 네 사이트 모두를 살펴보기 어려우면, 한곳만 정해서 공모전 소식을 확인하자. 매일 네 곳을 방문하면 동일한 공모전 소식이 겹치는 것을 알 수 있기 때문이다. 스몰 스텝으로 창업을 준비하려면 좋아하거나 잘 할 수 있는 분야, 관심 있는 분야에 집중하는 것이 바람직하다.

예를 들어, 빅 데이터(Big Data)를 활용한 창업 아이템에 관심 있는 사람이라면 관광 분야 공모전에 도전해 볼 만하다. 이런 공모전은 각 지자체와 한국관광공사에서 주관하며, 실제로 '스마트 관광'을 확대하는 창업 지원사업이 늘고 있다. 빅 데이터 기반의 '관광지 추천' 서비스를 기후, 계절, 연령에 맞게 제공할 수 있는 아이디어를 활용할 수 있다. 또 다른 예로, 사회문제에 대한 관심으로부터 공모전 주제를 찾아도 된다. 1인 가구, 다문화 가정, 어린이·청년·노인을 위한 돌봄, 나눔, 기부와 같은 문제로부터 출발해도 좋다. 공모전 도전으로 스펙도 쌓고, 창업도 준비하면 일석이조 아닌가.

DAY 8

내 돈으로 할까, 나랏돈으로 할까

무자본 1인 창업, 누구나?

요즘 '무자본 창업'이 유행처럼 늘고 있다. 무슨 창업이기에 무자본이 가능할까. 자세히 들여다보면 거의 대부분 '온라인', '디지털'과 연관된다. 예를 들어, SNS 마케팅 강의, 라이브 커머스, 온라인 쇼핑몰 운영, 구매대행, e-book 판매 등이 해당된다. 창업에서 성공할지 실패할지 장담할 수 없기 때문에 리스크가 낮은 '무자본 창업'이 대세인 것이다. 그렇다고 모든 창업자가 온라인 창업만 할 수는 없다. 또한 무자본 창업을 하려 해도 '온라인', '디지털'로 사업화할 수 있는 지식과 경험이 있어야 한다. 결국 이것도 창업 전 준비과정이 필요하다.

무자본 창업은 별도의 사업장보다는 주거공간에서 시작하는 경우가 많다. 쇼핑몰 운영, 온라인 강의, 1인 출판처럼 집에서 창업하는 일이 충분히 가능하다. 하지만 정부 지원사업을 받는다거나 공공기관 납품을 위한 기업 인증을 받으려면 요즘 유행어인 '방구석 창업'은 권장 사항이 아니다. 공유 오피스든, 정부와 지자체 입주공간이든, 사무공간이 있어야 한다. 지원사업 주관기관의 현장 실사가 있을 때 사무공간이 별도로 있어야 기업의 사실성, 적합성에서 좋은 평가를 받는다. 하지만 사무공간을 마련하려면 보증금과 월세의 비용 부담을 감수해야 한다. 그런 창업자들을 위해 무료 또는 저비용으로 사무공간을 빌려주는 정부 지원사업(시설, 공간, 보육)이 있다. 초기 창업 리스크를 낮추려면 임대공간부터 사업화 지원 패키지까지 정부 지원사업을 활용하도록 하자.

어쩌다 창업해서 미리 창업 자금을 준비하지 못했다. 그래서 사업자등록 주소지를 집으로 하고, 무자본으로 창업했다. 공모전 상금으로 디자인 노트를 제작했고, 창업 첫해엔 입점숍 상품 판매와 B2B 디자인 라이선싱(Licensing, 지적재산권을 타인이 사용할 수 있도록 비용을 받고 상업적 권리를 부여하는 계약) 비용이 매출로 나왔다. 월 50만 원의 소소한 수입이었지만, 직접 판매가 아닌 위탁 판매, 그리고 기존에 있던 디자인을 활용한 소득이어서 시간과 비용 투자에 비하면 만족스러운 매출이었다. 두 번째 해에는 지자체의 창작자 공간 지원에 선정되어 사무공간을 옮겼다. 이때부터 비즈니스 교육, 멘토링, 시제품 제작, 마케팅 지원과 같은 창업 지원사업에 무수히 도전했다. 그래서 4

년 동안 총 1억 2천만 원을 받은 수혜기업이 되었다. 무자본 창업이어서 초기에 필요한 다양한 테스팅을 못 했었는데 창업 지원사업이 큰 도움이었다. 어느 분야든 아이디어가 있다면 누구나 도전해서 받을 수 있다. 특별한 사람만이 지원금을 받는 게 아니다.

초기 창업 자금은 얼마가 적당할까

창업 자금의 정도는 천차만별이다. 어떤 창업을 하느냐에 따라서 필요한 창업 자금이 다르기 때문이다. 온라인 창업이냐 오프라인 창업이냐에 따라 다르고, 업종과 지역에 따라서도 다르다. 동일한 기술 기반 창업이라도 제조 공장까지 있어야 할지, 창의적인 아이디어만 있으면 될지에 따라 필요한 자금 단위가 달라진다. 또한 혼자 운영할지, 협력자나 직원이 있어야 할지에 따라서도 최소 자금의 범위가 달라진다. 어떤 온라인 강의 창업자는 자본금 0원이라고 하고, 어떤 아마존 셀러는 초기 창업 자금으로 200~500만 원이면 충분하다고 말하기도 한다. 적당한 창업 자금에 대한 정답은 없다. 하지만 리스크를 적게 하려면 최소의 창업 자금으로 시작하자.

그러면 창업 자금은 어떻게 준비할까. 크게 나누면 세 가지 방법 중 하나이다. 첫째, 창업자 스스로 충당해서 준비하는 기본적인 방법이다. 대표적인 자가 충당 방법은 파트타임 또는 풀타임

일을 해서 목돈을 만드는 일이다. 가족이나 지인 도움을 받을 수 있더라도 웬만하면 자력으로 준비하는 편이 낫다. 혹시나 창업이 실패할 경우 돈 때문에 소중한 사람과 멀어질 수 있기 때문이다. 둘째, 정부나 지자체의 창업 지원금을 받을 수 있다. 정부 지원금이 창업자에게 제일 부담이 없는 반면, 넘어야 할 산이 많다. 아이템을 잘 선정해 사업계획서를 작성해야 하고, 처음 보는 심사자들 앞에서 설득력 있게 발표해야 치열한 경쟁률을 뚫을 수 있다. 또한 선정된 후에도 예산대로 지원금을 써야 하고 정해진 행정절차를 따라야 한다. 나랏돈을 쓰는 것이어서 지켜야 할 사항이 많다. 그럼에도 불구하고, 일단 선정되기만 하면 갚아야 할 의무는 없다. 그것이 정부 지원금의 너무나 큰 장점이라 할 수 있다. 셋째, 은행, 신용보증재단과 같은 금융권 대출을 받는다. 그런데 대출을 받으려면 누군가 보증을 서준다거나 창업자의 보유자산(통장 잔고, 부동산)을 담보로 해서 받아야 한다. 하지만 이제 막 시작하는 단계에 은행권 대출은 시작부터 큰 부담이 될 수 있다. 은행권보다는 신용보증기금, 기술보증기금을 활용하길 추천한다.

신용보증기금(https://www.kodit.co.kr/)과 기술보증기금(https://www.kibo.or.kr/)은 정부에서 창업 활성화를 위해 만든 보증지원기관이다. 개인을 대신해서 금융권에 보증을 서주는 대표적인 기관이라 할 수 있다. 특히 39세 미만 창업자에게는 청년창업 특례보증을 신용보증기금에서 해주며, 창업 후 7년 이내 기업까지 받을 수 있다. 보증한도는 최대 3억 원까지 가능하고, 대출금리는 은행 금리보다 0.8~1.3% 낮은 편이다.

아직 사업자등록을 하지 않았다면 먼저 지역 신용보증재단을 방문해서 대출상담을 하길 바란다. 예비창업자는 '예비창업자 대출'을 받을 수 있고, 이미 사업자등록을 한 창업자라면 매출이나 소득 증빙에 따라서 '창업자 대출'을 받을 수 있다. 은행권 대출에 비해 여러 장점이 있는 반면, 사업계획서와 평가계획서와 같은 대출 심사서류를 준비해야 한다. 사업에 대한 구체성이 있는지, 연간 매출 계획은 얼마인지, 창업자 역량은 어떠한지, 종합적으로 판단하는 과정이다. 돈을 빌려주는 입장에서는 창업자가 갚을 수 있을지 최대한 꼼꼼히 따지는 것이 당연한 일 아니겠는가. 1차 서류 검토가 끝나면, 담당 심사관이 사무실을 방문하는 2차 실사 평가를 진행한다. 실제 상담 예약부터 서류 평가, 실사 방문, 최종 승인을 거쳐 은행 대출을 받기까지 한 달 이상이 소요된다.

창업자에 따라서 창업 자금을 최대로 확보해 사업 확장을 해갈 수도 있고, 반대로 창업 자금을 최소로 줄이고 한 단계씩 매출을 늘릴 수도 있다. 어느 방법이든 무리해서 창업 자금을 마련하지 말자. 그리고 창업 자금은 별도의 회사 통장을 만들어 관리하자. 그래야 얼마만큼 지출했고 얼마만큼 수익이 생겼는지 파악하는 일이 수월하다.

주요 창업 지원사업은 어디서 찾나

창업 자금을 마련하는 방법 중 정부와 지자체의 창업 지원사업을 적극 활용하자. 다양한 창업 지원이 경제 활성화와 일자리 창출을 위해 투입되고 있다. 이런 시기에 저자본, 저위험으로 창업하는 지름길은 정부 지원사업을 활용하는 방법이다. 하지만 관련된 정보를 알지 못해 지원받을 기회를 날린다면 안타깝지 않겠는가. 창업 지원을 확인할 수 있는 대표적인 네 곳이 있다. 그것은 기업마당, K-Startup, 창업진흥원, 창조경제혁신센터이다.

- **기업마당** [https://www.bizinfo.go.kr/ (상담전화 1357)]

중소기업 지원사업 정보를 한눈에 볼 수 있는 사이트이다. 복잡하고 찾기 어려운 중소기업 지원사업정보를 한곳에 모아 서비스를 제공하기 때문에 정부 지원사업의 90%를 찾아볼 수 있다. 또한 많은 지원사업 정보 중 맞춤형 검색이 가능하며, 회원가입을 하면 이메일을 통해 정보를 알려준다. 중소기업을 위한 다양한 지원사업을 알려주는 홈페이지에서 "어떤 지원사업을 찾으십니까?" 섹션이 가장 먼저 눈에 띈다. 지원사업 분야를 금융, 기술, 인력, 수출, 내수, 창업, 경영, 제도, 동반성장, 9가지로 나누어 정보를 제공하고, 지역, 소관부처, 업종에 따른 검색도 가능하다. 꼭 방문해서 살펴보길 바란다.

기업마당의 또 다른 장점은 정부 지원사업 확인 후, '바로가기'를 누르면 지원사업 주관기관의 홈페이지로 연결된다. 중소벤처기업부에서 운영하는 곳이기 때문에 정책브리핑 자료를 볼 수 있는 곳이기도 하다. 그 자료를 토대로 소비자물가 동향, 산업활동 동향, 수출입 동향, 노동시장 동향, 벤처 투자 동향과 같은 경제 흐름을 파악할 수 있어서 사업계획서 작성에 도움이 된다.

- **K-Startup** [https://www.k-startup.go.kr/]

창업에 특화된 지원사업을 확인할 수 있으며, 중소벤처기업부와 창업진흥원에서 운영한다. 창업 지원사업 뿐만 아니라 다양한 이슈와 정보를 알려주기 때문에 1주일에 한 번 이상 들러야 하는 곳이다. 창업 기업을 예비(사업자 등록 전), 초기(창업 3년 미만), 도약(창업 3~7년 미만), 3가지 단계로 구분해 그에 맞는 지원사업 정보를 제공한다. 알짜배기 정보는 물론 사업화, 교육, 시설·공간·보육, 멘토링·컨설팅, 행사·네트워크, R&D, 여섯 가지 종류의 정보를 편리하게 찾을 수 있다.

예비창업 패키지, 초기창업 패키지, 창업도약 패키지, 혁신 창업 패키지, 창업 성공 패키지 등 사업에 필요한 실질적인 지원(사업화 자금, 교육, 멘토링, 사업모델 혁신, 시장 진입 등)을 패키지로 제공한다. 최근에는 창업 분야별로 지원사업이 다양해지고 있다. 예를 들어, 디자인 특화 창업, 실험실 특화 창업, 데이터 활용 창업, 전통문화 청년창업, 스포츠산업 창업, 관광벤처 창업, 농식품 기술 창업, 에코 스타트업 창업, 해양수산 창업, 비대면 분야 창업, 소재부품장비 혁신 분야 창업, 기상기후산업 창업, 업 사이클링(Up-Cycling) 아트 청년창업, 융합 기술 창업, 반려동물산업 창업과 같은 사업명을 찾아보라. 사업과 연관된 환경부, 농림축산식품부, 문화체육관광부와 같은 정부부처에서 직접 주관하는 사업이 증가했다.

지원사업마다 경쟁률이 각기 다르고, 2:1에서 42:1까지 격차가 크다. 매해 어떤 분야 창업자들이 더 많이 지원할지는 예측할 수 없다. 하지만 지원서류는 정부나 지자체 지원사업에서 필수적으로 준비해야 하기 때문에 미리 꼼꼼히 준비해서 기회를 얻도록 하자.

- **창업진흥원** [https://www.kised.or.kr/]

교육부터 사업화 지원, 판로 개척까지 사업 전반에 걸친 지원을 한다. 이곳에서는 혁신형 기술 창업을 적극적으로 지원하고 있다. 창업진흥원에서 운영하고 있는 센터로는 창조경제혁신센터, 메이커스 스페이스, 중장년 비즈센터, 판교 창업존, 그린 스타트업 타운이 있다. 그중 1인 창조기업은 전국 38개 장소에 '1인 창조기업 지원센터'가 있어서 언제든 애로사항을 문의하고 상담할 수 있다. 지원사업 종류를 보면 K-Startup 사업에 있는 창업 패키지 사업은 창업진흥원에서 직접 관리한다.

예비창업 패키지부터 시작해서 초기창업 패키지, 창업 성공 패키지, 글로벌 창업사관학교까지 단계별로 지원받으며 성장할 수 있다. 홈페이지에서 '2016년부터 현재까지 성공한 기업 사례'를 아이템과 함께 소개하고 있다. 어떤 아이템이 성과를 이뤘는지 궁금하면 '지원사업 우수 사례'를 참조하길 바란다. 이런 우수사례를 보면 사업 아이템을 어떻게 구조화할 것인지 아이디어를 얻을 수 있다.

- **창조경제혁신센터** [https://ccei.creativekorea.or.kr]

로컬 스타트업의 허브라 할 수 있다. 전국 19개 창조경제혁신센터에서 온·오프라인 상담, 멘토링, 컨설팅, 사업화 지원, 투자 유치 및 글로벌 진출을 돕고 있다. 특히 지역의 자원과 특성을 살린 아이디어로 창업할 수 있는 '로컬 크리에이터 활성화 사업'은 지역 콘텐츠를 부각할 수 있는 장점을 지닌다. 170팀을 선정하는 이 사업에 20~30대 신청자가 60% 이상을 차지할 정도로 청년들에게 인기가 많았다. 참신한 아이디어로 출발해서 비즈니스 모델(BM, Business Model) 구체화, 마케팅, 브랜딩까지 사업화 지원을 받기 때문에 초기 창업단계에 무척 큰 도움이 된다. 다른 창업 지원에 비해, 로컬 크리에이터 활성화 사업은 여성과 청년 창업자 비중이 높은 편이다. 선정 분야로는 로컬푸드와 지역기반 제조가 가장 높은 비중을 차지하고, 아이템 내용으로는 지역 가치, 거점 브랜드, 지역 특화 관광, 자연친화 활동, 디지털 문화체험 순서였다.

이와 같은 정부 지원사업 합격률을 높이려면 선정된 사례들을 찾아보자. 로컬푸드를 활용한 밀키트, 폐정수장/제지공장/폐교를 활용한 커뮤니티 특화 관광, 메타버스, AR 디지털 기술기반의 프로젝트까지 다양한 사례가 있다. 이 사례 조사를 바탕으로 지역의 역사적·문화적 자원에 뭐가 있는지, 지역 자원을 활용해 어떤 편의성을 제공할지 고민해 보라. 혼자보다는 팀을 구성해서 여러 아이디어를 모으면 더욱 좋겠다. 그리고 합격률을 높일 수 있는 팁(Tip)이라면, 경쟁률이 높은 수도권보다 지역거점센터의 지원사업에 도전하는 것도 하나의 전략적인 방법이다.

기업마당, K-Startup, 창업진흥원, 창조경제혁신센터, 네 사이트만 방문해도 대부분의 정부 창업 지원정보를 파악할 수 있다. 엄청나게 많은 창업 지원사업이 있는데 정보를 몰라서 놓치기엔 너무 아깝다. 상대적으로 지원금이 큰(1억 원 이상) 지원사업에 바로 도전하기보다는 작은 지원사업부터 도전하자. 특히 '창업해볼까?' 하고 준비 중인 예비창업자는 창업교육, 시제품 제작, 시설/공간/보육, 멘토링을 먼저 받고 나서 사업화 지원에 도전하길 바란다. 그리고 창업 단계별로 예비, 초기, 도약 시기에 따라 필요한 지원사업을 받는 것이 바람직하다. 무슨 일이든 한걸음에 달려갈 수는 없다. 한 단계 한 단계 성장하는 길이 순리에 맞는 일이 아닐까.

[그림13] 한국전통문화전당, 입주공간

창업 지원사업 사업계획서 작성 방법

매년 창업 지원 예산은 계속 늘고 있고, 지원사업 종류는 더 다양해지고 있다. 지원사업 종류가 많아진다 해도 기본 작성방법은 거의 동일하다. 그렇기 때문에 지금 당장 정부 지원사업에 서류를 제출하지 않더라도 언제든 활용 가능한 사업계획서를 준비해 놓자.

처음엔 사업계획서 작성이 어려울 수 있다. 그럴 땐 샘플 사례를 보고 어떻게 해야 하는지 파악하는 방법이 효율적이다. 먼저, 창업진흥원(https://www.kised.or.kr)의 재도전 성공패키지 우수사례집을 찾아보자. 소비자 니즈를 반영한 아이디어 소개부터 성장 가능성, 관련 시장 동향, 리스크 요인 및 대응방안, 종합의견까지 일목요연하게 정리되어 있다. 창업 사례를 샘플로 찾아봄으로써 새로운 창업 아이템이 떠오를 수 있다. 그런 다음, 앞에서 정리한 비즈니스 모델 캔버스와 창업 육하원칙(5W 1H)을 활용해 아이디어를 정리해 보자. 창업 아이템이 정리되면 창업 지원기관에 연락해 멘토링이나 전문가 컨설팅을 받도록 하자. 아이디어를 구체적으로 다듬을수록 실현 가능성이 높아지기 때문이다. 그뿐만 아니라 지원사업 경쟁률이 계속 높아지고 있어서 사업계획서는 여러 번 수정해서 탄탄할수록 좋다.(예: K-Startup에서 예비창업 패키지 사업계획서 양식을 다운로드해서 작성해 보자.) 그렇다면 사업계획서를 어떻게 작성해야 선정 가능성을 높일 수 있을까.

구체적인 키워드를 넣어 제목을 명확하게 표현하자

사업계획서에서 가장 먼저 보는 부분이 제목이다. 수많은 신청서를 검토하는 심사위원들이 1 페이지부터 마지막 페이지까지 꼼꼼히 읽을 시간 여유가 없다. 그래서 1차 선정은 제목이 차지하는 비중이 높다. 제목이 너무 짧으면 내용이 담기지 않고, 너무 길면 무엇이 중점인지 파악하기 어렵다. 그래서 어떤 문제점을 찾아서 어떻게 해결하는지, 누구(대상, 타깃층)에게 어떤 혜택을 주는지, 명확히 드러나도록 한 줄 제목으로 표현해야 한다.

아이템의 주요 키워드를 중심으로 제목을 만들자. 예를 들어, 전문직 은퇴 노년 여성을 위한 생활 편의 출장 서비스, 버려진 방수 천을 활용한 가방 제작, 로컬푸드를 활용한 에어프라이용 밀키트, 지역 유휴공간을 활용한 스몰 웨딩 서비스. 제목만 봐도 어떤 아이템인지, 사업 효과가 있을지를 가늠할 수 있어야 한다.

사업 아이템을 그동안의 경력과 연계하자

예비창업자의 경력이 전문성을 판단하는 자료가 된다. 매년 열리는 여성 창업경진대회에서는 생활 속 불편을 해결한 주부 창업자의 창업 아이템 사례가 자주 등장한다. 누구나 일상에 있는 문제를 발견하고 해결 방안을 찾으려고 노력한 경험과 실험이 있다면, 그 자체로 전문성을 확보할 수 있다. 창업자의 생생한 경험에서 나온 아이템은 객관적인 자료 분석에서 나온 아이템보다 심사위원들에게 더 큰 공감을 불러일으킨다. 그렇기 때문에 창업자의 전문적인 기술이나 자격을 지원서류에 꼭 기입하자. 공모전 수상, 전공, 학력, 직장 경험 등 도움 되는 내용은 하나도 빠뜨리지 마라. 특허, 디자인권, 상표등록이 있으면 반드시 적어야 한다. 그런 내용을 바탕으로 창업자가 이 지원사업을 충실히 수행할 수 있는지 판단하는 요인이 되기 때문이다.

아이템에 대한 완성도를 높이기 위해 1인 창업자가 외부 전문인력과 팀 구성을 할 수 있다. 창업자의 핵심 기술에 외부 전문성을 추가하는 아이템일 때, 왜 아웃소싱(Outsourcing, 업무의 일부를 외부 전문기관에 의탁하는 일)이 필요한지, 어떤 외부 인력인지, 지원서류에 명시해야 한다. 예를 들어, 일러스트 콘텐츠를 가지고 있는 창작자가 앱 개발자, 온라인 마케터와 한 팀을 이루어 10~20대를 위한 컬러링 앱을 출시하겠다고 사업계획서에 쓰면 된다. 프로젝트를 소개할 때, 서로 다른 영역의 전문성으로 협업과 분업의 팀플레이를 이루어 더 큰 시너지효과를 내겠다고 창업에 대한 적극성을 어필할 수 있다.

창업 아이템 요약에 핵심을 모두 넣자

창업 아이템 소개, 아이템의 차별성, 국내외 목표시장, 결과물 이미지(설계도, 디자인, 시제품)가 핵심이다. 그 내용을 A4 2~3페이지 분량으로 작성하자. 먼저, 창업 아이템 소개에 문제점을 설명하고 공감을 이끌어내라. 남들이 발견하지 못한 문제점을 발견하고, 그것을 해결하기 위한 일이 '창업'이다. 그렇기 때문에 해결하고자 하는 문제가 무엇인지부터 설명하자. 다음으로, 해결 방법은 실현 가능성이 있어야 하고, 수익창출이 되는 비즈니스 모델이어야 한다. 아이디어가 아무리 좋아도 현재의 기술로 만들 수 없으면 아무 소용이 없다. 수익창출이 안 되는 비즈니스 모델은 창업할 이유가 없지 않은가. 마지막으로, 국내외 목표시장은 반드시 통계자료와 도식화 자료를 활용하고, 결과물 이미지는 아직 시제품이 없어도 스케치나 구상한 이미지와 최대한 유사한 사진을 꼭 넣도록 하자.

핵심 내용을 잘 정리하는 일에도 기술이 필요하다. 수많은 지원

서류 중에서 핵심 내용이 잘 읽혀야 한다. 깔끔한 레이아웃을 만들고, 키워드를 중심으로 큰 제목과 소제목을 나누어 두괄식으로 기입하자. 또한 문단 띄어쓰기로 중간 여백을 줘야 빡빡하지 않게 보인다. 아무리 좋은 내용이라도 가독성이 높아야 읽기 편하다. 너무 서술형 글로만 나열되면 핵심이 눈에 들어오지 않아서, 그럴 땐 도표나 그림을 추가해 설명하도록 하자.

다양한 수익 모델을 검토하자

수익 모델 검토를 위해 유사한 창업 아이템을 찾아서 조사하자. 온라인 판매가 많은지, 오프라인 판매가 많은지, 고객층을 어떻게 확대했는지, 경쟁사를 벤치마킹하면 보일 것이다.(이 부분은 [STEP 2] 내용을 참고하자) 예비창업자라도 1년, 2년, 3년 차까지 단계별 수익 모델을 계획하는 것이 바람직하다. 설명하는 글과 함께 다이어그램 이미지로 단계별 성장(예: 매년 50~200% 성장률 반영)을 시각화하면, 더 이해하기 쉽다. 수익 모델 검토에서 크라우드 펀딩(Crowd Funding)을 통해 고객 확보와 수익 창출을 동시에 얻는 방법을 활용해도 좋다. 이렇게 수익을 낼 수 있는 다양한 방법을 사업계획서에 써야 한다.

객관적 자료조사를 통해 설득력을 더하자

사업 타당성을 입증해야 선정 가능성이 높아진다. 왜 이 아이템이 필요한지, 수요자의 현황은 어떤지, 시장성은 있는지, 경쟁사와 차별성이 있는지에 대한 객관적 자료를 반드시 넣어야 한다. 이 내용은 창업 실전에서도 필요하기 때문에 [STEP 2]에서 상세히 설명할 것이다.

시장조사에서 실제 발품을 팔아 조사할 수도 있지만, 통계청 자료를 찾아 분석할 수도 있다. 추가적인 자료는 뉴스, 논문, 책에서 찾아도 된다. 타깃층에 따른 예상 수익은 일반적 확률을 적용한 수치를 반영하자. 예를 들어, 통계로 확인한 타깃층의 인구수 중에서 창업자의 아이템 사용자가 될 확률을 5%라고 가정해 보자. 그중에서 아이템을 구매할 확률을 5%라고 한다면, '타깃층 인구수 X 0.05% X 0.05% X 제품 가격'으로 예상 수익을 계산할 수 있다. 이 예를 보여준 이유는 정확히 예측할 수 없어도 '어떻게든 빈칸을 채우라'고 말하기 위해서다. 정부 지원사업의 사업계획서에 내용을 모른다고 빈칸으로 남겨두면, 비워진 칸을 보고 선정하고 싶겠는가.

예비창업자, 초기창업자를 위한 다양한 지원사업이 있다. 예비창업자의 경험, 지식, 노하우가 있고 아이템의 차별성이 있으면, 정부 지원사업에 선정될 가능성이 높다. 거기에다 공모전 수상, 대외활동, 특허/상표/디자인등록이 있으면 선정 가능성이 더 높아진다. 정부의 창업 지원사업은 실제 사업화 비용을 지원하기도 하지만, 입주공간, 시제품 제작, 교육, 멘토링, 컨설팅, 홍보 마케팅과 같은 지원도 상당히 많다.

정부 지원사업의 사업계획서가 처음엔 복잡하고 어려울 수 있다. 하지만 1 페이지부터 마지막 페이지까지 대충이라도 모든 칸을 채워보자. 처음 작성하는 일이 어렵지, 그 후 여러 번 수정하거나 변경하는 일은 조금 더 수월하다. 작성하는 시간도 눈에 띄게 줄어든다. 만약 첫 정부 지원사업에 떨어진다 해도 실망할 필요가 없다. 1년 동안 정부와 지자체에서 진행하는 창업 지원사업이 378개(2022년)에 달할 정도로 많다. 두 번째, 세 번째 사업계획서에서 창업 아이템을 더 구체화해보자. 내 돈보다는 나랏돈으로 시작하려는 예비창업자라면 서류 작성이 어렵다고 포기하면 안 된다. 여러 번 수정을 거쳐 내용을 구체화하고 완성도를 높여서 창업 지원사업에 도전하길 바란다.

창업 지원사업 사업계획서 작성 방법

- 구체적인 키워드를 넣어 제목을 명확하게 표현하자.
- 창업 아이템을 그동안의 경력과 연계하자.
- 창업 아이템 요약에 핵심을 모두 넣자.
  (예: 아이템 소개, 차별성, 국내외 목표시장, 결과물 이미지, 기대효과 등)
- 다양한 수익 모델을 검토하자.
- 객관적 자료조사를 통해 설득력을 더하자.

DAY 9

돈 받는 창업, 무조건 따라 하자

성장 단계별로 창업 지원이 다르다

창업에도 단계가 있다는 사실이 이제야 보인다. 무작정 이것저것을 할 게 아니라, 단계별로 필요한 일을 실행하면 좋지 않겠는가. 창업 전, 창업 1년 미만, 3년 미만, 5년 미만, 7년 미만 등으로 기간을 나눠보자. 준비부터 자립과 성공 단계까지 로드맵(Road Map)을 그려서 한 단계씩 밟아가는 것이 바람직하다. 그리고 로드맵에 맞춰 목표 매출을 정량적으로 정해보자. 상황이 바뀌더라도 목표 금액을 정해놓으면 그 목표에 도달하기 위한 여러 방법을 계획하게 된다. 목표를 정하면 실행력이 높아진다.

[그림14] 창업 로드맵 작성 / 예시

	지원 사업	실행 목표
창업준비	입주공간 지원 창업교육 멘토링 & 컨설팅	국내외 시장조사 벤치마킹 창업 아이템 사업계획서 비즈니스 모델(BM)
창업초기	기술혁신창업 지원사업 청년창업사관학교 예비창업패키지 실전창업교육 시제품 개발 지원사업 지식재산권 출원 지원사업	사업자등록 벤처기업 인증, 여성기업 인증, 녹색기업 인증 등 1인 창조기업 등록 통신판매업 허가신고 브랜드 네이밍
	R&D 맞춤형 지원사업 마케팅 지원사업 창업경진대회 고용 인력 지원사업 (마케팅)	신제품 연구 고객 체험단 테스팅 신제품 론칭 사진촬영 홈페이지/ 쇼핑몰 (온라인 구축) SNS 홍보 (블로그/인스타그램)
창업성장	국내/ 해외 전시회 수출성공패키지 (글로벌 성장 진출) R&D 창업성장패키지 (내수중심 중소기업) 중소기업 마케팅 지원사업	국내/ 해외시장조사 주력 상품 구성 기술인력 채용 홈페이지/ 쇼핑몰 리뉴얼 기업 재무제표 (3개년)
창업도약	창업도약패키지 R&D 창업성장기술개발사업 중소기업 수출바우처사업 (해외 전시회 참가, 바이어 발굴)	국내/ 해외시장조사 외국어 홈페이지 외국어 기업홍보 자료 투자유치 준비 기술인력 채용

1년, 3년, 7년, 창업 단계에 따른 지원

창업 1년 미만, 초기 단계에는 입주공간, 시제품 제작, 창업교육, 멘토링 등 지원이 많다. 이 시기를 지나면 창업 3년 이내 기업을 대상으로 하는 지원사업이 있다. 중소기업 R&D 지원사업, 중소기업 수출 패키지, 중소기업 역량 강화사업(예: 홈페이지 제작, 사진촬영 지원, BI 및 패키지 디자인 개발, 홍보영상 제작, 전시 및 박람회 지원, 신제품 개발), 청년 인력지원과 같은 사업이다. 그러면 이런 사업의 주관기관은 어디일까. 제조 기반 기업은 중소기업청, 테크노파크, 경제통상진흥원의 사업 공고를 참고하는 것이 좋다. 반면, 콘텐츠 기반 기업은 창조경제혁신센터, 콘텐츠진흥원, 정보문화산업진흥원의 사업 공고를 참고해 필요한 지원사업을 찾자.

처음엔 창업 지원사업이 있다는 사실도 몰랐었다. 우연히 그것을 알게 되어 여러 기관의 웹 사이트를 매일 아침저녁으로 방문했다. 수험생이 집중해서 공부하듯, 어떤 사업들이 있는지부터 파악했다. 그러고 나서 수많은 지원사업 중, 지금 상황에 어떤 지원사업이 필요한지 선별해서 신청서를 작성했다. 처음 써본 지원서는 아쉽게도 탈락하였다. 서류 내용에 '무엇을 할 것인지, 어떤 성과를 낼 것인지' 명확하지 않은 탓이었다. 그래서 두 번째 지원서류에는 시장조사부터 꼼꼼히 한 후, '무엇을 할 것이고, 왜 지원받아야 하며, 어떤 기대효과를 내는지' 일목요연하게 정리해서 제출했다. 1차 서류심사를 통과하려면 마감일에 부랴부랴 작성하면 절대 안 된다. 시간 여유를 두고 내용을 여러 번 수정 보완해야 한다. 지원사업 서류는 사업계획서와 같은 것이다. 준비를 많이 할수록 내용이 탄탄해지는 것은 당연한 일 아니겠는가.

창업 초기에 시제품 제작, R&D 개발, 홍보 마케팅 지원을 차례로 받았다. 한 해에 1~2개 정도 지원받고 시장에 테스트하는 반복 과정을 몇 년 동안 했다. 코엑스(Coex) 페어나 박람회에서 좋은 반응이 있었던 것은 더 수정 보완해서 주력 상품으로 만들었다.

하지만 정부와 지자체의 창업 지원을 받으면 저자본, 저위험으로 사업할 수 있는 장점이 있는 반면, 지원사업 일정을 6~9개월 쫓아가다 보면 기존 제품의 홍보 마케팅과 고객 관리 같은 회사 업무까지 병행하기가 쉽지 않다. 직원이 있으면 업무 분담이 되지만, 1인 기업의 경우 혼자 지원사업 일정을 따라가는 일이 벅찰 때도 있다. 지원사업 비용이 클수록 더욱 그렇다. 사업비가 일 진행과 함께 항목별로 투명하게 집행되어야 하고, 증빙서류도 잘 챙겨서 정리해야 한다. 그래야만 회계감사에서 문제없이 통과해 사업비를 반환하는 불상사가 생기지 않기 때문이다.

3년~7년 이내 창업기업에게는 레벨 업(Level Up) 할 수 있는 지원사업들이 있다. 특화·전문화 기술 지원, 해외 진출 및 마케팅, 투자·융자 연계 사업이 거기에 해당된다. 이것은 기업마당(https://www.bizinfo.go.kr/)에서 확인하면 된다. 기업마당은 [STEP 1] '내 돈으로 할까 나랏돈으로 할까'에서 소개했으니 참고하길 바란다.

대표적인 지자체 기업지원 기관 : 경제/산업진흥원

이제까지('내 돈으로 할까, 나랏돈으로 할까'에서는) 창업진흥원과 중소벤처기업부의 창업 지원사업을 중점적으로 소개했다. 이번에는 각 지자체 기관에서 운영하는 창업 지원사업을 소개하려고 한다. 지자체에서는 국내시장 진출(예: 박람회 참가, 홈쇼핑, 라이브 커머스) 뿐만 아니라 해외시장 진출(예: 무역박람회 참가, 바이어 미팅 주선)까지 다양한 지원사업이 있다. 청년창업, 여성창업, 시니어창업, 사회적기업, 협동조합, 마을기업과 같은 지역 경제 활성화를 목적으로 하는 지원사업이 주를 이룬다.

대표적인 지자체의 기업지원 기관은 전국에 있는 경제진흥원 또는 산업진흥원이다. 이곳은 중소기업과 소상공인을 지원하는 기관이다. 여기서 중소기업과 소상공인은 어떻게 구분할 수 있을까. 이번 기회에 알아보도록 하자. 규모에 따라 분류하는 명칭이 다른데, 대기업, 준 대기업, 중견기업, 중기업, 소기업으로 나뉜다. 대기업은 자산 10조 이상의 재계 순위 34위까지 해당한다. 준 대기업은 자산 5조 이상, 35~64위까지 해당하며 전체 기업의 0.3%를 차지한다. 중견기업은 자산총액 5천억~5조 원 미만의 중소기업이 여기에 속한다. 마지막으로, 중기업과 소기업은 업종별 매출액을 기준으로 구분된다. 반면, 소기업과 소상공인의 구분은 상시근로자 수에 따라 달라진다. 소상공인은 소기업 중에서 소상공인의 기준을 충족하는 기업을 말하며, 소상공인의 상시 근로자 수는 대부분 5명 미만이다. 그렇지만, 광업/제조업/건설업/운수업에서는 상시 근로자 수가 10명 미만이어야 소상공인에 속한다. 이 소상공인 중, '1인 창조기업'은 상시 근로자 없이 창의성과 전문성을 갖춘 1인 또는 5인 미만의 공동사업자가 운영하는 형태를 말한다.

기업 규모를 확인하기 위해 정부와 지자체 지원사업에서 확인서를 요구한다. 중소기업 확인서는 중소기업 현황 정보 시스템(https://sminfo.mss.go.kr/)에서, 소상공인 확인서는 소상공인마당(https://www.sbiz.or.kr/)에서 발급받는다. 발급절차는 온라인 자료 제출과 신청서 작성 후 출력하면 된다. 하지만 민원24 서류처럼 바로 발급받을 수 없으니 최소 6시간 이상 여유를 두고 신청해라.

- 서울 산업진흥원 https://new.sba.kr/
- 경기도 경제과학진흥원 https://www.gbsa.or.kr/
- 인천 경제통상진흥원 https://bizok.incheon.go.kr/
- 강원도 경제진흥원 http://www.gwep.or.kr
- 충청북도 기업진흥원 http://www.cba.ne.kr/
- 충청남도 경제진흥원 http://www.cepa.or.kr/
- 대전 일자리경제진흥원 http://www.djbea.or.kr/
- 전라북도 경제통상진흥원 http://www.jbba.kr
- 광주 경제고용진흥원 http://www.gepa.or.kr/
- 전남 중소기업진흥원 https://www.jepa.kr
- 경상북도 경제진흥원 https://www.gepa.kr/

- 경상남도 경제진흥원 https://www.gnepa.or.kr
- 울산 경제진흥원 https://www.uepa.or.kr/
- 부산 경제진흥원 https://www.bepa.kr/
- 제주특별자치도 경제통상진흥원 https://jba.or.kr/

전국 15곳에 있는 경제진흥원 또는 산업진흥원은 지자체마다 명칭이 조금씩 다르다. 하지만 주요 사업이 비슷해서 동일한 성격의 기관이라고 볼 수 있다. 그렇기 때문에 다른 지역의 기관 정보까지 알 필요는 없고, 창업자가 속한 지자체 기관의 홈페이지를 방문하면 된다. 이 기관들에서는 주요 사업 설명회를 매년 1~3월에 갖는다. 주요 사업이 상황에 따라 신설, 변경, 유지되기 때문에 사업설명회에 참가하길 추천한다. 이때 사업 담당자를 알아두면 지원사업 신청서를 작성할 때 모르는 부분을 상담할 수 있어서 큰 도움이 된다.

대부분의 주요 사업은 중소기업 육성 자금 지원, 국내 마케팅 지원, 해외시장 개척, 소상공인 지원, 교육 및 창업 지원, 일자리 지원, 사회경제적 지원이다. 여기서 중소기업 육성 자금 지원은 제조업과 벤처기업을 육성하기 위한 융자에 해당된다. 다음으로, 경쟁력 강화·마케팅·교육·창업 지원은 중소기업과 소상공인을 위한 사업이며, 지원받는 기업들이 한 단계 더 성장할 수 있는 기회가 된다.

다만, 여기서 진행하는 지원사업은 참여(수혜) 기업의 자부담금 10~25%를 조건으로 하고 있다. 예를 들어, 총 지원금액이 3,300만 원인데 기업 자부담이 10% 라면 300만 원은 참여기업에서 준비해야 하는 비용이다. 자부담금 10%는 부가가치세에 해당하기 때문에 지원받는 전체 금액에 비하면 부담해도 괜찮은 편이다. 반면, 자부담금 25%는 초기 창업기업에게 다소 부담될 수 있다. 그래도 지원금액이 자부담금보다 훨씬 더 많기 때문에 지원사업 신청을 시도해 볼 만하다.

창업 후 4년간 지자체 경제통상진흥원의 지원을 여러 차례 받았다. 1년 차에 중소기업 맞춤형 역량 강화사업, 2년 차에 중소기업 기술역량 강화사업과 맞춤형 멘토링 지원사업, 4년 차에 코로나로 인한 '오 필생' 지원사업으로 총 8,000만 원을 지원받았다. 업종이 디자인 기반 제조여서 대량생산 지원보다는 여러 시제품 테스트가 많았고, 국내외 박람회 참가로 홍보와 마케팅을 적극적으로 할 수 있었다. 그뿐만 아니라 패키지 개발, 디자인등록과 상표등록, 제품 사진촬영까지 지원사업 내용에 포함되어 있었다.

매출이 크지 않던 창업 초기에 여러 지원사업을 받을 수 있었던 이유가 있다. 1인 기업임에도 디자인 콘텐츠 보유, 공모전 수상, 디자인등록으로 다른 신생업체들과 차별성이 있어서였다. 게다가 지역 특화 소재인 한지와 전통문화유산 콘텐츠를 활용해 관광문화상품을 기획했고, 틈새시장을 공략하는 마케팅 전략을 사업계획서에 적었기 때문이다. 이런 내용을 뒷받침하기 위해 국내외 시장조사, 뉴스 및 기사 검색, 트렌드 조사를 시각화해서 첨부했다. 무자본으로 창업했기 때문에 중소기업 지원사업이 없었더라면 다양한 제품 테스팅을 할 여력이 없고, 비용이 많이 드는 박람회 참가는 꿈도 못 꿨을 것이다.

[그림15] **국·내외 전시**

정부와 지자체 기관에서 성장 가능성이 있는 기업을 지원하는 일은 그 한 기업에게만 혜택을 주는 일이 아니다. 그 사실을 나중에 알았다. 지원금이 A 기업의 성장을 돕는 동시에 그와 연결된 다른 협력업체 B와 C, D의 사업 유지에 도움이 된다. 이런 긍정적인 선순환을 보면서 경제가 건강하고 활력 있으려면 '돈이 돌고 도는' 순환이 있어야 함을 깨닫게 되었다. 마치 산업 생태계의 크고 작은 톱니바퀴가 맞물려 돌아가는데 거기서 아주 작은 톱니바퀴 하나를 내가 열심히 돌리고 있다는 생각이 들었다. 제조 협력업체 중에는 적자를 면치 못하고 폐업하는 경우를 종종 보게 되는데 그럴 땐 무척 안타깝다. 대박 성공까지는 아니어도 삶을 꾸려갈 수 있을 정도, 사업을 운영하고 유지할 수 있는 정도라도 작은 기업들이 오래도록 살아남길 바란다.

그 외에 소상공인 지원센터(https://www.semas.or.kr/), 테크노파크(http://www.technopark.kr/), 대학교 산학협력단, 정보문화산업진흥원, 문화재단 등 여러 기관의 도움을 받았다. 비대면 사업 구축, 비즈니스 교육, 제품 사진촬영, 와디즈(Wadiz) 펀딩, 멘토링, 시제품 제작, 홍보 리플릿(Leaflet) 제작, 지식 재산권 등록 같은 실질적인 지원이었다. 100만 원부터 1,000만 원까지 다양한 지원금이 있다. 이 모두를 자기자본금 들여서 하려면 계속 망설이다 못했을 것이다. 성공과 실패를 예측할 수 없는 상태에서 큰 비용을 투자해 위험부담을 안고 갈 필요가 있을까. 지금 필요한 것이 무엇인지 찾고, 지자체 지원사업에 계획서를 제출해 보자.

대학교·지자체 창업보육센터의 입주 혜택

예비창업자로 공공기관 입주기업이 되면 창업 교육과 컨설팅을 받을 수 있다. 후속 지원으로 시제품 제작, 지식 재산권 등록, 페어나 박람회 참가와 같은 실질적인 혜택이 있어서 창업기업에게 큰 도움이 된다. 다른 지원사항은 빼더라도 입주공간을 얻는 것만으로도 큰 혜택이니 모집공고 이전에 전화로 확인하도록 하자. 대부분 1인 창업자여서 입주기업들과 네트워킹하며 애로사항과 정보를 교환할 수 있다. 동병상련으로 '나만 힘든 게 아니구나' 공감하며 서로 힘을 내게 된다.

마음에 맞는 창업자들을 만나면 정보를 공유하고 시제품에 대한 의견을 나눠보자. 혼자로는 아이디어 발상이나 문제 해결이 더딜 때가 있는데, 그럴 땐 다른 창업자들에게 조언을 구하다 문제 해결 방안을 찾을 수도 있다. 그리고 입주공간에서 서로 도움을 주고 받다보면, 협업할 기회가 생긴다. 하다못해 비슷한 업종이라면 원자재, 부자재를 공동구매하거나 기자재를 공동 사용할 수도 있다. 무엇이든 혼자보다는 여럿일 때의 장점을 살리면 된다.

지자체 입주공간에 있을 때의 일이다. 4명의 창업자가 서로 다른 디자인의 원단 생산, 제품 후가공, 패키지 제작을 함께 한 후 1/n로 나누었다. 한 기업이 원단 400Y(Yard)를 생산하려면 비용이 많이 드는데 4명이 100Y(Yard)씩 생산하면 비용 부담도 적고 생산원가도 낮추는 장점이 생긴다. 제품의 생산원가를 낮추게 되면 소비자가격을 경쟁업체보다 낮게 책정하는 일이 가능하며 실질적인 이익을 남길 여지가 생긴다. 무엇보다도 재고 부담이 적고, 소량 판매로 소비자 반응을 본 후 더 생산할지 그만 생산할지 합리적인 결정을 내릴 수 있다.

이런 협업이 가능하려면 평상시 소통이 원활해야 하고, 각자 맡은 분업이 균등하게 이뤄져야 한다. 분업이라면 원단 제조업체 담당, 후가공 담당, 패키지 담당, 스티커 담당을 한 공정씩 책임지고 맡는 방법이었다. '백지장도 맞들면 낫다'는 속담이 있지 않나. 공동생산이기 때문에 한 사람이 전담해서 일처리 하기보다는 공동의 일을 함께 나눠서 하면 효율성이 더 높아진다.

[그림16] **봉황스카프**

[그림17] **연꽃스카프**

다양한 지원사업에 어떻게 해야 선정되나

각기 다른 지원사업이라도 공통의 선정 기준은 차별성이다. 그 기업만이 지닌 기술과 역량, 특별한 아이템, 시장성, 성장 가능성, 지향하는 가치와 비전, 향후 기대효과, 신뢰할 만한 실행력까지 심사위원 평가에서 모두 중요한 요인이다. 이제까지의 경험과 노하우, 통계분석을 활용한 시장조사, 현재의 트렌드를 반영한 창업 아이템, 향후의 성공 가능성을 사업계획서에서 보여줘야 한다.

사업계획서라고 하면 어렵지만, 앞서 이야기한 창업 마인드맵, 창업 육하원칙(5W 1H), 비즈니스 모델 캔버스를 활용해 정리하자. 그러면 조금 더 쉽게 작성할 수 있다. 여러 지원서류의 명칭만 다를 뿐, 핵심 내용이 동일하게 들어간다. 미리 연습 삼아 작성해보자. 맨 처음이 어렵고 많은 시간이 소요되지만, 일단 샘플 1개를 작성해두면 마음이 든든하다. 그다음은 계속 수정 보완하며 업그레이드 하면 된다. 탄탄한 내용으로 지원서류를 준비할수록 선정 가능성이 높아진다.

누구나 돈 받는 창업을 할 수 있다. 매해 창업 지원사업이 늘고 있어서 자기자본금을 들이지 않고 창업할 방법이 많아졌다. 그럼에도 불구하고, 이를 알지 못해 창업 초기에 많은 자본금을 투자해 초조한 마음으로 시간을 보내는 창업자도 있을 것이다. 많은 투자를 했는데 계획한 대로 일이 풀리지 않으면 부담감만 커진다.

부담이 커지면 스트레스도 증가하고 불면증에 시달릴 수 있다. 작은 규모의 창업 지원사업부터 부담 없이 시작해 보길 바란다.

창업 지원사업 사업계획서 주요 내용

- **개요**: 창업 아이템 소개(요약)
- **창업 동기**: 문제 인식(고객의 니즈)
- **창업 아이템 특징**:
  문제 해결안 제시, 트렌드 및 시장조사, 경쟁사 벤치마킹, 실현 가능한 시제품
- **홍보 마케팅 전략**: 국내외 목표시장 반영
- **사업 목적**: 기대효과, 사회적 가치 등
- **기업 현황**: 인적 구성, 기술과 역량
- **비즈니스 수익 모델**

DAY 10

이거 모르면 한순간에 망한다

지식 재산권, 순간의 선택이 흥망을 가른다

"디자인의 저작권은 출품자에게 있다."

"공모전 출품작에 대한 사용 권한이 주최 측으로 귀속된다."

"이에 따라 주최 측은 출품작을 대상으로 상품화할 수 있다."

"주최 측은 상금 등을 전제로 수상자에 대한 지식 재산권을 양수할 수 있다."

"양도 여부, 범위 및 대가에 대해서는 추후 입상자와 별도 협의를 통해 정한다."

공모전 유의사항에 디자인 권리에 대한 내용을 종종 본다. 몇 년 전, A 문화상품 디자인 공모전에 스카프 패턴 디자인을 출품하고 수상자로 선정되었다. 그런데 최종 수상을 포기했다. 이유는 위에 명시된 내용 때문이었다. 만약 공모전 수상 경력이 필요한 사람이라면 지식 재산권 사용 권한에 대해 따져 볼 필요가 없다.

수상을 기뻐하며 상장과 상금을 받아 경력으로 삼으면 된다. 하지만, '사용 권한이 주최 측에 귀속된다'는 내용은 잠시 고민해 봐야 한다. 출품자 대다수는 공모전 마감 직전까지 위 조항들을 자세히 보지 않는다. 더군다나 실제 내용이 무언지 모르는 경우가 더 많다. 공모전 실무담당자와 통화하면서 '아, 그런 의미였어?'라는 것을 그제서야 알게 된다.

한류가 뜨면서 틈새시장 상품을 기획했다. 한옥마을에 관광객이 늘면서 관광문화상품에 대한 상품 수요가 증가하던 시기였다. 현존하는 전통문화유산을 선정해 봉황과 연꽃 문양이 담긴 스카프를 디자인했다. A 공모전 참가로 이루고 싶었던 것은 수상과 함께 아트 숍에 입점하는 일이었다. 수상 소식을 들었을 때 기뻤지만, 막상 두 번째 조항인 '사용 권한을 넘긴다'는 말이 내키지 않았다. 네 번째 조항인 '상금을 전제로 지식 재산권(Intellectual Property Rights)을 넘겨줄 수 있다'는 내용도 마음에 걸렸다. 공모전 담당자에게 전화해 알아보니 '창작자가 자신의 디자인을 사용할 수 없게 된다'는 의미였다. 이럴 수가!

한참을 고민하다가 결국 공모전 수상을 포기했다. 공모전 제출 전에 새 디자인을 주변 사람들에게 보여줬더니 반응이 좋았었다. 그 기억이 떠올라 A 공모전 수상보다 직접 생산해서 상품 판매하는 편이 더 낫겠다고 판단했다. 그 후, 1인 기업 4곳과 함께 각자의 디자인으로 1차 공동생산에 들어갔다. 시제품 테스팅부터 제작 방식과 생산 일정을 함께 논의했다. 전체 수량은 스카프 1,000장(400야드)인데, 각자는 250장(100야드)을 생산하는 협업이었다. 협동조합에서는 가능하지만, 1인 창업자 간의 협업은 처음이었다. 이렇게 공동생산으로 생산원가를 낮추면 기업의 이윤 창출과 시장 경쟁력을 높일 수 있는 장점이 생긴다.

생산은 함께 하되 판매는 각자 하기로 결정했다. 처음엔 판매가 걱정되었다. 창업 초기, 고객이 거의 없는 상태에서 '판매할 수 있을까, 재고로 계속 갖고 있으면 어쩌나'하는 불안감이 없었던 건 아니다. 그런데 생산하자마자 제출한 '관광기념품 100선'에 선정된 이후로 첫 생산량을 공공기관에 납품하게 되었다. 예상한 것보다 빠르게 1차 생산량을 모두 판매해서 바로 2차 생산에 들어갔다. 시장성을 확인한 터라 이번에는 스카프 1500장(600야드)을 만들었고, 1년에 걸쳐 입점숍 판매와 공공기관 납품으로 2차 생산량을 모두 판매했다. 대량생산으로 원가를 낮추고, 기념품으로써 적정한 소비자가격을 책정한 점이 마케팅 포인트였다. 적극적인 마케팅을 하지 않았음에도 운 좋게 입소문으로 연결되어 전량 판매에 성공한 것이다. 만약에 공모전 수상을 하고 지식 재산권을 넘겼다면 어떻게 되었을까. 스카프 1750장을 판매할 수 있었던 행운은 아예 생기지 않았을 것이다.

공모전 경험을 통해 '순간의 선택이 흥망을 가를 수 있다'는 사실을 깨달았다. 왜 콘텐츠 소유권이 중요한지 명확히 알게 된 계기였다. 요즘은 지식 재산권이나 저작권을 이해하는 사람들이 많아져 웹툰을 보거나 음악을 들을 때, 콘텐츠를 소비할 때, 저작권료를 지불하는 일에 익숙하다. 오히려 창작자 또는 창업자가 자신의 권리를 보호받는 방법에 대해 모르는 경우가 더 많다. 이번 기회에 저작권과 지식 재산권에 대해 알아보도록 하자.

지식 재산권(IP)에 대해 무료 상담해 주는 곳

명확히 알아야 자신의 권리를 챙길 수 있다. 뉴스나 기사에서 지식 재산권, 특허권, 저작권, 상표권과 같은 용어를 들어봤을 것이다. 뭔가 비슷한 말 같은데 어떻게 다른지 아리송하기만 하다. 그래서 간략히 정리해 봤다.

지식 재산권 (Intellectual Property Rights, IP)은 인간의 지적 창작물에 부여된 무형적 재산에 관한 권리를 말한다. 다른 말로 '지적 소유권'이라고도 한다. 창작물에 대한 보호 목적에 따라 지식 재산권은 저작권과 산업재산권, 두 가지로 나뉜다. 저작권은 인간의 문화생활 향상에 이바지할 수 있는 창작물에, 산업재산권은 산업 발전에 이바지할 수 있는 창작물에 적용한다. 그중 산업재산권은 다시 특허권, 실용신안권, 의장권, 상표권으로 분류할 수 있다. 특허권의 대상은 발명 기술, 실용신안권의 대상은 발명 제품, 의장권의 대상은 디자인, 상표권은 상표(이름)가 된다.

[표10] 지식 재산권 종류

구분			내용
지식 재산권	저작권		· 저작자가 자신의 창작물에 대해 갖는 권리. · 저작권은 저작물(창작물)의 창작과 동시에 발생.
	산업 재산권	특허권	· 기술적인 발명을 일정 기간 독점적으로 이용하고 소유하는 권리. · 특허청에 등록해야 가질 수 있는 권한. · 특허권의 존속기간은 특허 출원일로부터 20년.
		실용 신안권	· 특허에 비하면 상대적으로 작은 발명에 주어지는 권리. · 특허는 기술, 실용신안은 특허기술을 이용해 만든 제품.
		의장권	· Design right.(디자인 권리) · 디자인 형태, 색채 등에 대한 독점적 권리. · 의장권의 존속기간은 15년.
		상표권	· 브랜드 이름. · 상표권의 존속기간은 상표등록일로부터 10년. · 그 이후는 10년마다 등록 갱신해야 함.

지식 재산권에 대한 내용을 무료로 상담해 주는 곳이 있다. 한국저작권위원회의 저작권 상담 센터, 한국예술인복지재단의 법률상담 카페가 그런 곳이다. 예전에 비해 저작권이나 지식 재산권의 중요성을 알고, 자신의 판권을 전문 매니지먼트사에 맡기는 사람들이 늘고 있다. 또한 특허청 특허상담센터에서도 지식 재산권에 대해 도움을 주고 있다. 센터 대표전화로 궁금한 점을 문의하면 친절하게 상담해 준다. 전화상담뿐만 아니라, 카카오 플러스 친구

에서 톡 상담도 가능하다. 이 기관들은 지식 재산권의 창출과 관리를 지원하고, 해외진출 판로 개척에 대해서도 실질적인 상담을 한다. 아래 웹사이트를 방문해 상세한 내용을 알아보거나 전화상담해보길 바란다.

- 한국저작권위원회 https://www.copyright.or.kr (1800-5455)
- 특허청 지식재산권 특허상담센터 https://www.kipi.or.kr (1544-8080)
- 경기 저작권서비스센터 https://www.ayventure.net/ (중소기업 저작권 종합기관)
- 한국예술인복지재단 http://www.kawf.kr/ (02-3668-0200)

무엇이든 자신의 권리는 스스로 챙겨야 한다. 특히 산업재산권인 특허, 실용신안, 상표, 디자인과 같은 지식 재산권은 업종과 상관없이 반드시 알아두어야 한다. 오랫동안 사용했던 상표를 하루아침에 못쓰게 되면 어떻게 할 것인가. 사업을 차별화할 수 있는 지식 재산권은 반드시 소유권을 확보해 두어야 한다. 다른 무엇보다 중요한 일이다.

지식 재산권 출원을 지원해 주는 사업

특허로(https://www.patent.go.kr)에서 혼자서도 지식 재산권 출원이 쉬워졌다. 특히 상표출원은 웹사이트 절차대로 따라 하면 누구나 할 수 있다. 변리사에게 의뢰할 경우, 수임료가 발생하기 때문에 여러 지식 재산권을 출원하려면 비용이 상당히 커진다. 그래서 특허청 특허상담센터에서 무료 상담을 받은 후, 필요한 사항을 준비해 상표출원을 진행하는 창업자가 많아지고 있다. '그런 걸 어떻게 혼자 해'하고 미리 겁내지 말자. 한 번 해보면 '쉽게 할 수 있구나' 생각하게 된다. 용기 내서 도전해 보자. 일단 한번 해보면 두 번째 도전은 쉬워진다.

혼자서 지식 재산권 출원이 어려우면 정부 지원사업을 활용하자. 정부와 지자체 지원사업을 가장 많이 볼 수 있는 기업마당(https://www.bizinfo.go.kr/)에서 중소기업 IP 지원사업, 지식재산 창출 지원사업을 보면 된다. 서울 지식재산센터(https://www.ipseoul.kr/)에서는 지식 재산권 전문교육, 출원비용 지원, 심판 소송 지원을 돕고 있어서 출원 지원을 신청하면 된다.

그 외에 각 지자체 경제/산업진흥원, 창조경제혁신센터, 콘텐츠진흥원, 소상공인 지원센터, 정보문화산업진흥원과 같은 기관에서도 관련 지원사업이 공고로 올라온다. 정기적인 공고가 아니어서, 상·하반기가 시작될 때 직접 문의해 공고 시기를 확인하도록 하자. 귀찮더라도 창업자(나)의 아이디어를 등록해놨을 때 가장 큰 장점은 사업의 차별성을 갖는 것이다. 지식 재산권 출원이 있으면 앞서 설명한 정부와 지자체의 창업 지원사업에 선정될 가능성이 높아진다. 특허가 복잡하고 어렵다면, 브랜드 이름이라도 상표등록 해놓자.

지식재산창출 지원사업

- 글로벌 IP 바로지원 (주관: 특허청)
- 중소기업 IP 바로지원 (주관: 특허청)
- 소상공인 IP 바로지원 (주관: 특허청)
- 해외 지식재산권 보호 (주관: KOTRA 해외지재권실)

지금껏 나만 몰랐던
창업 기술

STEP 2

[실전]

쉽게 따라 하는

저부담 창업 전략

DAY 11

경험은 어떻게 무기가 되나

창업 아이템의 성격은 무엇인가

예비창업자라면 어떤 아이템으로 비즈니스를 시작하고 수익 창출을 할 것인지 고민한다. 자신에게 맞는 비즈니스 모델(BM, Business Model)은 무엇일지, 성공 가능성이 높은 아이템은 무엇일지, 그 답을 찾기 위해 많은 시간과 노력을 기울인다. 비즈니스 모델과 창업 아이템은 밀접한 연관성을 지닌다. 창업 아이템은 '어떤 비즈니스를 만들 것인가'하는 아이디어를 의미하고, 그 결과물은 유형의 제품이나 무형의 서비스로 탄생하게 된다.

좋은 창업 아이템이 없다면 시장에서 성공할 가능성이 낮다. 유사한 아이템이라도 창업자만의 특징을 가미하고, 운영방식을 차별화하며, 고객의 니즈(Needs)를 반영한 새로운 아이디어를 추가해야 한다. 그래야 동일한 시장에서 폐업하지 않고 생존할 수 있다. 사업을 하는 동안 계속해서 시장 상황과 고객에 맞춰 문제점을 찾고, 그것을 개선하기 위한 실행을 반복해야 한다. 좋은 아이템은 절대로 한 번에 짠하고 나타나는 것이 아니다. 그렇기 때문에 '생각(Ideation)-계획(Planning)-실행(Execution)-평가(Evaluation)'의 반복 과정에서 왜 그런지, 앞으로 어떻게 해야 할지, 무엇을 바꿔야 할지, 원인, 방향, 개선점에 대해 스스로 질문을 던져야 한다. 꾸준한 질문과 고민을 하다 보면 어느 순간 통찰력 있는 해답을 찾을 수 있다.

좋은 창업 아이템은 어떻게 찾을까

창업자마다 좋은 아이템을 만드는 방법은 다양하다. 지금까지 시장에서 볼 수 없었던 획기적인 아이템, 기존 제품이나 서비스를 개선해 새로운 가치를 창출하는 아이템, 새로운 시장을 이끌어갈 아이템 등 여러 종류이다. 또한 아이템을 찾는 방법도 다양하다. 주업으로 삼았던 일에서 아이템을 찾은 경우, 사람들이 발견하지 못한 블루오션 시장을 발견한 경우, '유레카'하면서 아이디어가 떠오른 경우, 취미나 관심사를 쌓은 경험에서 아이템을 발전시킨 경우처럼 여러 길이 있다. 이러한 사례를 분류해 보면 크게 두 가지, 창업자(나)로부터 시작한 아이템과 시장으로부터 찾는 아이템으로 나뉜다.

창업자(나)로부터 시작한 아이템은 '자기다움'을 담는 방법이다. 다시 말하자면, 하고 싶은 일, 좋아하는 일, 잘 하는 일로부터 창업 아이템을 찾는 것이다. 이 경우는 일했던 분야의 경력과 해당 산업에 대한 이해도가 높아서 맨땅부터 시작하는 것은 아니다. 경쟁사가 어딘지, 고객 특성은 무엇인지, 현재 상황은 어떤지 등을 미리 알고 있기 때문에 아이템 준비 기간을 단축할 수 있다. 이 방법은 리스크를 줄여 안전하게 창업하려는 사람들이 주로 선택하는 길이다. 실제로 아무것도 모르는 분야에서 창업하는 것보다 성공 가능성이 높다. 하지만 이렇게 시작한 아이템이 장점만 있는 것은 아니다. 해당 산업 분야가 포화상태이거나 성장 가능성이 낮다면, 강력한 경쟁사가 이미 포진되어 있다면, 그 틈새를 비집고 들어가 성공하기가 매우 힘들다. 따라서 창업 아이템이 속한 산업 분야를 미리 시장조사하길 바란다.

시장으로부터 찾는 아이템은 시장이나 고객의 니즈에서 접근하는 방법이다. 해당 시장에서 문제를 찾거나 고객의 불편한 상황을 발견하는 일부터 시작한다. 면밀한 분석을 통해 최선의 해결안을 찾는다면 성공 가능성이 크다. 그 이유는 시장 수요를 정확히 파악하고 시작하기 때문이다. 여기서 창업의 성패를 좌우하는 관건은 고객의 니즈 파악과 적절한 아이템 제시이다. 하지만 시장으로부터 아이템을 찾는 방법의 단점은 창업자가 시장의 현황이나 트렌드를 모를 수 있다는 점이다. 한 번도 경험해 보지 못한 산업 분야이거나 전혀 모르는 분야라면, 제품이나 서비스를 어떻게 아이템으로 구현할지부터 막막하다. 아이디어가 아무리 좋다 한들 현실적인 구현이 어렵다면 아이템은 세상에 나올 수 없다.

교집합에서 찾는 아이템

가장 좋은 방법은 그 두 가지의 교집합에서 창업 아이템을 만드는 것이다. 창업자(나)가 잘하는 일, 좋아하는 일을 먼저 찾고, 그 일과 연관된 시장에서 고객 니즈가 있는지, 불편사항은 없는지 유심히 찾아보자. 둘의 교집합에 있는 창업 아이템 발굴이 가장 확장 가능성이 높다. 시장에 대한 문제점 파악이 어려우면 트렌드 서칭(Trend Searching)을 통해 창업자(나)가 할 수 있는 아이템을 결합시켜도 좋다. 최근 뉴스 기사로 많이 언급되는 1인 가구, 공유경제, 비대면 서비스, 구독 서비스와 같은 이슈(Issue)를 아이템에 적용해 보면 어떤가.

[그림18] **교집합에서 찾는 창업 아이템**

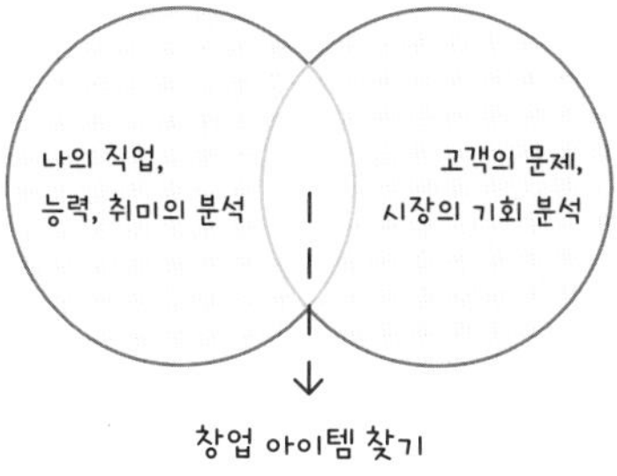

창업 아이템을 찾았다면, 그것을 현실화할 수 있는 기술성, 시장성, 경제성을 검토해야 한다. 창업자가 경쟁력 있는 기술(능력)을 가지고 있는가, 현재 시장 규모와 성장 가능성은 얼마인가, 시장에서 경쟁우위는 어느 정도 되는가, 투자비용은 얼마나 들고 자금 회수 기간은 얼마인가, 투자금을 확보할 방안은 무엇인가 등을 꼼꼼히 따져본다. 1개의 창업 아이템이 아닌 다수의 창업 아이템을 생각해 본 후, 가장 성공 가능성이 높은 1~3가지를 우선적으로 시도하는 것이 좋다.

전문성과 시장 수요를 파악해 창업한 성공 사례

"아주 새로운 것이 아니었기에 창업인 줄 모르고 창업했어요."

"15년 방송생활을 하며 쌓은 경험이 자연스럽게 창업의 자본이 되었죠."

"15년뿐만 아니라, 지나온 모든 과거가 어느 순간 자본이 되어가고 있어요. 그래서 나의 경험이 어떻게 하면 일과 연결될 수 있을까 생각한답니다."

"새로운 것에서의 창업이 아닌, 내가 가진 경험에서 씨앗을 찾는 것이 가장 현명한 창업이에요."

What is Your Next Dream? 을 뜻하는, WYND(와인드 컴퍼니, http://www.wynd.co.kr/) 박근아 대표를 인터뷰할 기회가 있었다. 그녀는 지상파 방송사에서 오랜 기간 아나운서로 일한 경험이 있다. 그리고 좋아하는 일과 시장의 수요를 결합해 창업했다. 아나운서로서의 경험을 바탕으로 〈부끄러움을 버리고 부러움을 사다〉(미래문화사, 2013)라는 책을 출간했고, 그 이후로 전국 공공기관과 민간기업의 주요 행사를 진행하고 있다. 그뿐만 아니라, 스피치 강연, 1:1 코칭, 대학 강의 등 활발한 활동으로 자신의 영역을 넓혀가는 중이다. 잘 하는 일을 기반으로 시장 수요가 있는 분야를 접목해 창업하는 방식! 실제로 박근아 대표는 〈나만의 언어로 당당하게 삶을 대하라〉(함께북스, 2016), 〈말빨을 살리는 내추럴 스피치〉(함께북스, 2018)와 같은 집필을 통해 지속적으로 독자와 소통하며, 공감, 설득, 힐링을 주제로 한 강연 전문가로 성장하고 있다.

이처럼 자신의 강점을 살리며 틈새시장을 공략해 기회를 찾는 방식은 1인 기업에 잘 맞는다. 의외로 창업자 자신에게 다이아몬드와 같은 원석이 숨겨져 있을지 모른다. 코로나19 이후로 온라인 시장이 더 크게 확장되고 있으며, 30~40대 IT 개발자라면 시도할 수 있는 아이템은 무궁무진하다. 온라인 교육시장, 빅 데이터 활용 서비스, 일상에 편리성을 주는 앱, 사람-공간-제품을 연결해 주는 서비스나 시스템처럼 다양한 아이디어를 내볼 수 있다. 전혀 모르는 분야에서 창업할 수도 있지만, 그동안의 경험이나 전문성을 시장의 니즈와 함께 결합해 기능적·정서적·사회적 해결책을 제시한다면 더 큰 성공 가능성이 있다.

DAY 12

빅 데이터(Big Data) 200% 활용, 심지어 무료라고?

A "요즘 트렌드는 어떻게 알 수 있어?"

B "음… 가장 빠르게 파악할 수 있는 것은 <트렌드 코리아>야. 2021년에는 Cowboy Hero(서울대 소비 트렌드 분석센터에서 발표한 10개 키워드)로 트렌드 키워드를 발표했고, 2022년에는 Tiger or Cat으로 표현했어. 매년 하반기에 그다음 해 트렌드를 발표하고 있으니까 꼭 기억해둬."

A "트렌드 키워드를 알면 전반적인 시장 흐름을 파악할 수 있겠지? 나중에 더 자세히 알아봐야겠다. 그런데 지난번에 창업 아이템을 구상 중이라고 했었잖아, 20~30대 전문직 여성이 타깃이라고. 아까 말한 트렌트 키워드하고 이 타깃층을 어떻게 연관시키면 좋을까?"

B "창업 아이템은 시간을 두고 곰곰이 생각해 봐야 해. 지금 떠오르는 것만 간략히 말해 볼게.
당분간은 오프라인보다는 온라인 시장이 더 크게 성장할 거야! 그래서 브이노믹스(V-Nomics) 키워드에서는 온라인 판매 시스템을 갖추거나 배달 또는 구독 서비스 아이템이면 더 유리할 거야.
만약 레이어드 홈(Layered Homes)을 적용한다면, 집이라는 공간에서 다양한 활동을 지원하는 인테리어 아이템은 어떨까? 홈 오피스, 홈 카페, 홈 바, 가족을 위한 취미·오락실, 홈 가드닝과 연관된 상품은 앞으로도 수요가 있을 걸로 예상돼.
또 다른 창업 아이템으로 뭐가 있나... 오하운(오늘 하루 운동, Your Daily Sporty Life)이라는 키워드는 홈 트레이닝이나 러닝 루틴이 있는 MZ 세대를 타깃으로 운동 템이나 건강 템을 출시하는 것도 좋을 것 같아. 방금 말한 사례들처럼 트렌드 키워드를 바탕으로 타깃층 감성에 맞는 제품이나 서비스를 기획해야겠지?"

A "오! 그렇게 트렌드를 반영한 아이템을 생각해 볼 수 있겠네. 요즘 20~30대 MZ 세대에서 유행하는 '리추얼 라이프(Ritual Life, 일상에 활력을 불어넣는 규칙적인 습관)'에 관심 있는데, 자기계발을 위한 습관을 만들고 그것을 관리할 수 있도록 돕는 앱 서비스를 만드는 건 어때?"

B "그거 좋은데! 좀 더 명확한 타깃층을 정하고, 그들이 어떤 리추얼 라이프를 원하는지 조사해야겠지? 직접 타깃층을 찾아 심층 인터뷰하는 방법도 있지만, 더 쉽게 조사하는 방법이 있어."

빅 데이터를 활용해 창업 아이템 찾기

전문가가 아니어도 빅 데이터를 활용하는 방법이 있다. 사람들이 원하는 것, 유행하는 것, 관심 갖는 것, 시장에서 팔릴만한 것이 무엇인지 빅 데이터로 알려주는 사이트를 십분 활용해 보자. 간단한 검색을 통해 데이터를 볼 수 있는 곳들이 생각보다 많다.

무작정 좋아하는 제품을 만들기보다는, 여러 통계자료를 분석한 후 고객이 원하는 제품을 만드는 게 위험성이 낮지 않을까. 창업 아이템의 시장성을 미리 파악할 때 빅 데이터는 무척 유용하다.

구글(https://trends.google.co.kr/), 네이버, 카카오(https://datatrend.kakao.com/)와 같은 플랫폼에 엄청난 데이터가 축적되어 있다. 그렇기 때문에 간편한 키워드 검색으로 아이템에 대한 정보를 쉽게 파악할 수 있다. 이 방법을 활용하면 고객들이 많이 검색하는 단어가 아이템의 키워드가 된다.

키워드의 성장 가능성 분석

네이버 데이터 랩(https://datalab.naver.com)은 네이버의 빅 데이터를 통해 트렌드를 확인할 수 있는 분석 도구이다. 성별, 연령별, 기기별, 기간별로 키워드 검색량을 백분율로 시각화해서 보여주고, 검색어 트렌드, 쇼핑 인사이트, 지역 통계까지 그래프로 알 수 있는 장점이 있다. 데이터 랩 홈에서는 쇼핑 분야별 클릭 추이와 분야별 검색어 현황을 확인할 수 있는 정보를 제공한다.

분야별로 인기 검색어를 1~10순위까지 일간, 주간, 월간별로 알 수 있기 때문에 사람들이 무엇을 필요로 하는지 빠른 파악이 가능하다. 12개 쇼핑 분야는 패션의류, 패션잡화, 화장품/미용, 디지털/가전, 가구/인테리어, 출산/육아, 식품, 스포츠/레저, 생활/건강, 여가/생활 편의, 면세점, 도서로 나뉘며, 각자 관심 있는 분야를 검색하면 된다. 특정 기간(예: 어버이날, 크리스마스) 또는 1년 동안 꾸준히 인기 있는 아이템은 무엇인지 파악하고, 분야별로 적혀 있는 1~10순위 중에서 개인적으로 관심 있는 아이템이 무엇인지 선별해 보자.

네이버 데이터 랩을 통해 아이템이 꾸준히 검색되는지, 단기 유행인지, 성장성이 있는지에 대한 흐름을 대략적으로 알 수 있다. 특히 인터넷 쇼핑몰을 만들 때 제품 소싱(Sourcing, 생산 업체의 경우 원료나 부품을 구매해서 확보하는 일이고, 유통 업체의 경우 유통할 상품을 구매해서 확보하는 일)에 활용하거나 창업 아이템을 선정할 때 유용하다.

예를 들어, 쇼핑 인사이트에서 패션잡화만 찾아봐도 꾸준한 아이템이 무엇인지 바로 보인다. 패션잡화 월간 1~10 순위를 살펴보면, 운동화는 1년 내내 1~2위를 차지하고 단화, 부츠, 샌들은 계절에 따라 1~3위를 기록하며 짧게 유행한다. 그런데 운동화는 왜 꾸준한 인기 아이템일까. 운동화는 '오늘 하루 운동, 바른생활 루틴이, 헬시 플레저(Healthy Pleasurer)'와 같은 트렌드 키워드와 연관된다. 운동화 중에서도 나이키 운동화(4~7월에 2~3위 인기 검색어, 나머지 기간에는 1위)는 사람들이 가장 선호하는 브랜드라는 것을 확인할 수 있다. 따라서 운동화와 연관된 창업 아이템으로 운동 기록, 플래너, 건강식품, 건강 밀키트 등이 수요가 있을 것으로 예상된다.

또 다른 예로, '전주' 키워드를 함께 검색해 보자. '전주'라는 키워드 중 사람들이 많이 검색하는 핵심 키워드가 있다. '전주여행, 전주한옥마을, 전주 맛집, 전주 숙박, 전주 한 달 살기'처럼 다양한 단어로 사람들이 검색하는데, 이 단어들을 검색어 트렌드 칸에 '검색어' 1부터 5까지 적어보자. [네이버 검색 데이터 조회] 버튼을 누르면, 가장 인기 있는 핵심 키워드는 '전주한옥마을'이고 연령별 그래프에서는 19~24세가 가장 많이 찾아본다는 사실을 발견할 수 있다. 이 데이터 분석을 기반으로, 전주한옥마을 인근에 있는 창업자라면 19~24세 여행객을 타깃으로 SNS 감성마케팅 전략을 펼 수 있다.

실제 키워드 검색을 하고, 그래프도 보면서 빅 데이터 내용을 비교해 봐야 한다. 네이버 데이터 랩 활용을 이해했다면, 쇼핑 분야별로 인기 검색어를 찾아보자. 꾸준한 검색 아이템이 앞으로도 지속성과 성장성을 갖기 때문에 1년 동안 여러 차례 1~10위였던 월별 아이템을 먼저 고른다. 그러고 나서 그중에서 관심 있는 분야의 인기 검색어를 중점적으로 살펴보자. 인기 있는 아이템이지만 창업자가 전혀 관심 없는 분야에 속했다면, 아이템 제작과 마케팅 과정에서 창업자의 아이디어가 충분히 나오지 않을 수 있기 때문이다.

아래 내용은 패턴 디자인과 일러스트를 활용해 만들 수 있는 아이템에 대한 그래프이다. 네이버 데이터 랩을 기반으로 창업 아이템을 선별한 것이다. 각 아이템의 백분율 그래프가 50~100 사이의 상단에 위치할수록 사람들의 관심도가 높다. 그런 아이템을 가지고 잠재 고객에게 SNS 설문이나 투표를 진행하고, 향후 제작에 대한 의견을 구할 수도 있다. 아이템마다 수요 시기가 조금씩 다르기 때문에 그래프를 동시에 놓고 확인하도록 하자. 필요한 내용을 함께 보며 비교해야 창업 아이템에 대한 수요를 한눈에 명확히 파악할 수 있다.

[그림19] 네이버 데이터 랩, 쇼핑 인사이트 분야별 통계

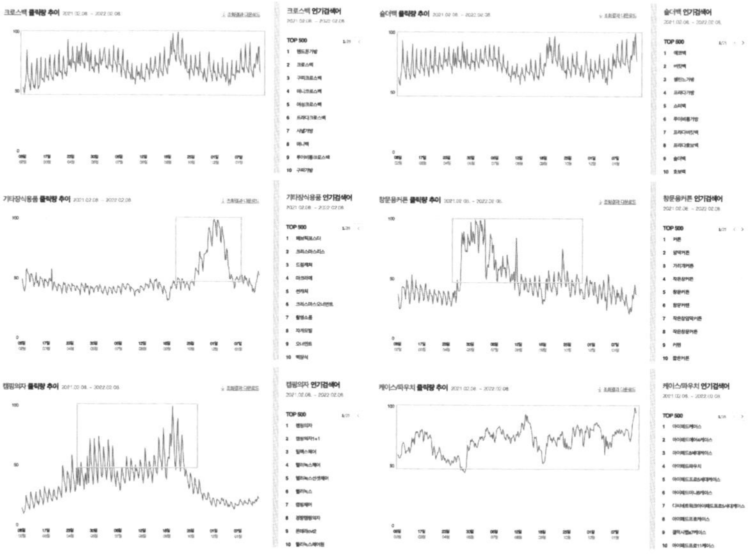

[표11] 네이버 데이터 랩으로 창업 아이템 찾기 / 예시

분야	키워드	인기 검색어	성별	연령별
패션 잡화	여성가방 > 크로스백 여성가방 > 숄더백	핸드폰 가방, 크로스백, 미니 크로스백 에코백, 숄더백,	여성(90%) 여성(100%)	40대/30대 30대/40대
가구/ 인테리어	인테리어 > 기타장식용품 > 커튼/블라인드	패브릭 포스터 > 드림캐처 > 마크라메 작은창 커튼, 커튼, 창문커튼, 가림막 커튼	여성(77%) 여성(80%)	30대/40대 30대/40대
출산/ 육아	완구 > 미술놀이> 색칠공부	슈퍼메가아트세트, 색칠공부, 태교컬러링북	여성(80%)	30대/40대
생활/ 건강	문구/사무용품 > 플래너 문구/사무용품 > 바인더	플래너, 위클리 플래너, 스터디 플래너 북 커버, 3공 바인더	여성(87%) 여성(79%)	20대/30대 30대/20대
스포츠/ 레저	캠핑 > 캠핑가구	캠핑 의자, 캠핑 테이블, 파라솔, 야전침대	여성(53%)	30대/40대
디지털/ 가전	핸드폰 액세서리 태블릿PC액서서리 > 케이스	핸드폰 케이스, 휴대폰 케이스 아이패드 케이스, 아이패드 파우치	여성(57%) 여성(58%)	30대/40대 20대/30대
창업 아이템	패브릭 포스터, 가림막 커튼, 작은창 커튼 (인테리어)	에코백, 숄더백, 핸드폰가방 (패션)	핸드폰 케이스, 아이패드 파우치 (디지털 악세서리)	캠핑 의자 (레저/캠핑)
타깃층	30~40대 여성			

사람들 생각이 궁금할 때: 연관 키워드와 감성 분석

썸트렌드(https://some.co.kr)는 온라인에서 화제가 되는 실시간 트렌드 키워드, 이슈 뉴스, 떠오르는 해시태그를 확인할 수 있는 빅 데이터 분석 도구이다. 키워드별 빅 데이터를 보는 것도 좋지만, 연관된 단어를 워드 크라우딩(Word Crowding)으로 보여주는 것이 이 사이트의 장점이다. 키워드와 연관된 단어뿐만 아니라, 기간별 언급량 추이, 감성어 변화를 시각 자료로 볼 수 있어 유용하다.

어떤 키워드로 검색해 볼까. 건강에 대한 꾸준한 관심이 #오하운(오늘하루운동), #운동챌린지, #모닝러닝, #미라클모닝 같은 SNS 해시태그로 표현된 것을 자주 본다. '오하운'이라는 키워드를 검색해 썸트렌드의 언급량 추이를 살펴보자. 검색 결과, '오하운'과 연관된 단어 중 운동(2402건), 여자, 다이어트, 달리기, 아침, 5개 연관어 언급이 가장 많았다. 이 데이터를 더 세밀히 분석해서 '이른 아침, 달리기 운동으로 하루를 시작하며 건강 관리하는 여성'을 타깃으로 하는 상품을 기획할 수 있다. 이런 방법을 거쳐 아이템을 기획하면 '창업자(나)로부터 시작한 아이템과 시장으로부터 찾는 아이템'의 공통분모를 찾을 수 있다.

또 다른 예로, 온라인 구독이 증가하고 있기 때문에 '구독 서비스'라는 키워드를 검색해 보자. 현재 구독 서비스에서는 미디어 콘텐츠가 61.7%를 차지하고 있지만, 식품과 생활용품 구독자도 18%를 차지한다. 이런 추세를 반영하듯, 2022년 소상공인을 위한 온라인 판로 지원에 '구독 경제' 항목으로 520개사에 1천만 원을 지원하는 사업이 처음으로 생겼다. 아주 오래전에 우유와 신문을 매일 정기 배달 받았는데, 지금은 음악이나 영화와 같은 콘텐츠 이용권을 정기적으로 결제한다. 그래서 이런 구독 서비스를 받는 사람들의 생각이 궁금해졌다.

'구독 서비스' 키워드에 대한 썸트렌드 검색 결과, 연관된 단어들 중에서 콘텐츠, 멤버십, 상품, 브랜드, 혜택, 가치, 서비스, 마케팅, 할인, 출시 등이 눈에 띄었다. 각 단어별로 SNS에 있는 텍스트와 이미지 원문까지 파악할 수 있고, 워드 맵(Words Map)으로 가장 많이 언급된 긍정·부정어를 비교해 볼 수 있다. 이런 분석 결과를 바탕으로, 타깃층이 '즐기다, 편리하다, 다양하다'와 같은 긍정적인 후기(Review)를 남길 수 있는 구독 서비스 아이템을 준비해야 한다. SNS에 올라와 있는 브랜드 사례와 사람들의 반응만 분석해 봐도 답이 보일 것이다.

[그림20] **썸트렌드의 연관 키워드 분석**

키워드 검색량 확인

키워드의 검색량을 조회해서 분석해 주는 블랙키위(https://blackkiwi.net/)라는 사이트가 있다. 관심 있는 키워드를 조회하면 월간 검색량을 수치로 보여준다. 그리고 검색어의 동향을 일간, 월간, 연간별 그래프로 보여주기 때문에 사람들의 관심도가 증가 또는 감소인지 파악이 가능하며, 연령별, 성별 검색 비율도 알 수 있어서 잠재 고객층을 예상할 수 있다.

창업 아이템으로 '밀키트(Meal Kit, 식사 키트)'를 블랙키위에서 검색해 보자. 1인 가구 증가로 인해 집밥과 간편식에 대한 관심이 커진 상황인데, 밀키트에 대한 사람들의 수요가 어느 정도인지 키워드 검색량으로 파악하는 방법이다. 검색 결과, '밀키트'에 대한 월간 검색량은 PC에서 59,500건, 모바일에서 265,000건을 합해서 총 324,200건으로 나왔다. 엄청나게 많은 월간 검색량이다.

'밀키트'와 연관된 키워드의 검색량을 비교해 볼 수 있는데, '밀키트 전문점'이 월간 51,820건, '밀키트 창업'이 월간 18,690건 검색되었다. 이렇게 블랙키위에서는 검색량을 파악한 후, 네이버 데이터랩의 쇼핑 인사이트, 식품 분야에서 어느 종류 밀키트로 해야 성공할 것인지 다시 데이터 분석을 해야 한다. 어떤 식자재로 만든 밀키트 수요가 많은지 파악해야 더 상세한 창업 아이템이 나오기 때문이다. 이런 점차적인 방법으로 아이템을 명확히 구상해보자.

빅 데이터 자체가 답을 주지는 않는다. 사람이 질문해야 데이터를 보여주고, 빅 데이터 자료에 대한 해석도 사람이 해야 한다. 그럼에도 불구하고, 날씨 데이터 분석으로 제과점의 진열품과 생산량을 조정해서 매출이 증가한 사례처럼, 빅 데이터를 적절히 활용하면 아이템의 시장 경쟁력을 높일 수 있다. 따라서 창업에서 빅 데이터 활용은 데이터 사이의 관계성을 파악해 미래의 새로운 가치창출을 할 수 있어야 한다.

정부 지원사업에서 빅 데이터 활용 사례

A 청년은 IT 벤처기업에서 프로그래머로 일하는 직장인이었다. 그는 대학생일 때부터 자취를 해서 간편한 음식을 혼자서 만드는 일에 익숙했다. 대학 졸업 후 직장 다니면서 요리에 더욱 관심이 생겼고, 한식 요리사 자격증까지 땄다. 직장 생활 10년 차 되던 해, 예비창업자를 위한 콘텐츠 코리아랩 지원사업에서 요리와 연관된 창업 아이템을 테스팅 했다. 식자재는 로컬 푸드인 하림 닭고기와 지역 농가의 야채를 사용하고, 맛을 내는 특제 소스는 고추장 명인과 협업해서 창업 아이템을 개발했다. 창업 아이템의 가칭은 〈1인 가구를 위한 닭 가슴살 스테이크 밀키트〉였다.

코로나 이후로 밀키트나 간편식이 많아졌지만, 그 청년이 이 아이템을 테스팅 하던 시기에는 시장에 출시된 상품이 적었다. 예비창업자 네트워킹 시간에 더 상세히 알게 되었는데, 밀키트 아이템에 대한 유통과 판매는 프로그래머인 본업을 활용해 온라인 쇼핑몰을 구축하고 SNS 마케팅을 하겠다는 계획이 있었다. 창업 아이템을 소개하는 시간에 통계자료를 활용한 시장 동향과 전망을 꼼꼼히 분석한 것이 무척 인상적이었다. 그 당시 빅 데이터로 어렵게 분석한 것이 아니라, 쉽게 얻을 수 있는 통계자료만으로도 아이템에 대한 배경 설명이 충분했다. 1인 가구 증가, 식사 문제 해결의 어려움, 건강식에 대한 니즈, 간편식 증가 추세, 로컬 푸드에 대한 가치 소비 인식, 요리에 대한 관심 증가 등을 하나의 스토리로 연결해 설명했다. 실제 시제품 테스팅에서 체험단의 좋은 평가를 얻어 크라우드 펀딩까지 진행했던 예비창업자여서 오래도록 기억에 남는다.

1인 가구 증가에 대한 통계자료는 통계청, '2020 통계로 보는 1인 가구' 내용에서 쉽게 찾을 수 있다. 그 외에 〈2030세대 농식품 주 소비층 부상(농촌진흥청)〉, 〈건강에 대한 소비자 관심 정도(한국보건산업진흥원)〉, 〈간편식 구매 행태(한국농촌경제연구원)〉, 〈간편식 시장 동향(한국농수산식품유통공사)〉, 〈해외 가정간편식 시장 동향(코트라 Kotra 해외시장 뉴스)〉과 같은 자료는 구글 검색창에 주요 키워드만 입력해도 관련된 자료를 찾을 수 있다. 글 내용뿐만 아니라 그래프 이미지까지 바로 검색할 수 있다. 누구나 쉽게 찾을 수 있는 빅 데이터를 비즈니스 모델에 어떻게 연결시켜서 실증적인 자료로 넣을 것인가를 고민해야 한다.

창업 아이템을 출시하는 일은 어렵지 않다. 비록 완성도가 낮더라도 초기 테스팅 버전으로 구현하는 일은 얼마든지 가능하다. 창업자에게 가장 어려운 일은 신규 아이템을 시장에서 살아남게 하는 일이다. 창업 아이템이 기업의 매출 증가에 얼마나 기여할지 누가 명확히 예측할 수 있겠는가. 다만, 창업 아이템을 기획하고 마케팅 할 때 빅 데이터를 활용하면 성공 가능성을 높일 수 있다.

빅 데이터를 찾아 분석하는 과정은 간략히 5 단계로 이루어진다. 첫째, 관심 있는 주제를 3~5가지 선택한다. 둘째, 뉴스나 기사, 통계와 같은 데이터를 탐색한다. 셋째, 검색을 통해 찾은 데이터를 선별한다. 넷째, 데이터 간의 관계성을 파악해 의미를 찾는다. 다섯째, 주제별 대시보드(Dash Board)를 작성한다. 이 대시보드(Dashboard)는 데이터 수집과 분석 과정에서 발견한 중요한 것들을 한눈에 파악할 수 있도록 다양한 차트로 구성해 놓은 시각 리포트를 뜻한다. 결과적으로, 빅 데이터 분석을 통해 새로운 인사이트(Insight)를 찾고 의미 있는 가치(Value)를 창출해야 한다.

[그림21] **빅 데이터 분석 목적**

통계 데이터를 찾기 쉬운 사이트

데이터를 찾아 의미 있는 결과로 해석하는 일이 더욱 중요해지고 있다. 실제 활용 사례가 궁금하면 통계 데이터 센터(SDC, Statistics Data Center, https://data.kostat.go.kr/)에서 분석 활용대회의 수상작 모음을 찾아보자. 그것을 보면 데이터에 대한 접근이 조금 더 쉽다. 주로 공공데이터를 활용한 사례이기 때문에 창업 아이템과 조금 거리가 있지만, 무슨 자료를 어떻게 찾고 어떤 분석 결과를 도출했는지 참고할 수 있다. 또한 빅 데이터 활용 탭에서 '국내·외 동향'을 보면 일반인이 활용할 수 있는 통계 자료가 정리되어 있다. 예를 들어, 카드 데이터로 본 개인 소비에 대한 분석, 서울시 1인 가구 생활실태 분석은 연령별, 지역별 특징을 파악할 수 있는 자료가 된다.

통계 데이터 센터: 뉴스 기반 통계 검색 [https://data.kostat.go.kr/]

통계 데이터 센터에서는 모바일 유동인구 지도, 생활 경제 지표, 지도로 본 빅 데이터(생활안전사고, 개인카드 사용 현황)를 볼 수 있다. 그중에서 [뉴스 기반 통계 검색 서비스]는 2020년 10월 22일부터 사용할 수 있게 되었다. 워드 크라우드, 키워드 관계망, 뉴스 기사량 추이를 시각 자료로 제공하고 있어서 직관적으로 이해하기 쉽다. 특히 경제와 농축산물 관련 뉴스를 수집한 빅 데이터를 바탕으로 키워드 중심의 통계 자료를 보여준다.

[그림22] **뉴스 기반 통계 데이터_ 워드 크라우드**

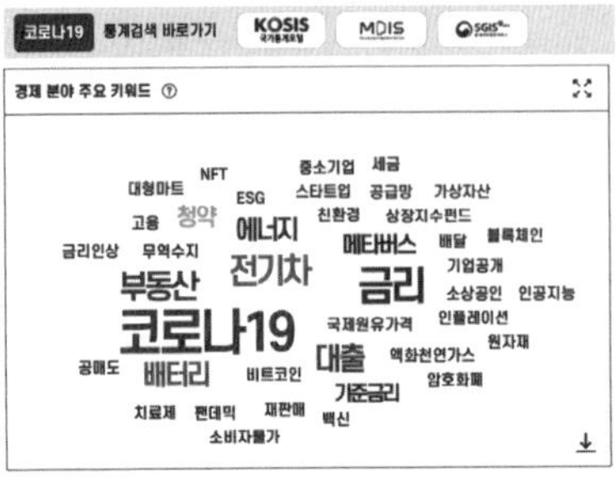

[그림23] **뉴스 기반 통계 데이터_ 키워드 관계망**

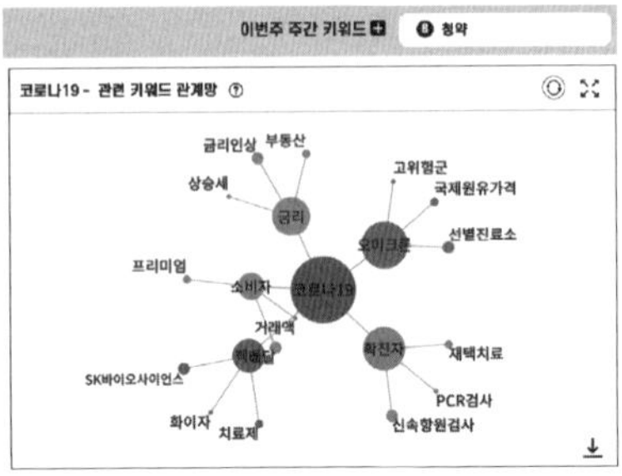

통계청: 국가통계포털 [https://kosis.kr/]

통계청의 대표 통계서비스이다. '1인 가구' 키워드를 검색하면 통계표, 통계 분류, 온라인 간행물, 통계 설명자료, 통계 용어, 콘텐츠·게시물 등으로 분류된 검색 결과를 보여준다. 이 자료들 중에서 '연령별 1인 가구'에 관심 있다면 더 상세한 자료를 찾아볼 수 있다. 원하는 통계자료를 키워드만으로 찾기 어렵다면, '국내 통계'에서 주제별 통계, 기관별 통계, e-지방 지표를 찾아보자. 주제별 통계는 인구, 사회 일반, 범죄/안전, 노동, 소득/소비/자산, 복지 등 30개 주제로 분류되어 있고, 이 중에서 관심 주제를 정해서 클릭하면 세부 통계자료를 찾아볼 수 있다.

여기에 있는 통계자료는 누구에게나 공개되어 있다. 하지만 목적을 갖고 자료를 찾아야 그 내용을 원하는 곳에 활용한다. 예를 들어, 아동 돌봄을 위한 공공 서비스를 기획한다고 가정해 보자. 그러면 인구, 사회 일반, 범죄·안전, 소득, 복지와 같은 통계 자료를 수집해서 깊게 들여다봐야 할 것이다. 디지털 문해력(Digital Literacy)란 말처럼, 숫자와 통계 자체만으로는 새로운 가치를 창출할 수 없다. 빅 데이터에서 인사이트를 발견하고 새로운 가치를 찾는 일은 반복적인 훈련이 필요하다. 관심을 갖고 데이터 읽는 연습을 하다 보면 조금이라도 보이지 않겠는가.

• **해외시장조사** [http://www.kotra.or.kr/]

코트라에서는 무역 투자 빅 데이터 서비스를 제공한다. 빅 데이터 분석을 통해 유망시장, 수출품목, 잠재 파트너, 세 개의 축으로 만든 서비스가 특징적이다. 특히 품목별로 수출 유망시장을 추천해 주기 때문에 수출에 관심 있는 기업은 자주 방문해야 한다. 국가별 시장 정보에서는 해외시장 상황을 파악할 수 있어서 유용하다.

창업 아이템 검토나 지원사업 계획서를 작성할 때 필요한 부분이 있다면 활용하자. 국내 시장 동향뿐만 아니라 해외 시장 동향이 상승세인지 하락세인지, 전체 시장규모는 얼마인지, 통계자료를 찾아보자. 창업 아이템이 국내·외 시장에서 상승세이고, 전체 시장 규모도 크다면 그 데이터는 아이템 결정에 큰 도움이 된다. 예를 들어, 인테리어 용품은 코로나 직전에 국내·외 시장에서 모두 상승세에 있었다. 그런데 코로나19가 확산되면서 인테리어 시장 규모가 더욱 커졌다. 만약 창업 아이템이 인테리어 용품과 연관된다면 관련된 통계자료를 찾아 시각화하고, 그 내용을 사업계획서에 넣어 '왜 이것을 하는지' 근거 자료로 보여주는 게 효과적이고 설득력 있다.

- **지능형 산업 시장분석 시스템** [http://kmaps.kisti.re.kr/]

한국과학기술정보연구원(KISTI)에서 운영하는 곳이다. 다년간 축적한 분석 데이터를 기반으로 기술 사업화에 도움 되는 산업 시장 정보를 제공하고 있다. KMAPS, 지능형 산업 시장분석 시스템에서는 6개 메뉴로 구성되어 있는데, 시장 규모 분석, 경쟁 현황 분석, 사업성 분석, 환경 분석, 지식 창고, KMAPS 셀프 리포트가 주요 내용이다. 그중에서 시장 규모 분석은 공공 통계 데이터(통계청, 관세청, 한국은행, 미국 통계청 등)를 기반으로 산업(품목)별 국내 내수시장과 미국 시장규모 정보를 제공한다. 환경 분석 메뉴에서는 손쉽게 내·외부 환경 분석을 수행할 수 있는 지능형 분석 도우미 기능이 있다. 또한 지식 창고에서는 국내외 산업 시장 보고서를 무료로 볼 수 있다.

KMAPS 셀프(SELF, Simple, Easy, Logical, Fully-Automated) 리포트를 보려면, 한국표준산업분류를 기준으로 한 분석 대상 산업을 선택해야 한다. 그러면 국내·외 시장규모와 성장률, 경쟁 현황, 주요 기업 현황, 산업 간 비교와 같은 산업에 대한 종합적인 정보를 자동으로 분석한다. 여기서는 개인의 분석 역량과 상관없이 산업에 대한 중요한 인사이트를 확보할 수 있다는 장점이 있다.

- **통계지리 정보 서비스** [https://sgis.kostat.go.kr/]

통계청이 보유한 데이터로 '위치 기반 개방형 서비스 플랫폼'을 만들었다. 지도와 함께 지역별 데이터를 보여주는 특징이 있고, 5가지 통계 주제로 구성된다. 인구와 가구, 주거와 교통, 복지와 문화, 노동과 경제, 환경과 안전, 5가지 주제에 대한 여러 통계 현황을 데이터 보드로 볼 수 있다. 예를 들어, 노동과 경제 주제에서는 전통시장 현황, 카드 사용금액 현황, 도·소매업 현황, 제과점 변화와 같은 통계 자료를 그래프로 바로 볼 수 있다.

창업에서 빅 데이터 분석은 필수적인 일이 되어가고 있다. 누구나 여러 포털 사이트 검색을 통해 원하는 데이터를 찾고 시각 자료를 만들 수 있게 되었다. IT 전문가나 빅 데이터 전문가가 아니어도, 창업자(나) 자신에게 의미 있는 정보를 찾고, 대량의 데이터 분석을 통해 새로운 비즈니스 가치 창출을 해야 한다. 문제는 수없이 많은 빅 데이터로부터 창업자(나)만의 인사이트를 어떻게 추출하느냐가 관건이다.

DAY 13

시장조사, 발품 대신 손품 먼저!

A 아이템 시장조사, 쉽게 할 수 있는 방법이 있을까?

B 시장조사하려고? 어떤 아이템을 판매할 건데?

지난번에 말했던 네이버 데이터 랩, 구글 트렌드, 카카오 데이터 트렌드, 썸트렌드와 같은 빅 데이터 도구, 기억나지? 거기서 사람들이 많이 찾는 제품이 무엇인지 찾을 수 있어.

이번엔 발품 대신 손품으로, 아주 쉽게 시장조사해 보자.

A 발품 대신 손품이라고?

예전엔 잠재 고객을 찾아다니며 설문조사, 관찰, 인터뷰로 시장조사를 했었는데... 그 방법으로 상품 기획에서부터 고객과 시장에 대한 정보까지 직접 얻을 수 있었지. 그런데 지금은 온라인 시장이 커지고 있어서 다른 방법을 찾아야 할 것 같아.

손품 팔아 시장조사하는 방법, 어떻게 하는 거야, 궁금하네.

얼른 알려줘.

B 온라인 시장을 조사하려면 온라인 세상으로 들어가야지. 손안에 있는 스마트폰 하나로 뭐든 할 수 있는 세상이잖아! 판매자(Seller)들이 제품 소싱(Sourcing)에 많이 활용하는 세 사이트가 있어.
아이템 스카우트(Itemscout), 판다 랭크(Panda Rank), 사장님 닷컴, 이 사이트들만 살펴봐도 어떤 상품 조회가 많고 구매가 많은지 알 수 있어. 그리고 동일한 제품이라도 어떤 검색어와 카테고리로 설정해야 판매에 유리한지 알 수 있지. 여기저기 발품 팔지 않아도 스마트폰만 있으면, 얼마든지 빠르고 편하게 일할 수 있는 세상이 되었어!

시장조사는 왜 해야 하나

1인 창업의 주요소(창업자, 아이템, 자금)인 아이템 선정부터 시장조사를 해야 한다. 작은 소규모 창업, 심지어 구멍가게 창업일지라도 아이템의 시장성을 파악해야 판매에 성공할 수 있다. 아무리 품질이 우수해도 시장에서 판매가 안 되면 창업에 실패할 수밖에 없다. 퀄리티 좋은 제품을 만드는 일도 중요하지만, 가장 먼저 고민해야 할 일은 팔릴 만한 아이템을 찾는 것이다.

넓은 범위의 시장조사는 여러 사항을 포함한다. 아이템의 시장 규모, 경쟁 브랜드, 타깃층, 제품 특징, 유통 채널, 마케팅 전략, 소비자 가격과 같은 다양한 조사가 필요하다.(이 시장조사의 일부 내용은 벤치마킹에서 상세히 살펴보도록 하자.) 제품이나 서비스를 판매하는 창업자라면 시장조사 내용을 사업계획서나 투자제안서에 넣고, 각종 창업 지원사업에서 설득력 있는 근거 자료로 활용해야 한다. 타깃층에 대한 시장조사를 예로 들어보자. 타깃 고객을 20~30대 여성으로만 정하면 불특정 다수가 된다. 더 명확하게 잠재 고객의 거주 지역, 성별, 연령, 학력 수준, 직종, 소득수준, 소비패턴, 구매동기 등을 파악하고, 그에 맞춰 아이템의 가격, 종류, 마케팅 방향을 결정해야 한다.

또한 창업자가 경쟁업체를 전혀 모른 채 어떻게 중요한 비즈니스 결정을 할 수 있겠는가. 시장조사만 잘 해도 고객 특성과 경쟁업체를 파악할 수 있고, 사업을 성장시킬 수 있는 발판을 다질 수 있다. 그뿐만 아니라, 중요한 비즈니스 의사결정의 위험을 줄일 수 있다. '지피지기(知彼知己)면 백전불태(百戰不殆)'라는 말이 있다. '적을 알고 나를 알면 백번 싸워도 위태롭지 않다'는 뜻이다. 창업에서 고객과 시장, 경쟁 업체와의 공통점과 차이점을 파악하면 시장경쟁에서 유리한 위치를 차지할 수 있다.

일상이 된 이커머스(e-commerce) 시장

온라인 쇼핑 시장규모는 매년 가파르게 상승하고 있다. 통계청, 온라인 쇼핑 동향(https://kostat.go.kr/ 새 소식〉보도 자료〉도소매 서비스)을 보면 2021년 11월 온라인 쇼핑 거래액은 17조 이상으로 전년 동월 대비 16.5% 증가했다. 그중 모바일 쇼핑 거래액은 전체 거래액의 71.6%를 차지할 정도로 비중이 커졌다. 온라인(PC, 모바일) 매체를 이용해 상품을 구매하는 이커머스(e-commerce) 시장은 오래전부터 있었다. 그런데 코로나19 이후로 우리 일상에 더 깊이 스며들어 그 영역과 규모를 계속 넓혀가는 중이다.

앞으로 온라인을 통해 더 많은 사람들이 상품을 구매하거나 판매할 것이다. 온라인 사업자가 이커머스 시장에 대비하려면 앞서 말한 빅 데이터 도구와 친숙해져야 한다. 다양한 빅 데이터 도구를 활용해 키워드 검색과 분석을 한 후, 팔리는 제품을 찾아야 한다. 온라인 세상이 활성화되기 전에는 무조건 발품을 팔아야 시장조사를 할 수 있었다. 그런데 요즘은 편안한 의자에 앉아 아이템 시장조사를 할 수 있다. 한 손안에서 스마트폰 버튼을 이리저리 눌러 원하는 내용을 금세 찾을 수 있다니! 안 할 이유가 없지 않은가. MZ 세대에게는 당연한 일이겠지만, 아날로그 세대에게는 참으로 놀라운 세상이 된 거다.

아날로그에서 디지털로 패러다임이 이동(Paradigm Shift) 하면서 디지털 데이터화(Digitization)는 이미 예견된 일이었다. 업종에 상관없이 누구나 디지털 기술에 익숙해져야 하고, 각자에게 필요한 디지털 정보를 읽고 해석하는 일(디지털 문해력)에 능숙해져야 한다. 예비창업자라면 반드시 사람들에게 필요한 아이템을 찾고, 그것을 홍보하고 판매하는 일까지 온라인 세상에서 해야 하는 시대이다. 그런 점에서 온라인 판매를 위한 시장조사부터 어떻게 할지 알아보자.

검색어로 파악하는 아이템 시장조사

온라인 상품 구매 고객은 인터넷 포털 사이트에 특정 '키워드(검색어)' 검색부터 출발한다. 구매하려는 상품을 찾을 때 네이버와 쿠팡 같은 검색 엔진의 빈칸에 상품명, 카테고리명, 브랜드명과 연관된 키워드를 입력할 것이다. 이것을 반대로 활용해 보자. 온라인 상품 판매자는 고객이 많이 검색하는 키워드의 조회 수와 상품 수를 통해 시장 수요와 경쟁 강도를 파악할 수 있다. 조회 수는 높은데 상품 수는 상대적으로 적고 전체 시장규모는 큰, 그런 키워드가 사업성이 좋은 아이템이다. 이러한 예측을 가능하도록 도와주는 사이트, 어떤 곳들이 있을까.

아이템 스카우트 [https://itemscout.io/]

현재 트렌드로 뜨고 있는 키워드, 잠재력이 높은 키워드를 확인할 수 있는 곳이다. 아이템 발굴에 용이하고, 특정 키워드를 검색해 키워드의 시장성을 분석할 수 있다. 상단 메뉴 탭에 있는 아이템 발굴, 상품 발굴, 키워드 분석을 통해 시장의 수요와 공급 파악이 가능하다. 다만, 무료와 유료로 사용할 수 있는 범위가 달라서 데이터 접근에 제한이 있다. 먼저, 중요한 핵심 용어를 살펴보도록 하자.

아이템 스카우트 핵심 용어

- **검색 수**

  키워드의 수요를 나타내는 지표이다. 아이템 발굴 페이지에 있는 총 검색 수, PC 검색 수, 모바일 검색 수는 사람들이 최근 한 달 동안 그 키워드를 얼마나 검색했는지를 의미한다.

- **상품 수**

  키워드의 공급을 나타내는 지표이다. 해당 키워드를 통해 얼마나 많은 상품이 판매되고 있는지를 나타낸다.

- **경쟁 강도**

  검색 수와 상품 수만 보더라도 키워드의 상품을 판매할만한지, 아닌지를 어느 정도 파악할 수 있다. 이것을 좀 더 알기 쉽게 경쟁 강도라는 지표로 만들었고, 경쟁 강도는 상품 수를 총 검색 수로 나눈 지표를 의미한다. 즉, 시장 수급 상황을 근거로 해당 상품의 판매 경쟁이 얼마나 치열한지를 나타낸다.

- **클릭 경쟁률**

  상품 수를 광고 클릭수로 나눈 값이다.

- **클릭 대비 광고비**

  광고비를 클릭수로 나눈 값이다. 낮을수록 광고효율이 높은 키워드이다.

[표12] 아이템 스카우트, 아이템 발굴하기

키워드	카테고리	키워드 분류	1달 총 검색수	상품수	경쟁 강도	평균 광고 클릭수	광고 클릭 경쟁률	클릭 대비 광고비	Top40 6개월 판매량	Top40 평균 가격(원)
가림막 커튼	커튼 > 바란스	쇼핑성 79%	31,040	210,301	보통 6.78	664	나쁨 316.67	보통 1.20	40,922	15,000
창문 가리개	커튼 > 바란스	쇼핑성 92%	14,910	170,567	보통 11.44	221.6	나쁨 769.71	나쁨 2.55	32,987	14,500
선반 가리개	커튼 > 바란스	쇼핑성 97%	2,540	15,339	좋음 6.04	25.2	나쁨 608.69	나쁨 14.84	18,099	12,900
다용도실 커튼	커튼 > 바란스	쇼핑성 92%	1,080	6,772	좋음 6.27	21.9	나쁨 309.22	나쁨 71.96	4,561	20,800
작은 창 커튼	창문용 커튼	쇼핑성 92%	14,700	55,686	좋음 3.79	444.7	나쁨 125.22	좋음 0.80	27,063	20,500
아이방 커튼	거실용 커튼	쇼핑성 92%	9,910	41,124	좋음 4.15	559.0	나쁨 73.57	보통 1.75	38,147	30,600
패브릭 포스터	그림/액자	쇼핑성 97%	57,530	332,025	좋음 5.77	901.7	나쁨 125.22	보통 1.56	29,164	11,500
차박 커튼	햇빛 가리개	쇼핑성 97%	13,900	54,414	좋음 3.91	289.2	나쁨 188.15	보통 1.22	48,335	16,300
행거 가리개	옷커버	쇼핑성 92%	12,130	23,268	아주 좋음 1.92	189.3	나쁨 122.92	보통 1.75	17,516	8,000
종합분석 (창업자)	- 네이버 데이터 랩에서 아이템으로 찾은 키워드 중 인테리어 > 커튼/블라인드를 중점적으로 검색 - 한 달 검색수 10,000 이상인 키워드 중, 경쟁 강도가 상대적으로 낮은 작은 창 커튼, 차박커튼 좋음 - 전체 판매량에서 차박커튼이 작은 창 커튼보다 높아서, 주거공간의 작은 창커튼 + 실외 차박커튼, 두 가지 용도로 활용 가능한 아이템 제안 - 작은 창 커튼/차박커튼, 아이템은 크기와 형태가 유사한 행거 가리개로 추가 사용 가능함을 활용 - 작은 창 커튼/차박커튼+행거 가리개 기존 상품의 디자인 및 소재 특징을 파악해서 차별화 강화									

[표13] 아이템 스카우트, 키워드 분석

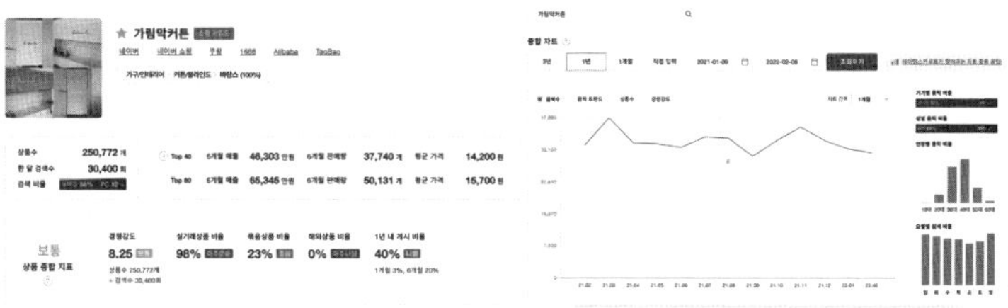

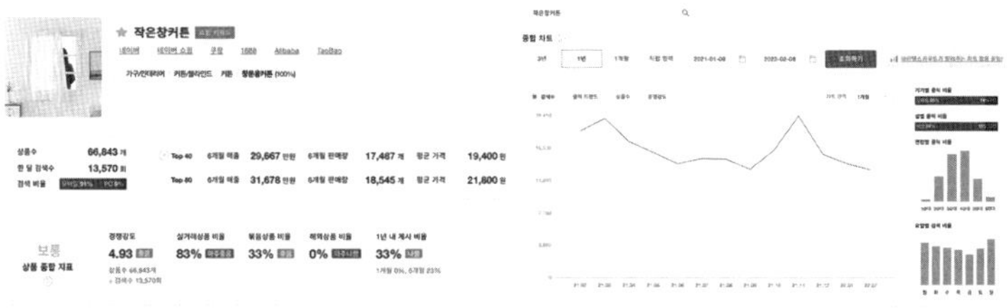

종합분석 (창업자)	· 가림막 커튼, 작은 창 커튼, 패브릭 포스터, 차박커튼 주 수요층 30~40대, 여성, 모바일 쇼핑 이용자 · 가림막 커튼 : 1년 평균 30,000건 높은 검색수를 유지하지만 상품 수 많음. · 작은 창 커튼 : 1년 평균 15,000건 검색수를 유지하는 스테디 상품. · 패브릭 포스터 : 1년 평균 55,000건 검색수를 유지하지만 상품 수 많아서 경쟁 치열함. · 차박커튼 : 상품 수에 비하면 판매량 무척 좋음. 하지만 여름/겨울 시즌에는 수요층 적음.

아이템스 카우트에서 제공하는 첫 번째 기능은 '아이템 발굴'이다. 판매자가 무엇을 판매할지 모를 때, 새로운 상품을 소싱(Sourcing) 하고 싶을 때, 시장 트렌드를 파악하고 싶을 때 사용하는 기능이다. 1~4차까지 분류되는 상품 카테고리를 기준으로 어떤 키워드가 많이 검색되는지 순위를 확인할 수 있다. 아이템 스카우트의 두 번째 기능인 '키워드 분석'은 판매자의 '키워드 마케팅', '상품명 설정'에 활용할 수 있다. 키워드를 입력하면 실제 상품 이미지가 나오기 때문에 어떤 상품인지 확인하고, 예상 매출이 어느 정도인지까지 가늠할 수 있다. 그러면, '가림막 커튼, 작은 창 커튼, 패브릭 포스터, 차박커튼' 중 어느 키워드가 상품명 설정에 가장 좋을까. 여기서 첫 번째 참고할 수 있는 지표는 '경쟁 강도'이다.

경쟁 강도가 낮다면 판매자 입장에서는 시장 진입이 용이한 아이템이라는 뜻이다. 상품을 업로드할 때 경쟁 강도가 낮은 키워드를 태그나 상품명으로 활용하면 네이버 쇼핑에서 상위 노출 가능성이 커진다. 그렇다고 해서 낮은 경쟁 강도의 키워드가 무조건 좋은 것은 아니다. 이 경쟁 강도 지수에는 상품 판매와 상관없는 네이버 포탈 검색 데이터도 섞여 있기 때문이다. 결국 아이템 스카우트에서 제공하는 데이터를 잘 분석하고 사용하는 것은 '판매자'의 역량에 달렸다. 그럼에도 불구하고, 아이템 스카우트는 판매자의 의사결정에서 판단의 기초가 되는 데이터를 제공해 준다는 점에서 무척 유용하다.

- **판다 랭크** [https://pandarank.net/]

판다 랭크는 키워드 분석과 상품 분석을 중점적으로 볼 수 있는 무료 사이트이다. 아이템 스카우트처럼 카테고리에 따라 특정 키워드와 관련된 데이터를 볼 수 있는데, 자료를 더 직관적으로 보여준다.

'키워드 분석'에서는 키워드를 얼마나 검색하는지, 가격은 얼마인지, 시장규모는 어떠한지 알 수 있으며, 실시간 상위 랭킹(1~8위) 상품까지 파악이 가능하다. 다음 그림처럼 키워드의 연간 검색량을 그래프로 확인할 수 있어서 '시즌 상품과 스테디 상품'을 추정할 수 있다.

[그림24] 판다 랭크, 키워드 분석 / 가림막 커튼

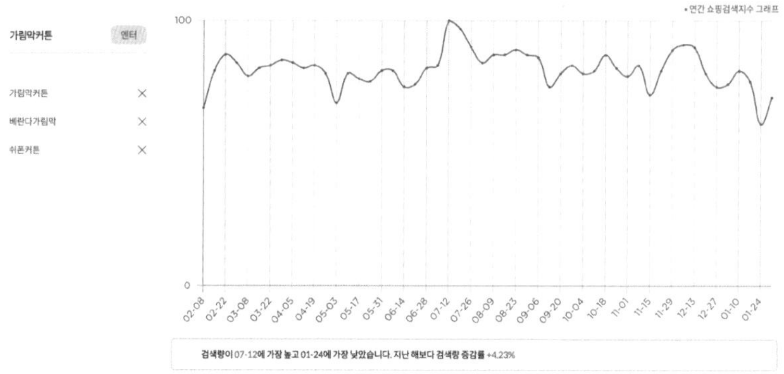

[그림25] 판다 랭크, 키워드 분석 / 아이방 커튼

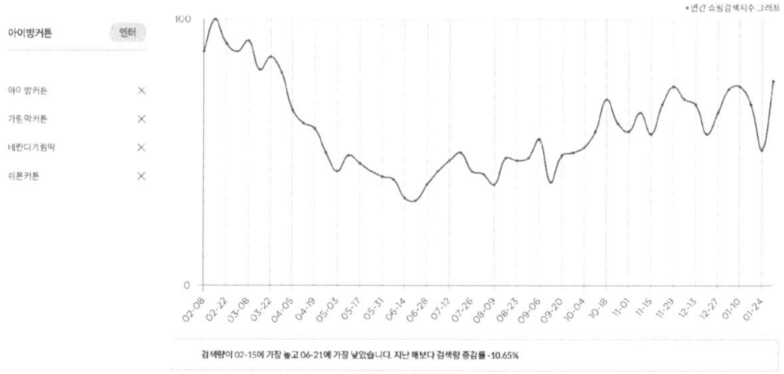

[표14] 판다 랭크, 키워드로 찾기

키워드	경쟁률	쇼핑 전환	광고비	검색량	상품량	Top10 평균가	상품 평균가	최근 6개월 판매량	가장 잘 팔려요	가장 적게 팔려요
가림막 커튼	중간 6:1	좋음	중간	31,150	209,106	12,170	15,908	50,947	7월	10월
작은창 커튼	좋음 3:1	최적	중간	14,700	55,545	18,550	22,520	27,718	12월	9월
작은창 커튼	중간 9:1	최적	중간	3,370	31,559	16,162	20,944	17,008	1월	4월
아이방 커튼	좋음 4:1	최적	나쁨	9,890	40,786	24,220	30,494	40,435	12월	6월
방문 가리개	중간 10:1	최적	좋음	1,400	14,035	17,470	19,135	19,525	7월	10월
차박 커튼	좋음 3:1	중간	중간	14,610	54,432	24,190	25,513	54,903	4월	12월
다용도실 커튼	중간 6:1	좋음	중간	10,090	6,716	16,370	19,436	4,612	12월	9월
종합분석 (창업자)	• 네이버 데이터 랩, 아이템 스카우트에서 찾은 자료와 비교하며 종합적으로 판단 • 작은 창 커튼, 차박커튼의 상품명을 시즌에 따라 융통성 있게 사용할 수 있는 제품 기획 (4월, 12월) • 상품의 평균 가격에 근접하도록 원가 산출									

'키워드 분석' 예시처럼, 키워드의 경쟁률, 검색량, 상품량, 평균가, 최근 6개월 판매량과 같은 시장 정보를 확인하자. 여기서 키워드에 대한 경쟁률, 쇼핑 전환, 검색량에 대한 분석이 '최적' 또는 '좋음'으로 나와야 판매에 유리하다. 연관 키워드도 함께 확인하면서 관심 있는 '키워드'의 자료를 엑셀로 다운로드 해놓자. 관

심 있는 '키워드' 자료를 예시처럼 비교해 보고, 그중에서 어떤 아이템이 경쟁력 있는지 판단할 수 있을 것이다.

[그림26] **판다 랭크, 상품 분석**

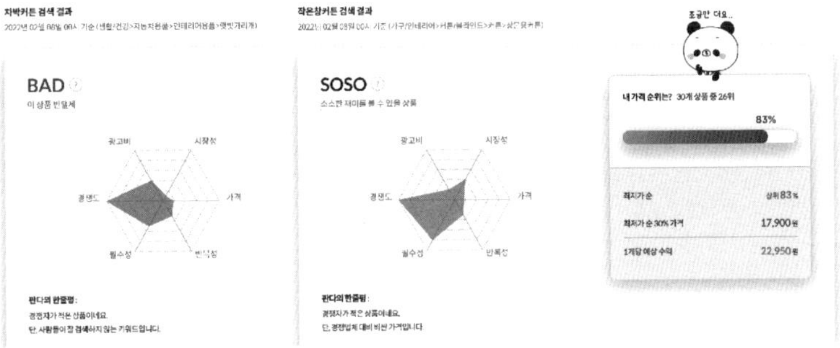

판다 랭크에 있는 상품 분석은 무척 직관적이어서 유용하다. 판매할 상품명과 예상하는 판매 가격을 입력하면, 6가지 기준(광고비, 시장성, 가격, 반복성, 필수성, 경쟁도)으로 분석 결과를 보여준다. 1개당 예상 수익, 상위 30% 판매 가격까지 확인할 수 있어서 가격 경쟁력과 시장성 예측이 가능하다. 네이버 상위 랭킹의 경쟁상품을 보면서 현재 판매자가 정한 가격과 상품명을 확인할 수 있는 장점도 있다.

- **사장님 닷컴** [https://sjnim.com/]

사장님 닷컴은 현재 무료로 이용할 수 있고, 스마트 스토어에서 상품 순위를 확인할 때 유용한 곳이다. 사장님 닷컴의 차별성은 동일한 키워드로 판매하는 스마트 스토어의 랭킹 순위, 판매량, 예상 매출을 알 수 있다는 점이다. 경쟁 브랜드, 셀러 등급, 리뷰 수까지 키워드 검색 하나로 유용한 정보를 알려주다니, 얼마나 편리한가. 그뿐만 아니라, 타깃팅 할 최상의 키워드를 쇼핑 사이트별로 추천해 주기 때문에 경쟁력 있는 상품명 정하기가 쉽다.

예를 들어, 작은 창 커튼은 '가림막 커튼, 가리개 커튼, 작은 창 커튼 150, 작은 창 커튼 120, 작은 창 커튼 150×120'을 추천 키워드로 분석해 준다. 주요 온라인 쇼핑 사이트별로 실시간 인기 검색어를 알 수 있는데, 네이버 쇼핑과 쿠팡만 봐도 1~10 순위 인기 상품이 다르다. 인기 상품에 창업자의 아이템이 포함된다면, 사이트별로 경쟁력 있는 '상품명'으로 상위 노출시켜 판매 랭킹 순위를 높여보자.

남들 다 하는 아이템은 하지 마라

과거에는 대기업이나 자본가만이 브랜드를 만들 수 있었다. 지금은 기획과 콘셉트가 확실하면 브랜드를 론칭할 수 있다. 창업자가 좋아하는 아이템을 판매하는 스몰 브랜드라니! 도전할 용기가 생기지 않는가. 언젠가 브랜드 론칭을 꿈꾸는 예비창업자라면 시장 트렌드를 읽는 연습부터 해야 한다. 이 트렌드 읽기는 꾸준한 관심을 갖고 흐름의 변화를 파악해야만 알 수 있다.

창업자가 관심 있는 아이템과 시장 트렌드의 공통분모를 시장 조사로 알아봐야 하는데, 온라인으로 편리하게 할 수 있다. 그런 점에서 아이템 스카우트, 판다 랭크, 사장님 닷컴과 같은 유용한 분석 사이트를 꼭 기억해두자. 이 도구들에 아직 익숙지 않다면 하루에 3번(아침, 점심, 저녁) 방문하며 분석방법을 익히길 바란다. 현재는 무료로 이용할 수 있는데 언제 유료로 전환될지 예측할 수 없다. 무료일 때 많이 사용하며 분석 능력을 키우도록 하자.

아이템에 대한 타당성 검토는 다각적인 시장조사 분석으로 해야 한다. 현재 시장이 포화 상태인지, 진입해도 괜찮은지, 가격 적정선은 어느 정도인지, 전체 시장 규모는 어느 정도인지, 조사할 내용이 많다. 그나마 다행인 건 시간이 갈수록 온라인 분석 도구의 사용성이 더 편리해지고 있고, 노력한 만큼 정보를 얻을 수 있다. 여러 정보를 종합적으로 판단해서 시장에서 성공할 수 있는 아이템을 찾길 바란다. 그래서 1인 기업으로 시작한 스몰 브랜드가 언젠가 빅 브랜드로 성장하길 기대해 본다.

DAY 14

비교 경쟁사는 어디서 찾을까

A "온라인 글쓰기 강좌가 많아졌는데, 에세이 저자인 나도 글쓰기 강사로 창업해 볼까?"

B "글쓰기 전문 강사는 기술 창업에서 교육 지식서비스업에 포함돼. 책은 앞으로도 꾸준히 쓸 거니까 그동안의 글쓰기 경험으로 부수입을 만드는 것도 괜찮겠네. 그런데 글쓰기 강의도 여러 종류가 있잖아?
블로그, 브런치(Brunch)처럼 특정 플랫폼에 맞는 글쓰기가 있고, 전자책이나 종이책으로 출간하는 글쓰기도 있고... 어떤 글쓰기 강의를 하고 싶은지 먼저 정해야 할 것 같아."

A "아직 진지하게 고민해 보진 않았어. 101클래스(https://class101.net/), 패스트 캠퍼스(https://fastcampus.co.kr/) 같은 강의 플랫폼에 온라인 글쓰기 강좌가 여러 개 있더라고. 도서관이나 문화센터에서 진행하는 오프라인 강좌도 있고... 여러 강좌를 꼼꼼히 살펴보고 나만의 차별 포인트를 찾아야겠어."

B “맞아, 온라인으로 할지 오프라인으로 할지 정하고, 글쓰기 강좌 8~10곳을 먼저 찾아봐. 제품이든 서비스든 창업 아이템의 방향을 정할 때 경쟁사나 경쟁 브랜드 조사를 꼭 해야 해.
경쟁사 조사를 하다 보면 미처 알지 못했던 유용한 정보를 더 많이 알게 돼. 초창기부터 지금까지 운영이 잘 된 곳은 그 변화 과정을 보면서 시장 흐름을 파악할 수도 있고.”

A “알았어, 이제 본격적으로 경쟁사나 경쟁 브랜드를 찾아야겠네. 경쟁사 각각의 강점과 약점을 파악해서 나만의 포지션(Position)을 찾아야겠어.”

유사한 카테고리의 경쟁 브랜드 찾기

온라인 시장이 커질수록 방대한 데이터는 계속 축적된다. 찾으려고만 하면 엄청 쉽고 빠르게 원하는 정보를 얻을 수 있다. 경쟁사 정보도 마찬가지다. 생각보다 많은 정보가 온라인에 공개되어서 키워드 검색으로 해당 아이템의 인기 브랜드를 1~10위까지 추천해 준다. 그중에서 아이템의 디자인과 기능을 파악한 후, 5~6개 브랜드를 선별해서 경쟁사 또는 경쟁 브랜드의 동향을 알아보는 방법이 있다.

- **네이버 쇼핑** [https://shopping.naver.com/]

관심 있는 아이템 하나를 검색해 보자. 쇼핑 키워드를 기준으로 전반적인 시장 흐름을 예측할 수 있기 때문이다. 예를 들어, 쇼핑 키워드를 ‘가림막 커튼’이라고 입력하면 카테고리, 브랜드,

소재, 디테일, 가격, 배송/혜택/색상 등의 내용이 상단에 나열되어 있다. '쇼핑 연관' 탭에서는 어떤 연관 키워드들이 있는지 보여준다. 가리개 커튼, 숏(Short) 커튼, 주방 가리개 커튼, 공간 분리 커튼, 작은 창 커튼 등의 키워드가 상단에 나와 있어서 상품명을 정할 때 참고하면 좋다.

여러 정보 중에서 브랜드를 조금 더 집중해서 찾아보자. 쇼핑 초기 화면에서 조금 더 하단으로 내려오면 오른쪽 편에 '인기 브랜드' 리스트가 보이고, 1~10위 브랜드의 일간, 주간별 동향을 확인할 수 있다. 키워드 '가림막 커튼'과 연관된 10개의 인기 브랜드는 그린나래, 인파스텔, 리빙잇, 디자인데코, 맨드롱, 상상후, 앤코튼, 제이홈, 바자르, 마리하우스(2021년 11월 4일 기준)였다. 이렇게 1차 경쟁 브랜드를 찾았으면, 각 브랜드를 클릭해서 현재 판매하고 있는 상품을 살펴보자.

상품을 직접 제조하는 곳도 있고 중국 제조사에서 가져오는 곳도 있다. 여기서 창업자가 기획하는 상품과 비슷한 2차 경쟁 브랜드, 4~5곳을 다시 선별하자. 국내 자체 제작 상품을 고려하고 있다면, 해외 제조사인 곳을 제외하면 된다. 반면 해외 제조사에서 낮은 가격으로 상품을 가져오는 방식을 고려한다면, 비슷한 경로를 취한 경쟁 브랜드를 선별한다. 선별한 경쟁 브랜드의 벤치마킹은 뒤쪽의 '체크리스트 작성' 파트에서 상세히 보도록 하자.

- **판다 랭크** [https://pandarank.net/]

판다 랭크에서는 키워드 분석과 상품 분석뿐만 아니라 상위 랭킹 브랜드까지 알려준다. 고객들이 각 브랜드의 상품을 얼마나 검색하는지, 그 상품이 얼마에 판매되며 최근 6개월 동안 얼마나 팔리는지 찾아볼 수 있다. 판다 랭크의 키워드 분석에 '맨드롱 가림막 커튼'처럼 브랜드명과 상품 키워드를 함께 입력해 보자. 그러면 동일 브랜드의 같은 상품 키워드라도 '실시간 상위 랭킹 상품'을 확인할 수 있다. 상위 랭킹 상품별로 누적 판매량과 상품 후기를 보면서 '고객이 왜 이 상품을 선호하는지' 파악하자. 기능, 품질, 가격, 디자인 등 고객이 선호하는 이유가 있을 것이다. 이런 분석 과정을 통해 창업 아이템에 대한 아이디어를 더 구체적으로 다듬을 수 있다면 부지런히 찾아야 하지 않겠는가.

[그림27] **판다 랭크, 실시간 상위 랭킹 상품 보기**

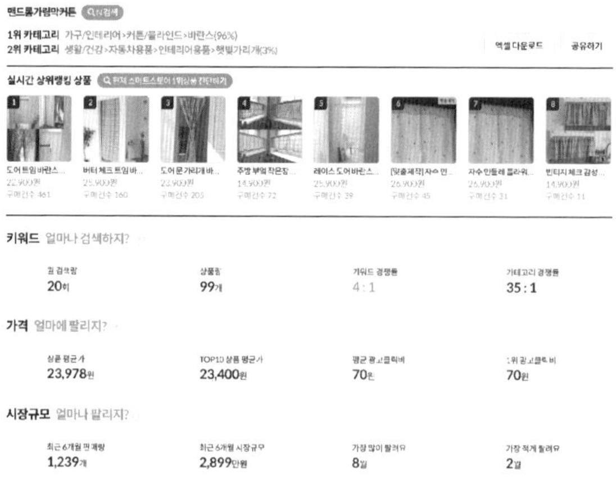

SNS 해시태그로 경쟁 브랜드 찾기

네이버, 카카오, 쿠팡과 같은 대형 플랫폼에 입점한 브랜드는 판다 랭크나 아이템 스카우트에서 검색된다. 하지만 아직 스몰 브랜드이거나 대형 쇼핑 플랫폼에 입점하지 않은 브랜드는 별도의 경로로 찾아보아야 한다. 그나마 쉬운 방법이 SNS 해시태그(Hashtag)로 찾는 방법이다. 해시태그는 소셜 네트워크 서비스(SNS)에서 사용되는 태그로, # 기호 뒤에 특정 단어를 쓰면 그 단어에 대한 게시물을 별도로 분류하는 기능이다. #자연 #그린테리어와 같은 해시태그를 SNS 검색창에 입력하면 그 주제에 관심 있는 사람들이 게시물을 쉽게 찾도록 도와준다.

반면, 비즈니스 채널에서는 해시태그를 브랜드 홍보용으로 사용한다. 브랜드에서 사용하는 해시태그는 어떤 종류가 있을까. 일반적으로 해시태그 유형은 5가지로 나뉜다. 사업장 위치를 나타내는 해시태그(#홍대입구), 브랜드 인지도를 높이는 해시태그(#일러스트레이션), 틈새시장 해시태그(#하나하나무니무니), 캠페인 해시태그(#지구를지키는작은실천), 제품 기반 해시태그(#패브릭포스터, #책스타그램), 인기 있는 주제 해시태그(#멋스타그램) 등이다. 비즈니스 계정을 관리하고 있다면, SNS 게시물에 브랜드나 제품과 연관된 해시태그를 추가해서 더 많은 잠재 고객에게 도달하도록 해야 한다.

인스타그램에서 경쟁사를 찾기 위해 제품 해시태그나 틈새시장 해시태그를 검색해 보자. 이전에 쇼핑 플랫폼에서 찾았던 #가림막커튼 #작은창커튼 #차박커튼을 검색해 보면, 다양한 공간에서 제품을 사용한 이미지를 찾을 수 있다. 사진과 동영상 게시물 중에서 '좋아요'와 댓글로 선호도가 높은 제품을 찾아서 '아이템 기획_경쟁사조사' 컴퓨터 폴더에 자료로 넣어두자. 나중에 제품 상세페이지를 만들 때 참고할 수 있기 때문이다.

다음으로는 제품의 틈새시장 해시태그를 검색해 보자. 예를 들어, #일러스트커튼 #포인트커튼으로 경쟁 브랜드를 찾을 수 있다. 인스타그램 팔로워 수가 많은 브랜드인 경우는 썸트렌드(https://some.co.kr/)에서 언급량, 연관어, 긍정·부정의 소셜 분석을 해서 고객들이 인지하는 브랜드에 대한 이미지를 파악할 수 있다.

[그림28] 썸트렌드, 경쟁사 브랜드에 대한 연관어 분석

[그림29] 썸트렌드, 경쟁사 브랜드에 대한 긍정·부정어 분석

경쟁사를 파악하는 일은 시장 동향을 파악하는 일에 속한다. 네이버나 카카오의 검색어 트렌드로 시장의 흐름과 추이를 예측할 수 있게 되었다. 특정 상품의 매출 규모까지 파악할 수 있으니 얼마나 편리한가. 사람들이 더 많이 검색한 상품은 그만큼 인기 있다는 뜻이다. 쇼핑 플랫폼뿐만 아니라, SNS 해시태그로 경쟁사를 찾아서 고객 반응과 평가를 살펴보는 일도 빠뜨려서는 안 된다. 수요 자체가 없는 아이템은 시장성이 낮기 때문에 필히 경쟁사에 대한 조사와 분석을 통해 아이템에 대한 안목을 길러야 한다.

DAY 15

분석만 잘해도 방향이 잡힌다

경쟁사 분석은 어떻게 하나

경쟁사 분석은 왜 해야 할까. 완전히 새로운 것을 개발한다면 경쟁사가 아직 없을 수 있다. 하지만 유사한 분야의 경쟁사를 찾고 분석함으로써 창업에 대한 방향을 잡을 수 있다. 상대 경쟁사의 강점과 약점을 명확히 알고 그들의 전략을 파악한다면 이제 시작하는 신생기업이라도 방향이 보일 것이다. 경쟁사 분석을 통해 창업 아이템을 차별화하고, 시장 경쟁에 대비한 성공 전략을 세워보자.

경쟁사 분석에서 가장 많이 사용하는 도구는 스왓(SWOT) 분석이다. 강점(Strength), 약점(Weakness), 기회(Opportunity), 위협(Threat), 4가지 지표로 경쟁사를 분석하는 방법이다. SWOT 분석은 기획과 마케팅 단계에서 경쟁사를 분석할 때 사용한다. 그뿐만 아니라 자사의 아이템 또는 아이덴티티(Identity, 정체성)를 분석할 때, 퍼스널 브랜딩의 방향을 정할 때 활용할 수 있다.

[표15] 경쟁사 SWOT 분석과 전략 / 예시

SWOT	K. Brand	D. Brand	KU. Brand
Strength 강점	· 2008년부터 꾸준한 성장 · 패턴 디자인 리빙 브랜드로 안정적 자리매김 · 직접 생산/판매: 유통마진▼	· 꾸준한 성장세 유지 · 패턴 디자인 리빙 브랜드로 급성장 · 트렌디 감성제품으로 자리매김 · 입점 판매처 다수 확장	· 빠른 성장세 유지 · 핸드폰케이스 & 그립톡, 패턴/그래픽디자인 차별화 · 입점처 확대 / 직영 쇼룸
Weakness 약점	· 제조기반 브랜드: 재고 부담 · 상품군 종류 다양화로 유지관리 신경 써야함	· 제품군 종류 다양화: 재고 부담 높아짐 · 고객과의 직접 소통 가능한 오프라인 공간 부재	· 핸드폰 기종의 빠른 변화에 따른 재고 부담 · 상품군 종류 다양화로 유지관리 신경써야함
Opportunity 기회	· 핸드메이드 취미로 자기만의 시간을 보내는 포미족 증가 · DIY Kit 시장 확대 · 이종업계의 협업 증가 · 온라인 커머스 시장 확대	· 와디즈/텀블벅 펀딩 플랫폼 이용고객 증가 · 캠핑템, 인테리어템에 대한 수요 증가 (홈족/캠핑족) · 온라인 커머스 시장 확대	· 퍼스널 브랜딩, 콘텐츠 생산자에 대한 관심 증가 · 마이크로 인플루언서 증가 · 20~30대 1인 가구 증가 · 스몰브랜드의 시장 대응성▲
Threat 위협	· 패턴 디자인 브랜드 증가로 경쟁업체 증가 · 코로나로 인해 주력제품 시장의 경기침체	· O2O(Online to Offline) 서비스 다변화	· ESG(Environment, Social, Governance) 경영에 대한 소비자 인식 증가로 이탈고객 가능성
전략	(1) SO 전략: 직접 생산/판매하는 DIY Kit 개발 (2) WT 전략: 제품 재고보다 부담적은 원단 판매로 인테리어 시장 접근	SO 전략: (1) 트렌디한 감성으로 캠핑템, 인테리어템 겸용 가능한 아이템 공략 (2) 펀딩 플랫폼을 통해 신제품 홍보+마케팅+판매 통합전략	SO 전략: (1) 세련된 도시 감성을 담은 1인 가구 라이프스타일 제안 (2) 퍼스널 브랜딩을 더 확고히 구축해 잠재 고객 확보

SWOT의 4가지 비교지표 중 강점과 약점은 내부 환경에 의한 요인이다. 반면, 기회와 위협은 외부 환경에 의한 요인이다. 아직 SWOT 분석을 해보지 않았다면, 지금 4개의 칸을 만들어 채워보도록 하자. 내부적인 강점과 약점을 정리하는 일은 쉬운데, 외부적인 기회와 위협을 바로 정리하기는 어려울 수 있다. 왜냐하면 외부 요인은 소비 트렌드, 정부 지원정책, 금리, 시장 성장률처럼 개인이 통제 가능한 영역이 아니다. 뉴스나 기사 검색, 통계 자료 등을 조사해야 규정할 수 있는 내용이기 때문이다.

외부적인 요인을 조금 더 살펴보자. 내부 요인은 인력, 실행력, 자금력, 시장에서의 위치를 파악하면 된다. 하지만 외부 요인은 전반적인 시장 흐름을 파악해야 한다. 트렌드를 만드는 사회적, 기술적, 경제적, 환경적, 정치적 거시 환경 변화가 외부 요인을 형성하기 때문이다. 이 외부 요인을 파악하지 않은 채 기회와 위협을 찾아내기란 어렵다.

SWOT 분석의 외부 요인

- **사회적 환경**: 예) 홈 인테리어에 대한 수요 증가, 홈족 증가, 주말 캠핑족 증가, 재택근무 증가.
- **기술적 환경**: 예) 이커머스 시장 확대, 모바일 쇼핑족 증가, 빅 데이터 분석 & SNS 마케팅 비중 증가.
- **경제적 환경**: 예) 가치 소비 확산.

- **생태적 환경**: 예) 자원 고갈, 환경오염, 기후 위기에 대한 캠페인 확산, ESG 경영, 환경부담금 부가.
- **정치적 환경**: 예) 공정무역, 반독점법.

SWOT 분석을 통한 전략 도출은 어떻게 할까

SWOT 분석에서 강점과 약점, 기회와 위협 요인을 정리하고 끝마치면 의미가 없다. 이 내용을 바탕으로 어떠한 계획과 대응을 할 것인지 생각해야 한다. 이미 정리한 4가지 요인을 조합해서 SO, ST, WO, WT와 같은 전략을 도출해 보자.

[표16] **SWOT 분석과 전략**

	Strength 강점	Weakness 약점
Opportunity 기회	SO(강점-기회) 전략	WO(약점-기회) 전략
Threat 위협	ST(강점-위협) 전략	WT(약점-위협) 전략

- **SO(강점-기회) 전략**: 외부 기회를 활용하고 내부 강점을 활용하는 전략
- **ST(강점-위협) 전략**: 외부 위협을 회피하고 내부 강점을 사용하는 전략
- **WO(약점-기회) 전략**: 내부 약점을 극복하고 외부 기회를 활용하는 전략
- **WT(약점-위협) 전략**: 외부 위협을 회피하고 내부 약점을 최소화하는 전략

도출한 SO, ST, WO, WT 중 어느 전략을 활용해야 할까. 초기 창업자에게는 가장 실행력이 높고 가장 부담이 적으면서 시장 변화에 유연하게 대처할 수 있는 전략이 바람직하다. 4가지 모두 가상의 시나리오지만 이 중에서 우선순위를 둔다면, 첫 번째는 강점과 기회를 극대화하는 SO 전략이고 두 번째는 약점과 위협을 최소화하는 WT 전략이다. 중요한 의사결정에서 모든 것을 포함시킬 수는 없다. 모든 역량을 집중해서 강점과 기회를 극대화하는 성공 전략이 중요하다. 강점이 있어야 차별화도 가능하며 고객의 관심과 사랑도 받을 수 있지 않겠는가.

SWOT 분석은 경쟁사의 전략을 분석함으로써 자사의 강점과 약점을 파악하고 새로운 전략을 세우는데 유용하다. 창업 초기에는 여러 가능성을 열어두고 생각하길 바란다. 이미 성장해서 안정기에 들어선 경쟁사를 보면 괜히 위축되기도 하지만, 그 경쟁사들도 시작은 작은 기업, 작은 브랜드로 출발했다. 앞으로의 성장을 위해 현재의 강점과 약점, 기회와 위협 요인을 생각하고, 어떤 SO·WT 전략을 실행할 것인지 계획해 보자.

그런데 무엇을 위해 SWOT 분석을 하는가. SWOT 분석을 할 때 주의할 점은 분석의 목적과 목표를 명확히 정하는 일이다. 분석 목적에 대한 인식이 모호하면 도출된 결과가 적합하지 않을 수 있다. 아이템 기획을 위한 것인지, 마케팅 방법을 찾기 위한 것인지, 사업성과 시장성 파악을 위한 것인지, 목표가 명확해야 정확한 분석이 이루어진다. 분석 목적을 정하고 SWOT 분석을 적용하자.

SWOT 분석이 쓸모없다고 하는 전문가도 있다. 4차 산업혁명 시대에 들어서면서 완전히 새로운 업종이 생겨나고 있기 때문이다. 이런 경우엔 전혀 다른 업종일지라도 참고할 만한 강점과 약점을 분석해서 결합하는 방식을 권한다. SWOT 분석이 빠르게 변하는 시장에 적합하지 않을 수 있지만, 생각을 정리하고 방향을 정할 때 도움 되는 분석 도구임에 틀림없다. 어떤 방법으로든 가능성을 찾아 새로운 비즈니스를 창출하는 기회를 만들어 보자.

DAY 16

돈이 되는 벤치마킹, 체크리스트

벤치마킹(Benchmarking)이란?

A "아이템 기획하는 일이 단번에 되진 않네! 그래도 한 단계 한 단계 준비하면 더 잘 준비할 수 있겠지? 지피지기, '적을 알고 나를 알아야 한다'고 말해줘서 SWOT 분석을 먼저 해봤어. 그런데 더 상세한 분석이 있어야 할 것 같아. 조금 더 구체적으로 아이템을 기획하려면 무얼 해야지?"

B "벤치마킹(Benchmarking)이란 말, 들어봤지? 이것도 지피지기에 해당하는 방법이야. 다른 제품이나 서비스를 자세히 분석한 후, 내가 만들 상품을 계획하는 방법이지. 할 수 있다면 그 제품이나 서비스를 만든 창업자에 대해서도 찾아보는 게 좋아. 창업자가 지닌 능력이 그 아이템의 성패를 좌우하는 요인이 되기도 하니까.

원래의 벤치마크(Benchmark)는 측정의 기준점을 뜻해. 그래서 벤치마킹은 어떤 기업이 다른 기업의 제품이나 서비스 특징을 비교 분석해서 그 장·단점을 보고 배우는 전략이라고 할 수 있어. 창업 초기, 정말 아무것도 모르는 상태에서는 뭘 해야 할지 몰라서 갈팡질팡하기도 해. 그런 경우, 내 제품, 내 서비스, 내 브랜드를 만드는 과정에서 벤치마킹이 반드시 필요해."

A "아, 그런 방법이 있었구나! 그런데 벤치마킹하려면 비교 지표, 즉 기준점이 있어야 하잖아?"

B "맞아, 비교할 기준이 필요해. 예를 들어, 제품 브랜드에서는 제품 종류, 판매량, 가격, 매출 규모, 유통 경로, 콘셉트, 슬로건, 고객 특징 등을 비교 기준으로 할 수 있어. 또한 고객의 온라인 후기가 많은지 적은지, 긍정적인지 부정적인지도 비교 기준에 넣어도 돼. 어떤 창업자는 경쟁사 후기에서 고객이 남긴 불편사항을 보고 아이디어를 얻어서 틈새시장을 공략한 경우도 있어."

A "하나씩 알아갈수록 재미있네.
벤치마킹, 어떻게 해야 하는지 얼른 알려줘."

B "서두르지 말고 차근차근해야 해. 대략적인 과정은 크게 세 단계로 나눌 수 있어. 첫 번째, 벤치마킹할 경쟁사를 어떤 항목으로 비교할지 그 기준을 정해. 예를 들자면, 제품이나 서비스의 주요 정보인 상품명, 특징, 가격, 타깃 고객이 그런 기준이라고 볼 수 있어. 두 번째, 인터넷 검색을 통해 3~4개 경쟁사를 찾아. 마지막 세 번째, 조사할 비교 기준에 대해 각 경쟁사의 정보를 찾고 그 내용을 표로 정리해 봐."

A "이렇게 유용한 방법을 알려주다니, 고마워!
빨리 가서 벤치마킹 조사해야겠다."

B "벤치마킹만 잘 해도 돈이 벌린다고 하잖아. 유사한 업종이든, 서로 다른 업종이든, 다른 기업의 특징과 현황을 꼼꼼히 분석하면 창업자(나)만의 차별화 전략을 찾을 수 있어."

벤치마킹은 그대로 베끼는 일이 아니다

다른 제품이나 서비스를 면밀히 분석해서 독창적인 차별성을 찾아야 한다. 유사한 아이템이라면 경쟁 브랜드의 가격은 어느 정도인지, 타깃 층의 연령·직업·소득·취향은 무엇인지, 상품의 특성은 무엇인지, 유통과 마케팅은 어떻게 하는지 등을 면밀히 조사해야 한다. 잠재 고객이 비슷하다면 그들이 필요로 하는 것과 좋아하는 것이 무엇이고, 어떤 행태(Behavior) 특성이 있는지, 그 내용을 취합하기만 해도 큰 정보가 된다. 따라서 어떤 항목을 기준으로 조사·분석할 것인가, 이것이 벤치마킹에서 중요하다. 조사할 기준을 정해야 경쟁사 간의 비교, 자사와 경쟁사 간의 비교를 할 수 있지 않겠는가.

기존에 잘 팔리는 상품에는 분명히 이유가 있고, 안 팔리는 상품에도 명백한 이유가 있다. 잘 팔리는 상품은 '왜 잘 팔리는지' 분석하고, 안 팔리는 상품은 '왜 안 팔리는지' 분석해 보자. 그것이 사람의 문제인지, 상품의 문제인지, 가격의 문제인지, 뾰족한 답이 나오는 것은 아니다. 하지만 기존의 제품과 서비스를 비교 체크리스트로 정리해 보면 새로운 차별점이 보일 것이다.

무엇을 구체적으로 조사해야 할까

온라인 강의를 준비하고 있는 창업자라면 무엇을 먼저 조사해야 할까. 첫 번째는 시장성이 있는지, 두 번째는 무엇으로 차별성을 둘 것인지 조사해야 한다. 벤치마킹은 이 차별성을 찾기 위함이다. 아무런 정보도 없이 강의를 개설하기보다는 좋은 온라인 강의를 분석한 후 시작하는 것이 훨씬 효과적이다. 벤치마킹을 통해 잘 운영되는 온라인 강의의 강점을 분석하고, 새롭게 개설할 온라인 강의에 그 강점을 적용해 보자. 다만, 거기에 창업자만의 참신한 것을 추가하는 것이 꼭 필요하다.

벤치마킹으로 조사할 강의는 어떻게 선별해야 할까. 벤치마킹 대상을 고를 때 고려할 점이 있다. 비슷한 주제의 강의, 운영이 잘 되고 있는 강의, 사람들에게 많이 알려진 강의를 우선적으로 찾자. 온라인 강의에서 방문자와 수강생이 많은 강좌는 이유가 있기 마련이다. 다음으로는, 비슷한 주제는 아니더라도 배울 점이 있는 온라인 강의를 찾아보자. 또한 타깃 연령이 비슷한 온라인 강의를 찾아 참고하는 것도 도움이 된다.

벤치마킹 대상을 정했다면 조사 항목을 정해보자. 이 조사 항목은 새로운 아이템을 만들 때 실질적으로 참고할 정보이다. 온라인 강의를 준비한다면, 강좌명, 강사명, 강의 진행 방식, 수강 기간, 장소 및 일정, 수강 대상(주요 연령 및 특징), 수강 인원, 수강료, 커리큘럼, 최종 성과, 수강생 후기 등이 조사 항목이 된다. 이 항목들은 온라인 강의를 개설할 때 미리 계획하는 내용이기도 하다. 필요한 조사항목들을 하나씩 적고, 벤치마킹 대상을 최소 3~4개, 최대 8~10개 선정해서 비교 분석 표를 만들자. 운영이 잘 되는 강의의 장점과 함께 보완할 점까지 파악하면 더욱 좋다. 보완할 사항은 더 나은 개선점을 연구해서 차별화 전략에 반영하도록 하자.

[표17] 온라인 강의 벤치마킹, 비교 분석

조사 항목	A	B	C	D	E	F	G	H
강의명								
강사								
진행방식 (온/오프라인)								
수강 기간								
수강 대상 (주요 연령/특징)								
수강 인원								
수강료								
커리큘럼 내용 (1회/4회/8회)								
최종 성과								
수강생 후기								
총 평 (장/단점)	☆☆☆☆☆	☆☆☆☆☆	☆☆☆☆☆	☆☆☆☆☆	☆☆☆☆☆	☆☆☆☆☆	☆☆☆☆☆	☆☆☆☆☆
창업자 (나)만의 차별화								

무형의 서비스인 온라인 강의처럼 유형의 제품도 동일한 벤치마킹 과정을 거친다. 제품 브랜드의 경우, 조사 항목은 소비자 구매에 영향을 주는 요인과 제품 판매에서 고려할 사항들이다. 조사 항목들을 먼저 일렬로 적고, 다른 쪽에는 경쟁 브랜드를 하나씩 적어보자. 어떤 조사 항목들이 있을까. 상품명, 상품 카테고리, 상품 가격, 콘셉트, 디자인, 주요 타깃, 판매 채널, 홍보 방법, 배송 방법, 포장 방법, 배송 기간, 반품 및 환불 기준, 고객 후기, 6개월 판매량 또는 예상 매출 등. 온라인 검색을 통해 찾을 수 있는 정보를 모두 적어보자. 이런 조사 과정을 통해 새로운 제품을 만들 때 무엇을 결정해야 할지 알게 된다.

경쟁 브랜드의 비교 분석 표를 모두 채웠는가. 이제는 론칭 브랜드에 대한 내용을 채워볼 차례이다. 핸드메이드 브랜드에서 고객 이니셜을 새겨 넣는 '옵션형 주문 제작'을 차별화 전략으로 넣을 수 있다. 유기농 가공식품 브랜드에서는 친환경 패키지로 디자인 차별화를 줄 수 있다. 이런 차별화 전략이 나오기까지 벤치마킹이 귀찮은 과정일 수 있다. 그렇지만 꼼꼼한 분석을 통해 제품이나 서비스를 더 디테일하게 만들 수 있는 장점이 있다. 결국, 성공하는 창업을 하려는 것이 아닌가. '작은 것이 큰 차이를 만든다'는 광고 카피처럼, 이러한 과정을 거친 것과 아닌 것은 성공과 실패를 좌우하는 일이 될 수 있다.

[표18] 브랜드 벤치마킹, 비교 분석

조사 항목	A 브랜드	B 브랜드	C 브랜드	D 브랜드	론칭 브랜드
브랜드명 의미					
창업년도					
상품명					
상품 카테고리					
상품별 가격					
콘셉트					
디자인					
주요 타깃					
판매 채널					
홍보 방법					
배송 방법					
포장 방법					
배송 기간					
반품 및 환불 기준					
고객 후기					
6개월 판매량/매출					
장점					
단점					
창업자 (나)만의 차별화					

DAY 17

벤치마킹을 적극적으로 활용하자

차별화 요소를 추가하자

벤치마킹이란 경쟁사를 그대로 따라 하는 일이 아니다. 잘 되는 A 음식점 메뉴를 B 음식점이 똑같이 따라서 한다고 해서 A처럼 되리란 보장은 없다. 경쟁사의 장·단점을 파악한 벤치마킹을 통해 새로운 메뉴를 개발해야 한다. 특히 1인 창업의 경우 창업자의 특징을 담는 차별화 요소가 필요하다. 제품과 서비스에 차별화 요소를 더하면 자연스럽게 브랜드 아이덴티티(정체성, Identity)를 구축할 수 있다.

무엇을 강조할 것인가. 비슷한 상품들 중에서 경쟁우위를 차지하려면 미묘한 무언가 달라야 한다. 아주 작은 변화가 고객에게 특별한 매력으로 다가갈 수 있다. 신기술, 신소재처럼 많은 시간과 비용이 투여되는 요소보다는 쉽게 차별화할 수 있는 요소를 찾도록 하자. 예를 들어, 농수산 식품에서 맛과 건강은 기본이고, 언제 어디서나 편리하게 먹을 수 있는 휴대성까지 갖춘다면 더 많은 고객을 확보할 수 있다. 너무 어렵게 접근하지 말고 고객의 마음을 움직일 수 있는 단 한 가지, 그것으로 충분하다.

무엇을 다르게 할 것인가

• 매력적인 가격

가격이 차별 요소가 될 수 있다. 경쟁이 치열한 온라인 시장에서 최저 가격은 고객에게 매력적인 요인임에 틀림없다. 경쟁사를 비교해 보면 이미 시장에서 형성된 가격이 존재한다. 국내에서 유사한 소재와 제작 방식으로 만든 제품은 원자재비, 부자재비, 제작 단가, 물류비용 등에서 큰 차이가 없다. 그렇기 때문에 가격이 비슷한 것이다. 반면, 비슷한 제품인데 가격이 낮은 경우는 대량생산으로 제작비를 낮추거나 판매자 마진율을 낮추면 가능해진다. 그렇지만 처음부터 대량생산하거나 마진율을 너무 낮게 책정해서 위험 부담을 높일 필요가 없다.

고객은 가격만으로 제품을 구매하진 않는다. 인증을 받은 소재, 디테일에 신경 쓴 디자인과 품질, 브랜드가 지향하는 가치와 철학 등. 그런 것에 매료된 고객은 그만큼의 비용을 지불할 의사가 있다. 그래서 지금 정한 가격이 합당한지 고민해 봐야 한다.

낮은 가격이 고객의 진입 장벽을 낮춰줄 순 있지만, 창업자에게도 적정한 가격이어야 오랫동안 사업 유지가 가능하기 때문이다.

경쟁 제품에 없는 기능

기존 제품에 새로운 기능을 추가해서 차별화할 수 있다. 아주 소소한 기능 하나만 추가해도 제품 업그레이드가 된다. 제품뿐만 아니라 서비스도 다른 곳에서 하지 않는 혜택을 추가하는 방법이 있다. 전혀 어렵게 생각하지 마라. 예를 들어, 버튼 하나로 책상 높낮이를 조절하게 만들거나, 암체어(Arm Chair) 커버를 쉽게 교체해서 세탁할 수 있도록 하는 기능은 그리 어렵지 않다. 고객의 불만이나 불편사항에 귀 기울여 누가 먼저 해결안을 찾고 발 빠르게 실행하느냐의 문제이다.

작은 아이디어 한 가지만 있어도 충분하다. 하나의 제품을 여러 용도로 활용할 수 있을 때 고객의 선택 폭이 넓어진다. 주 용도가 인테리어 커튼인 상품을, 상부뿐만 아니라 하부에도 동일한 마감 처리를 했을 때 식탁보와 베드 스프레드(Bed Spread, 이불과 베개를 가리는 장식용 덮개 이불)로 사용할 수 있게 된다. 이러한 새로운 기능 추가가 갑작스러운 매출로 연결되지 않더라도, 누군가는 작은 차이 하나로 제품을 구매할 수 있다.

색상만 바꿔도 멋진 디자인

색상만 달라도 제품이 달라 보인다. 혁신적인 제품이 아니라면 대부분의 제품 형태에 커다란 차이가 없다. 매일 사용하는 컵과 접시, 이불과 베개, 가방과 지갑을 떠올려보라. 타깃층이 선호하는 트렌디한 색상만 바꿔도 고객들은 새롭게 인식한다. 어떤 색상을 고를지 자신 없다고 걱정하지 말자. 패션 트렌드 컬러, 인테리어 트렌드 컬러, 팬톤 트렌드 컬러와 같은 레퍼런스(참고 자료, Reference)를 적극적으로 활용하자. 핀터레스트(https://www.pinterest.co.kr), 디자인 시드(https://www.design-seeds.com)에서 컬러 콤비네이션(Color Combination)을 참조해도 좋다.

여러 제품군(Line-Up)을 가지고 있는 브랜드는 전체 컬러 톤을 일관성 있게 유지하는 것이 바람직하다. 쉬운 예로, 비비드(Vivid) 톤을 적용한다면 채도 높은 강한 컬러들을 선별해서 통일성을 줄 수 있다. 매년 새로운 제품이 출시되어도 고객은 컬러 톤으로 브랜드를 식별하게 된다. 그래서 색상처럼 간단한 디자인 요소는 얼마든지 차별화 요소로 시도해 볼 만하지 않은가.

제품을 돋보이게 하는 사진 이미지

사진 이미지 한 장으로 사람들의 관심을 증대시킬 수 있다. 같은 제품이라도 어떻게 보여주느냐에 따라 고객 반응이 달라진다. 비슷한 경험을 들자면, 유튜브 섬네일(Thumnail, 대표 이미지)만

보고 영상 재생을 해봤을 것이다. 그만큼 섬네일은 고객을 즉각적으로 끌어들이는데 중요한 역할을 한다. 그렇기 때문에 고객의 궁금증을 유발하거나 눈에 띄는 구도와 색감으로 이미지를 만드는 일이 중요하다.

사진 촬영을 할 때에는 제품을 돋보이게 하는 스타일링(Styling)에 정성을 들여야 한다. 배경 없이 제품만 놓고 찍는 컷(Cut, 장면)보다는 일상에서 용도를 보여주는 연출 컷에 제품의 매력이 드러나야 한다. 사진을 찍는 궁극적인 목표는 고객이 구매하고 싶은 마음이 생기도록 하는 데 있다. 경쟁사의 제품 사진 이미지를 분석하고, 핀터레스트에서 관련된 사진 이미지를 참조해서 사진 촬영 콘셉트를 미리 계획해야 한다. 필요한 경우엔 사진 스튜디오가 아닌 특정한 장소를 섭외하기도 한다. 제한된 시간과 비용에서 원하는 사진 이미지를 얻으려면 꼼꼼한 계획과 실행이 해답이다.

다양한 선택이 가능한 제품 구성

제품 구성은 제품 믹스(Mix), 제품 배합을 뜻한다. 제품 믹스를 결정짓는 요인은 제품의 라인 수(Line-Up), 각 라인의 제품 수와 유형, 제품의 연관성이다. 예를 들어, 패턴 디자인으로 핸드폰 케이스, 그립 톡(Grip-Tok), 키 링(Key Ring)을 만든 경우 제품 라인은 3개이다. 각 라인별로 6가지 디자인이 있다면 총 18개 제품을 제작하고 판매하게 된다. 같은 디자인인데 크기가 다른 타입을 만든 경우엔 더 많은 제품이 생긴다. 하지만 제품 수가 적어도 '제품 라인이 얼마나 밀접한 연관성으로 생산·유통·사용되는가' 하는 점이 중요하다.

판매가 잘 되고 있는 핸드폰 케이스와 그립 톡이 있다고 가정해 보자. 판매 촉진을 위해 특별 이벤트를 기획한다면, 두 제품을 세트 상품으로 구성해 볼 수 있다. 고객 입장에서는 각각의 제품뿐만 아니라 여러 개를 함께 구입할 수 있는 세트 상품(+5% 할인 적용)이 있을 때 선택 폭이 넓어져 더 큰 관심을 갖게 된다. 판매자 입장에서는 세트 상품을 선물용으로도 홍보해 판매를 촉진시킬 수 있다. 다양한 선택이 가능하도록 제품 구성을 해놓으면 고객의 구매 여정을 흥미롭게 만든다.

이제까지 설명한 가격, 기능, 디자인, 이미지, 제품 구성은 쉽게 접근할 수 있는 차별화 요소이다. 이미 시장에 나와 있는 수많은 제품과 완전히 다른, 혁신적인 제품을 만들기는 쉽지 않다. 그래도 작은 변화를 주어 제품과 서비스를 차별화할 수 있다면 실행해 볼 만하다. 아예 차별화가 없는 상태에서는 실패할 확률이 높아진다. 그렇기 때문에 '어떻게 차별화할 것인가' 고민하도록 하자. 관점을 바꾸면 생각이 바뀌고, 생각을 바꾸면 결과가 달라진다.

DAY 18

나의 고객을 정확히 알자

잠재 고객을 왜 찾아야 하는가

예비·초기창업자는 고객을 찾는 일이 막막하다. 하루에도 수많은 제품과 서비스가 생겨나는데, 어떻게 금세 고객이 생기겠는가. 구체적인 아이템을 출시하기 전부터 잠재 고객을 염두에 두어야 한다. 갑작스럽게 등장하기보다는 아이템 기획 이전부터 그 과정을 SNS 채널에 기록해 보자. 창업에 대한 고민, 아이템에 대한 고민을 기록하고 공유하면서 잠재 고객을 만날 수 있다. 때론 그들과 꾸준히 교류하다 보면 새로운 아이디어를 얻기도 한다. 고객과 함께 이러한 여정을 담을 수 있는 매체로는 유튜브, 블로그, 인스타그램, 페이스북, 브런치와 같은 온라인 채널들이다.

온라인 세상에서도 결이 비슷하거나 관심사가 비슷한 사람들끼리 만난다. 오프라인 세상에서도 서로 통하는 사람들과 인연이 되는데, 온라인 세상에서도 마찬가지다. 하지만 온라인에서는 시간과 장소의 제한이 사라지고, 서로 연결된 네트워크로 인해 확장성이 더 크다. 아직 무엇을 할지 결정하지 않았어도, 진심이 통하는 누군가는 의견을 주고 응원해 준다. '좋아요' 공감을 보낸 잠재 고객들과 함께 만들어가는 제품과 서비스는 이미 응원하는 팬이 생겼기 때문에 판매하기가 쉬워진다. 창업 초창기, 아무것도 없는 시절부터 팬과 함께 성장해가는 일은 무척이나 드라마틱 하다.

창업한지 만 4년이 되던 해, 코로나19 팬데믹이 발생하기 전까지는 고객을 찾는 방법을 몰랐었다. 어떻게 고객을 찾아갈지, 그들과 무엇을 해야 할지 전혀 무지한 상태였다. 주력 상품이었던 관광문화상품의 특성을 활용해 B2B(Business to Business) 고객을 대상으로 나라장터, 학교장터에서 판매했기 때문이다. 나라장터 종합 쇼핑몰(http://shopping.g2b.go.kr)은 조달청에서 운영하는 곳이고, 학교장터(https://www.s2b.kr/)는 교육기관 전자조달시스템이다. 나라장터와 학교장터에서는 판매기관과 구매기관이 온라인에서 빠르게 물건을 사고팔 수 있는 장점이 있다. 현재 5,743만 구매기관과 40만 판매기업이 전자조달시스템을 이용하고 있으며, 입찰공고부터 전자입찰, 전자계약, 대금 지급까지 모두 온라인에서 이루어지고 있다. B2B 판매를 중점적으로 하려면 공공구매 사이트를 이용해 보길 권한다.

고객을 적극적으로 찾는 동기는 절실함이다

지금도 공공기관에서는 공공구매 사이트를 통해 필요한 물품이나 서비스를 찾는다. 하지만 관광문화상품을 판매하던 내 경우엔 더 이상 B2B 판매가 없었다. 각종 행사가 줄줄이 취소되어 구매 고객이 한 번에 모두 사라진 것이었다. 게다가 독립적인 온라인 쇼핑몰도 없었고, 브랜드를 알리는 공식적인 SNS 채널도 없었다. 예기치 못한 상황에 전혀 대처할 준비가 안 되었던 것이다. 개인 일상을 드문드문 올리는 SNS 채널은 일기와 같은 기록이어서 마케팅 효과가 거의 없었다.

소 잃고 외양간 고치는 격이지만, 뒤늦게나마 B2C(Business to Customer) 고객을 찾아갈 온라인 채널을 만들었다. 하나도 모르는 상태에서 네이버 블로그를 시작했고, 인스타그램에 새 계정을 만들었다. 소통하지 않는 허상의 이웃보다는 1명의 이웃이어도 진심으로 소통하는 온라인 채널이 당장 필요했다. 늦었다고 생각될 때, 다시 시작해도 결코 늦은 게 아니다. 시간이 지날수록 SNS 이웃이 0에서 50명이 되고 100명, 200명으로 계속 성장할 일만 남았으니 걱정은 붙들어 매어도 된다.

지금 시대에 강력한 소통 도구는 무엇일까. 창업자마다 효과적인 소통 도구는 다르다. 유튜브 영상이 적합한 창업자가 있고, 블로그 글쓰기가 적합한 창업자가 있을 것이다. 어느 것이든 꾸준히 소통하는 일이 중요하고, 가장 큰 장점은 광고비용 1원도 들지 않는다는 사실이다. 일정한 시간만 할애하면 장소의 제한 없이 누구나 할 수 있다. 얼마나 큰 혜택인가. 널리 홍보하려면 광고 비용이 만만치 않은데, SNS는 스마트폰 하나만 있어도 얼마든지 홍보가 가능하다. 검색 기반의 네이버 블로그와 이미지 중심의 인스타그램처럼 각 채널별로 특성이 다르지만, 각각에 맞게 홍보하는 방법을 배워서라도 익혀야 한다.

과거 70~80년대에는 제품의 성능과 품질이 좋으면 바로 판매로 연결되었다. 그때는 대기업의 제품 공급이 주를 이루는 시대였고, 지금은 그때와 완전히 달라졌다. 단지 품질이 좋다고 입소문이 나는 시대는 지났고, 다양한 스토리가 담긴 작은 기업의 제품들이 매일 세상에 등장한다. 작은 기업과 창작자의 제품을 소개하는 카카오 메이커스(Makers), 와디즈(Wadiz), 텀블벅(Tumblbug), 아이디어스(Idus)만 봐도 알 수 있다. 이젠 품질은 기본이고, 고객과 끊임없이 소통하며 공감을 얻는 브랜드가 꾸준히 성장할 것이다. 시대가 바뀌고 고객이 달라졌으면 시장에 대응하는 방법도 달라져야 한다.

입소문을 내줄 첫 고객은 누구인가

홍보와 마케팅의 출발점은 고객이다. 고객에게 알리고 싶은 주제를 선정해서 일관된 메시지를 전해야 한다. 사례 하나를 들자면, #제로웨이스트 #플라스틱프리 #용기내 등이 주목받기 시작할 때 소우주(@mikrokosmos.forest.shop)라는 제로 웨이스트 숍을 오픈한 자매가 있다. 이들은 지속 가능한 삶에 대해 이야기하며, 한 번에 모든 생활습관을 바꾸기보다는 천천히 각자 적용할 수 있는 실천을 해보자고 권한다. 창업하기 전에 콘텐츠 창작자를 지원하는 일을 하며, 기획자로 일했던 경험을 바탕으로 청년창업을 한 것인데, 제로 웨이스트(Zero Waste)는 '멋지고 힙한(Hip) 요즘의 것'이라고 SNS를 통해 알리고 있다.

이곳의 특징은 품질 좋은 제로 웨이스트 제품을 큐레이션(Curation) 해서 판매한다. SNS에서 소개하는 상품은 친환경 재료로 만든 세제, 비누, 수세미, 수건 등 주방용품과 욕실용품이 주를 이루고, 다회용품, 업사이클링 파우치와 같은 제로 웨이스트 제품도 포함되어 있다. 또한 로컬에서 진행하는 환경 캠페인이나 챌린지를 소개하고, 여러 사람이 함께 나눌 수 있는 환경 강연이나 세미나도 진행하고 있다.

제로 웨이스트 숍, 소우주는 시작부터 지향하는 바가 명확했기 때문에 SNS에서 잠재 고객을 찾는 일이 조금 더 수월했다. #제로웨이스트 #플라스틱프리 #자원수거 #재사용 #용기내 #리필스테이션과 같은 키워드를 검색하면 연관된 SNS 계정을 선별할 수 있다. 그러면 그중에서 실제 잠재 고객이 될 사람들은 어떤 사람들일까.

넓게는 제로 웨이스트를 실천 중인 소비자이다. 거기서 조금 더 세분화해서 타깃층 범위를 좁힐 수 있다. 첫 번째 잠재 고객은 2030세대 1인 가구 여성이다. 이들은 SNS 활동을 활발히 하며 트렌드에 민감하고 가치소비를 중요시하는 성향을 지닌다. 두 번째 잠재 고객은 3040세대 자녀가 있는 여성이다. 이들은 임신-출산 과정을 통해 자신뿐만 아니라 아이가 사용해도 안전한 제품을 선호하며, 자녀들이 살아갈 미래 환경에 대해 걱정한다. 그래서 자신의 삶-동네-도시-나라-세계-시대를 변화시킬 수 있다는 '함께의 연대와 실천'을 중요시하는 소비자이기도 하다.

홍보와 마케팅에는 고객 타깃팅이 중요하다. 타깃팅 범위를 명확히 정해야 잠재 고객이 관심을 가질만한 콘텐츠(글, 이미지, 영상)를 SNS에 게시할 것이 아닌가. SNS를 통해 지속적으로 노출하면 잠재 고객에게 메시지가 도달할 것이고, 최종적으로는 제품이나 서비스에 대해 구매 전환을 일으켜야 한다. 그래서 여러 마케팅 서적을 보면 타깃팅을 STP 전략으로 설명한다. STP 전략은 시장 세분화(Segmentation), 타깃 선정(Targeting), 고객 마음속의 위치(Positioning)를 뜻한다.

이것은 인구통계학적, 지리적, 심리적, 행동적 특성을 기준으로 고객을 나누고 쪼개는 일이며, 공략해야 할 목표 시장과 고객의 범위를 정의하는 일이다. STP 전략에서 목표시장과 고객은 최대한 좁혀서 정의하는 것이 효과적이다. 구체적인 나의 고객은 누구일까. 잠재 고객에게 메시지를 전달하려면 그 사람이 누구인지 알아야 가장 좋은 메시지를 보낼 수 있다. 앞 단계에 있는 경쟁사 벤치마킹에서 어떤 사람들이 타깃층이 될지 예측해 볼 수 있다.

[표19] 마케팅을 위한 잠재 고객 구체화하기

변수	개별 고객의 페르소나	핵심 고객 (60~70%)	유사 고객 (30~40%)
지리적 특성	· 거주지, · 관심 영역, · 현재 위치		
인구통계학적 특성	· 연령과 성별, · 직업과 소득, · 결혼 여부와 가족 규모		
심리적 특성	· 관심과 열정, · 동기와 인생 목표, · 행동을 유발하는 가치와 태도		
행동적 특성	· 구매 경로, · 이용하는 미디어, · 제품과 서비스의 용도		
브랜드 (나)의 고객은 누구일까?	예) 자연에서 여유를 찾고 힐링을 얻는 사람들 도심에서 바쁘게 생활하지만 자연을 그리워하는 사람들 디자인 제품이나 서비스에 관심이 많은 사람들 인테리어에 관심이 많고 즐기는 사람들 흔한 제품보다 유니크한 디자이너 제품을 선호하는 사람들		

좀 더 구체적인 잠재 고객을 정해보자. 나이, 직업, 성격과 개성, 취미, 관심사, 직업, 거주 지역, 소비 성향을 반영한 페르소나(Persona)를 설정하면 도움이 된다. 페르소나는 타깃 고객 중에서 다양한 사용자를 대표하는 가상의 인물이다.

주의할 점은 페르소나를 정할 때 빅 데이터 분석과 시장 조사를 통해 근거 있는 설정을 해야 한다는 점이다. 이렇게 더 세분화된 시장과 고객을 찾는다는 것은 포기하고 버려야 할 시장과 고객도 있다는 의미이다. 창업 아이템이 누구를 위한 것인지 명확하게 선택해야 한다. 모두를 위한 아이템은 아무도 만족시킬 수 없고, 타깃이 명확하지 않아 오히려 독이 된다.

DAY 19

찐 팬을 찾아 골수팬 1호로 만드는 법칙

실질적인 고객은 어떻게 찾나

제품과 서비스를 알리려면 적극적으로 고객을 찾아 나서야 한다. SNS 이용률 세계 2위, 그리고 성인 인구 중 95% 이상이 스마트폰을 사용하는 한국. 지금 당장 SNS를 활용해 잠재 고객을 찾을 수 있다. SNS에 하루 10분씩 투자를 해서 1명의 잠재 고객을 찾을 수 있다면 얼마든지 해볼 만하다. 스마트폰 하나로 연결되는 SNS 활동으로 잠재 고객을 쉽게 찾을 수 있는 방법은 무엇일까.

SNS에서 상대방과 연결되기 쉬운 방법은 #해시태그(Hashtag)이다. 2005년 트위터를 사용하던 크리스 메시나(Chris Messina)가 정보들을 쉽게 찾아볼 수 있도록 # 활용을 처음 제안했었다. 그 후 다양한 SNS 이용자들은 자신의 게시물을 홍보하기 위해, 그리고 원하는 정보를 찾기 위해 해시태그를 사용한다. 해시태그를 사용하는 것만으로도 관심사와 취향이 비슷한 사람들과의 연결을 기대할 수 있다.

특히 인스타그램 해시태그는 잠재 고객과 직접 연결되는 통로가 된다. 예를 들어, '방 꾸미기에 관심 있는 1인 가구, 25~34세 여성 직장인'을 어떻게 찾아야 할까. 잠재 고객이 관심 가질만한 키워드를 해시태그로 떠올려보자. 인테리어와 밀접한 #홈인테리어, #집꾸미기, #인테리어그램, #홈데코, #방꾸미기, #방꾸미기그램 등이 검색 키워드일 것이다. 그런데 이 키워드들을 고객뿐만 아니라 인테리어 브랜드에서도 사용한다. 인테리어 브랜드에서 게시한 내용은 시장 조사와 경쟁사 분석에서 벤치마킹하도록 하고, 개인의 일상으로 올린 게시물들을 확인하고 잠재 고객을 찾아야 한다.

잠재 고객을 찾으면 어떻게 해야 할까. 우선은 먼저 팔로우해서 '좋아요' 공감과 댓글을 남기자. 너무 양적으로만 팔로워(Follower)를 늘리지 말고, 한 사람씩 고객을 찾아간다는 마인드로 하는 것이 좋다. 수많은 잠재 고객 중 나(창업자)의 제품과 서비스를 선호할 것 같은 사람들과 소통하다 보면, 첫 구매 고객이 나타난다. 짝사랑처럼 한쪽의 관심만 있다가 어느 순간 진심이 통하면, 상대방도 관심과 호감을 갖게 된다. 결국 SNS에서 쌍방향의 소통은 서로의 결이 맞으면 더 오래간다는 사실! 온라인 세상과 오프라인 세상은 어떤 측면에서는 닮은 점이 많다.

어떤 해시태그 사용이 좋을까

해시태그 입력 방법은 #기호 옆에 단어 또는 이모티콘을 붙여서 사용한다. 숫자는 사용 가능하지만, 공백이나 특수문자는 사용할 수 없다. 그런데 검색을 도와주는 해시태그가 중요한 이유는 뭘까. 주제에 맞는 팔로워를 찾아 소통할 수 있는 시작점이 되기 때문이다. 하지만 해시태그를 공략해서 잠재 고객을 늘리는 방법은 얼마나 자주 소통하느냐, 어떻게 하느냐에 따라 결과가 달라진다. 얼마나 자주 소통하느냐의 문제는 1일 1피드, 1일 2피드처럼 단순하다. 반면, 어떻게 하느냐의 문제는 적절한 해시태그 선정, 톤 앤 매너와 같이 딱 떨어지는 정답이 없어서 쉽지 않다. 다행스럽게도 해시태그를 모아서 추천해 주는 사이트가 있으니 활용해 보자.

태그 파인더 [https://www.tagsfinder.com/ko-kr/]

사람들이 많이 검색하는 해시태그 30개를 추천해 주는 곳이다. '해시태그 입력' 빈칸에 원하는 단어(10개 이내)를 써보자. 예를 들어, '패턴 디자인, 데일리 백'이라고 입력하면 추천해 주는 30개 해시태그가 나온다. 그중에서 연관성이 떨어지는 것은 삭제하고, 새로운 단어를 추가해서 30개 해시태그를 모아보자. 이렇게 추려진 해시태그 모음을 메모장에 붙여놓고, 인스타그램 게시물을 올릴 때 참고할 수 있다. 원하는 해시태그를 사용하면서 인스타그램의 인사이트(프로필 하단에 위치)를 통해 유입 정도를 확인해 보자. 유입 효과가 좋은 해시태그 모음을 사용하면 소통할 수 있는 잠재 고객과 찐팬이 더 늘어난다.

[표20] **태그 파인더, 추천 해시태그 찾기**

검색 예시	추천 해시태그
패턴디자인 (30개)	#패턴디자인 #데일리백 #숄더백 #패턴가방 #텍스타일디자인 #디자인 #데일리 #데일리룩 #일상 #크로스백 #오오티디 #텍스타일 #여성가방 #가방스타그램 #인테리어 #그림 #패턴 #유니크 #패션 #선물 #drawing #painting #patterndesign #ootd #bag #shoulderbag #pattern #textiledesign #dailylook #style
북스타그램 (25개)	#북스타그램 #책스타그램 #책 #독서 #일상 #데일리 #독서스타그램 #독서그램 #글스타그램 #책추천 #감성 #책읽기 #서점 #글 #좋아요 #글귀 #북 #공감 #취미 #좋은글 #직장인 #book #bookstagram #daily #reading

미디언스: 해시태그 랩 [http://tag.mediance.co.kr]

해시태그 분석 서비스를 제공하는 곳이다. 무료 버전은 하루 5개 키워드만 분석할 수 있다. 데이터를 기반으로 해시태그를 분석하고 연관 키워드를 찾아준다. 또한 해시태그의 성장지표, 최근 사용한 해시태그 클라우드, 인기 포스팅 현황을 알 수 있다. 빈 검색창에 분석할 해시태그를 입력해 보자. 해당 키워드에 대한 분석을 시각적으로 보여준다. '인기 포스트 반응 Heat Map'은 '좋아요'와 댓글을 가장 많이 얻는 시간대를 볼 수 있다. '인기 포스트 점유 시간 Heat Map'은 게시물의 점유 시간이 가장 많이 유지되는 시간대를 파악할 수 있다.

'북스타그램' 해시태그가 궁금해서 분석해 봤다. 그랬더니 '태그 월간 추이'에 상승 그래프가 나타났다. 이것은 책에 관심 있는 독자가 많아졌다는 의미이다. 또한 '북스타그램' 해시태그 게시물은 금요일 오전 7~8시에 사람들의 반응이 높았고, 게시물에 대한 점유 시간이 긴 시간대는 토요일 새벽 1~2시로 나타났다. 이 분석 데이터를 응용해서 지금 발행하고 있는 게시물의 시간대를 조정해 보면 좋지 않겠는가. 그뿐만 아니라, 직관적인 통계 자료인 '연관 태그 트리'는 해당 해시태그와 함께 사용할 수 있는 다른 해시태그들을 마인드맵처럼 보여준다. #북스타그램은 #독서스타그램 #하루에한권 #독서 #책스타그램 #책추천 #도서스타그램 #책기록그램 #오늘의책한구절 #긍정sns문화만들기 등의 연관 키워드와 함께 사용하면 게시물 노출이 더 많아질 것이다. 더 많은 잠재 고객과 찐 팬을 만나기 위해서는 적절한 해시태그 사용으로 반응 효과를 극대화해보자.

[그림30] 미디언스, 해시태그 분석

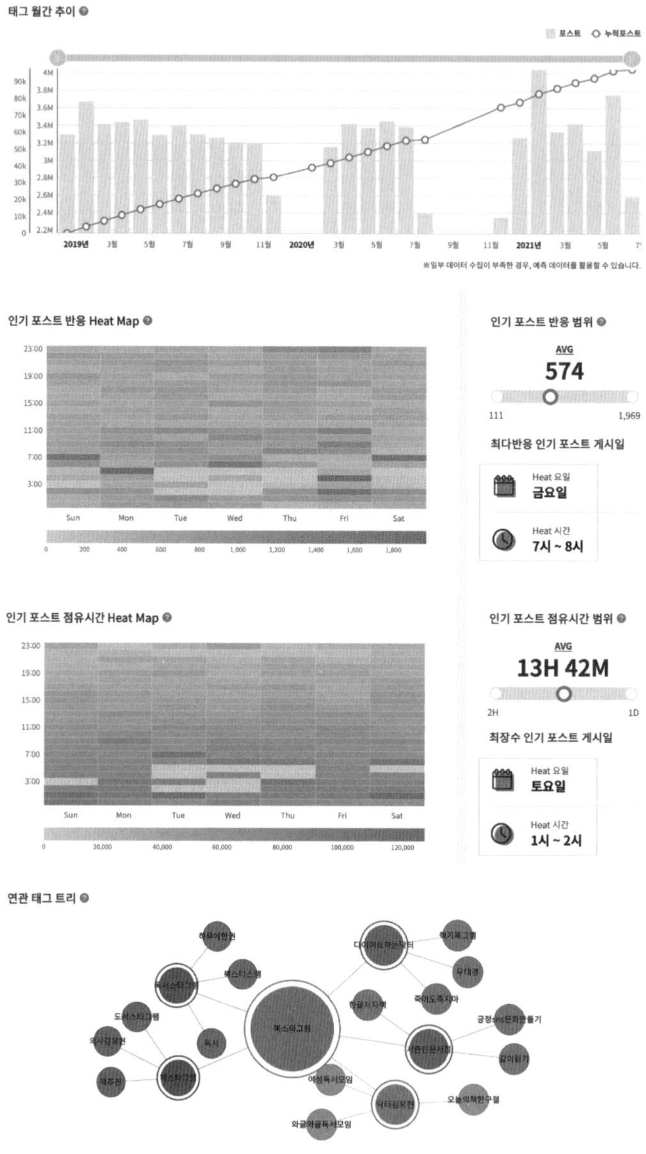

골수팬 1호를 만드는 법칙은 뭘까

꾸준한 공감과 소통을 통해 찐 팬이나 골수팬과 같은 '브랜드 옹호자'를 확보하게 된다. 이들은 자발적으로 제품과 서비스를 홍보하고, 다른 잠재 고객과도 적극적으로 소통하는 충성도 높은 소비자 집단이다. 처음부터 팬을 확보해서 시작하는 경우는 거의 없다. 처음 시작은 0부터 1명, 2명, 10명, 50명, 100명으로 점점 늘려가는 것이다. 물론 그렇게 되기까지는 시간과 소통의 노력이 필요하다. 개인이든 기업이든, 진정성을 가지고 소통할 때 그 가치를 알아주는 누군가를 반드시 만나게 되어 있다.

적극적으로 잠재 고객과 찐팬을 찾아가려면 그들의 '사용 언어'를 파악하는 일은 필수다. 고객의 '사용 언어'는 온라인 채널에서 키워드나 해시태그로 남게 된다. 그것을 마케팅 전략으로 적극적으로 활용하려면, 해시태그로 타깃 고객을 찾아 소통하며 지속적으로 제품과 서비스의 가치를 알려야 한다. 그러기 위해서는 SNS에 발행하는 게시물(이미지, 글, 영상)에 진정성과 신뢰성, 그리고 매력을 담아 끌림의 법칙을 만들자. 최종 목표는 잠재 고객의 관심을 유도해 그들이 자발적으로 상품을 구매하도록 점차 끌어당기는 것이다.

그러면 반대로, 고객은 '나'를 어떻게 찾을까. 여기서 '나'는 제품과 서비스, 개인과 기업, 브랜드를 대표하는 하나의 개념으로 이해하자. 온라인 창업자라면 적극적인 SNS 활동이 필요하다. 인스타그램 1일 1피드, 블로그 1일 1포스팅에서 주제 키워드를 해시태그로 꾸준히 노출하면, 그 주제에 관심 있는 잠재 고객에게 노출될 확률이 커진다. SNS 채널을 이제 시작한 창업자라면, 인기 키워드를 자신의 분야와 접목시켜 게시물을 올려보자. 그러면 잠재 고객이 '나'를 찾기가 수월할 것이다.

예를 들어, 네이버 데이터 랩에서 각 카테고리의 월별 인기 키워드를 선별할 수 있다. 그 순위에서 창업자가 판매하는 제품(예: 패션잡화 카테고리의 패턴 가방)과 연관성이 있는 것만 다시 골라보자. 정리해 보니 1월 카드지갑, 2월 카드지갑, 4월 에코백과 카드지갑, 5월 에코백, 6월 모자와 샌들, 7월 모자와 샌들(여성 샌들)로 나타났다. 이 데이터를 활용하려면 패턴 가방을 모자, 샌들과 함께 연출한 게시물을 해시태그와 함께 6~7월 SNS에 올리면 잠재 고객의 검색과 유입을 높일 수 있다. 이때 창업자의 계정 게시물에 '좋아요' 공감을 보낸 잠재 고객을 찾아 '댓글'을 달며 오래 소통하다 보면 어느 순간 찐 골수팬 1호가 될 수 있다. 팬덤의 시작은 누구나 0부터 시작한다. 이왕 하는 SNS 홍보를 그냥 하지 말고, 꾸준하고 스마트하게 쌓다 보면 결국 성공의 문을 열게 된다.

DAY 20

채널 다각화로 원하는 시장에 진입하자

A 플랜 A가 계획대로 되지 않았을 땐 어떻게 해? 플랜 B 또는 플랜 C는 없어?

B 당연히 대안을 생각해놨지! 모든 일이 계획처럼 이루어지면 아무 걱정 할 일이 없잖아. 사업은 언제든 변동성이 있어서 혹시 모를 상황에 대비해야지. 그래서 플랜 A뿐만 아니라 플랜 B와 C, 가능하다면 플랜 D까지 준비해야 해.

A 어떤 계획인지 궁금하다. 플랜 A, B, C, D가 뭐야?

B 처음엔 하나만 생각했었는데 어떤 것이 잘 될지 모르니까 여러 방향을 생각하게 되더라고... 전공이었던 디자인 자체가 지식 서비스이고 기술 창업이어서 여러 선택지가 가능한 것 같아.
기술 창업의 경우 다각적인 사업 방향을 시도해 볼 수 있는데, 꼭 기술 창업이 아니어도 하나의 주력 사업에 연결된 여러 수익 채널을 만드는 것이 안정적이야.
지금 1순위로 생각하는 플랜 A는 디자인 제품 브랜드를 만드는 것이고, 일러스트와 패턴 디자인을 특징으로 하는 홈 리빙 브랜드를 구상 중이야. 하지만 상품 기획부터 디자인 개발, 제작, 홍보와 마케팅, 유통 판매까지 해야 하는데, 직원 관리와 재고 관리가 쉬운 일은 아니라서 혼자서 할 수 있는 일도 생각해 봤어.
그래서 플랜 B는 온라인 제조-유통 원스톱(One-Stop) 사이트를 활용하는 방법인데, 재고 부담 없이 디자인한 파일을 업로드하면 되니까 창작에 집중할 수 있는 장점이 있어. 플랜 C는 디자인을 의뢰받아서 할 수 있는 일이고, 개인이나 기업과 협업하는 방법이야.
마지막으로, 플랜 D는 온·오프라인으로 디자인 수업을 하거나 컨설팅 하는 일을 할 수 있어. 취미로 디지털 도구를 활용한 그림 그리기까지 연결할 수 있는 장점이 있고...

A 그중에서 '가장 잘 할 수 있는 일'을 찾는 게 중요하네. 여러 선택지가 있는데 그중에서 어디에 에너지를 가장 많이 투입할 것인지, 1, 2, 3, 4 순위를 정해야 하지 않을까? 각자가 선택한 일을 하기 위한 시간과 에너지는 모두 다르니까.

B 그래서 고민 중이야. 플랜 A는 거기에 모든 역량을 집중해야 하는 일이고, 플랜 B, C, D는 서로 연결되는 부분이 있어서 디지털 노마드(Digital Nomad)로 동시에 시작해 볼 수도 있거든. 어쨌든 수익을 다각화할 수 있는 방안을 염두에 두고 '나만의 위치, 나만의 장르'를 구축해야 해.

한 가지 재능으로 수익 다각화

시장 상황에 가변적으로 대처할 여러 수익 채널 확보를 추천한다. 앞으로의 일은 아무도 명확히 알 수 없다. 언제 국제 금융위기가 들이닥칠지, 갑작스러운 천재지변이 발생할지, 원인 모를 팬데믹이 확산될지, 누가 알겠는가. 그런 변수에 따라 사업이 상승세를 탈 수도 있고, 반대로 하락세를 탈 수도 있다. 주식을 한 곳에 집중 투자하기보다는 분산 투자로 리스크를 줄이는 것처럼 하나의 수익 채널보다는 여러 개의 수익 채널이 더욱 안정적이다.

현재의 재능, 능력, 경험으로 할 수 있는 일들을 손꼽아 보자. 그중에서 연관성이 높은 일들을 선별해 그루핑(Grouping) 하면 수익화 전략이 보일 것이다. 기회는 기다리는 것이 아니라 만드는 것이다. 부업처럼 적은 비용으로 할 수 있는 일을 먼저 시작하는 것도 방법이다. 또한 원 소스 멀티 유즈(One Source, Multi-Use) 처럼 하나의 콘텐츠를 여러 버전으로 변환해서 매출을 높일 수 있다면 더욱 좋다. 전문 지식을 전자책으로 만들어 판매하고, 매월 오프라인으로 원데이 클래스와 30일 심화 클래스를 운영하며, 온라인 강의 플랫폼에 전문 클래스를 론칭하는 비즈니스 모델은 저자본으로 다각적 수익화가 가능하다.

〈콘텐츠 가드닝〉 저자인 서민규 작가는 생산성 도구였던 '에버노트(Evernote)'를 주제로 3권의 책을 썼다. 스마트폰 앱인 에버노트는 생각을 정리할 때, 프로젝트를 기획할 때 많이 사용하는 메모 도구이다. YES24에서 판매하는 〈에버노트 생각서랍 만들기〉, 〈에버노트 생각서랍 만들기: 실전편〉, 〈생산적인 생산습관〉은 저자의 기록습관이 노하우로 축적되어 전자책 출간까지 이른 것이다. 저자는 거기서 더 나아가 〈회사 말고 내 콘텐츠〉, 〈콘텐츠 가드닝〉 출간하고, 에버노트 강의뿐만 아니라 콘텐츠 코칭까지 자신의 일을 확장해 나가고 있다. 시작은 하나였지만 비슷한 일을 연결 짓고 확장해서 수익 모델을 다양화한 좋은 사례이다.

다양한 온라인 플랫폼을 적극 활용하자

커리어가 콘텐츠가 되는 시대이다. 부업으로 돈 벌기, 전문가처럼 사진 촬영하기, 생산성을 높이는 디지털 도구 활용법 등 자신의 노하우를 가지고 전자책을 출간해 판매하는 플랫폼이 늘고 있다. 크몽(https://kmong.com/), 탈잉(https://taling.me/), 오투잡(https://www.otwojob.com/)과 같은 플랫폼이고, 전자책뿐만 아니라 영상 제작, 강의까지 판매하고 있다. 여러 판매처를 확보하는 일이 수익을 늘릴 수 있는 방법이기 때문에 가능한 플랫폼을 모두 활용하도록 하자.

수익창출뿐만 아니라 홍보를 위해서도 여러 채널을 갖는 것이 유리하다. 그렇다면 제품과 서비스를 홍보하고 판매할 수 있는 채널은 어떤 것이 있을까. 홍보 채널로는 블로그, 인스타그램, 페이스북과 같은 SNS가 효과적이다. 제품과 서비스 판매는 네이버 스마트 스토어와 블로그 마켓, 카카오톡 쇼핑, 온라인 자사몰, 온라인 입점몰 등 결제 시스템이 연동되는 온라인 플랫폼이면 된다.

게다가 오프라인 판매까지 가능하다면 더 많은 채널을 확보하는 길이다. 다만, 관리할 채널이 늘어나면 그만큼의 시간 투자를 해야 하기 때문에 효율적인 운영 전략이 필요하다.

모든 것을 완벽하게 준비한 후에 시작하려고 하지 마라. '할 수 있을까, 아직 부족한데 조금 더 준비해서 할까' 하는 이런 자기검열에 걸리면 아무것도 시작하지 못한다. 주어진 기한 내에 무엇이든 완성해 내자. 샘플 아이템을 SNS에 공개해서 단 한 명의 요청이라도 있다면 바로 시작하는 것이 정답이다. 우물쭈물하다가는 아무 일도 생기지 않는다는 것을 경험으로 잘 알고 있지 않은가. 일단 실행해 보고 부족한 점은 보완해서 다시 실행하는 과정을 거쳐도 된다. 그렇게 두 번째, 세 번째 과정을 거쳐 계속 업그레이드하면 되는 것이다.

때로는 '자신을 믿는 믿음'이 더욱 필요한 때가 있다. 새로운 변화를 모색할 때, 익숙하지 않은 세상으로 나아갈 때, 한 단계 발돋움할 때처럼 아직 가보지 않은 길은 두려운 마음이 행동을 가로막는다. 하지만 이제까지 쌓아온 시간을 생각하며, '나는 할 수 있다, I CAN DO IT!' 하고 외칠 수 있는 자신감을 갖도록 하자. 세상에 100% 완벽한 사람은 없다. 불완전해도 자신의 속도대로, 원하는 목표를 향해 한 걸음씩 나아가는 길이 결국엔 성취한 삶을 만드는 지름길이다. 할 수 있다고 믿고, 구체적인 목표를 세워 방법을 찾아보자.

지금껏 나만 몰랐던
창업기술

STEP 3

[심화]

성공의 치트키가 될

저위험 창업 비법

DAY 21

상권보다 더 중요한 상품의 본질

변하는 것과 변하지 않는 것

복잡한 시대를 살수록 변화하는 것과 변하지 않는 것을 동시에 볼 줄 알아야 한다. 변하는 것만 쫓다 보면 정체성이 모호해질 수 있고, 변하지 않는 것만 따르다 보면 정체될 수 있다. 그래서 시대 흐름에 맞춰 변하지 말아야 할 것은 유지하고, 변해야 할 것은 달라져야 한다. 일관성과 융통성 문제인데 그 둘을 적절히 배분하는 일이 쉬운 것 같으면서 어렵다.

하루 사이에도 많은 것들이 변한다. 창업에서 시장 변화를 파악하는 일은 필수고, 그런 변화를 빅 데이터로 분석한 것이 트렌드이다. '트렌드=시대정신'이라고 한다면 그것을 반영한 창업 아이템 준비는 지극히 당연한 일이다. 반면, 이미 창업해서 아이템이 있는 경우엔 네이버 데이터 랩과 카카오 데이터 트렌드에서 시장 흐름을 파악한 후, 어떻게 홍보 마케팅할 것인지 고민해야 한다. 상황에 따라 판매 방식도 변하기 때문에 어떤 방법이 가장 좋은지 찾아야 할 것이다.

예를 들어, 최근 트렌드 중 하나인 '리추얼(Litual)'을 반영한 아이템을 생각해 보자. 자기계발에 대한 관심이 증가한 요즘, 꾸준한 기록을 습관으로 만들고 싶은 사람들이 늘고 있다. 습관을 만들기 위해 어떻게 도와줄 수 있을까, 성장 욕구가 있는 사람들을 위해 어떤 기록 아이템이 필요할까, 접근성이 편한 아이템은 무엇일까, 이런 질문을 통해 여러 아이디어가 나올 수 있다. 사진과 글로 편하게 기록할 수 있는 앱, 즐겁게 기록할 수 있도록 동기부여해 주는 문구 키트, 각자 취향대로 만들 수 있는 맞춤형 DIY 기록지 등 다양한 아이템이 가능하다.

여기서 '리추얼'의 본질은 '자신만의 고요한 시간을 갖는 것', '시간을 규칙적으로 관리하는 데서 오는 자신감'이라고 할 수 있다. 일정한 시간에 정해진 활동을 매일 함으로써 자신감과 성취감이 생긴다는 사실이 '리추얼'의 핵심이다. 이런 본질을 파악하지 않고 외적인 트렌드만 좇으면 안 된다. 따라서 아이템을 기획하는 과정에서 변하지 않는 본질을 유지하며, 변하는 트렌드와 타깃층에 딱 맞는 아이템을 구체적으로 찾아야 한다.

변하지 않는 본질은 무엇일까

빠르게 변하는 것들에서 한걸음 물러나, 변하지 않는 것들은 무엇일지 생각해 보자. 변화하는 것들은 자극적이기 때문에 저절로 시선을 끈다. 하지만 오랜 시간 우리 마음속에 남아있는 것들은 보이지 않는 변함없는 것들이다. 어떤 것들이 있을까. 인류 문명이 생겨난 이래로 시대가 바뀌어도 누구나 가치 있다고 여기는 것들이 아닐까. 사랑, 행복, 꿈, 희망, 성장, 존중, 나눔, 도전, 성취와 같은 변치 않는 가치가 누구나 인정하는 보편적인 진리이다.

사랑하는 마음은 기술이 진보하고 시대가 바뀌어도 변하지 않는 절대적인 가치이다. 그런데 일상이 바빠서, 너무 당연한 것이라서, 변하지 않는 것들을 소홀히 여긴다. 빠르게 변하는 것들만 뒤쫓아가다 보면 정작 더 중요한 본질을 잊고 살게 된다. 창업에서도 마찬가지다. 왜 이 상품(제품과 서비스)이 필요한 지, 궁극적으로 고객에게 무엇을 제공하기 위함인지, 본질을 먼저 찾아야 한다. 품질 좋은 제품과 서비스를 만드는 일은 그다음 순서이다.

왜 이 일을 하는가. 위대한 리더들의 행동 방식이라고 말하는 사이먼 사이넥(Simon Sinek)의 골든 서클처럼 본질부터 출발해야 한다. 그는 일에 대한 가치와 의미를 '왜'라는 질문으로부터 묻고 있다. 지금 하고 있는 일의 가치와 의미(존재 이유)는 무엇인가. 시장의 패러다임이 바뀐 지금, 상품의 쓸모보다는 의미와 가치에 중점을 두고 고객에게 알려야 한다. 그래야 그들의 공감과 지지를 얻는다. 〈뉴타입의 시대〉(야마구치 슈, 인플루엔셜, 2021)에서 말한 것처럼, 올드타입(Old Type)은 고객에게 도움이 되는 상품으로 차별화하고, 뉴타입(New Type)은 의미 있는 상품으로 차별화한다. 스스로에게 질문해 보자. 지금 준비하고 있는 제품과 서비스는 고객에게 어떤 의미와 가치를 주는가.

고객에게 전달하려는 가치와 의미는 무엇인가

기업마다 특별한 가치와 의미를 고객에게 전달하려고 제품과 서비스를 만든다. 누구나 알고 있는 유명한 브랜드나 기업은 어떤 가치를 고객에게 전달하는지 찾아보도록 하자. 스티브 잡스(Steve Jobs)의 애플(Apple)이나 디즈니(Disney)의 애니메이션은 전 세계 어른이나 아이 할 것 없이 꾸준히 사랑받고 있다. 그 이유가 뭘까. 단지 기술적인 노하우가 뛰어나서 그런 것이 아니다. 사람들의 마음을 움직일 수 있는 '본질적인 가치'에 집중한 결과이다. 기술과 유행을 따라가는 것도 중요하지만, 본질적인 차별화에 더 큰 기회가 숨어있다.

애플 브랜드에서는 어떤 가치가 떠오르는가. 애플 로고만 봐도 '다르게 생각하라(Think Different)'라는 광고 카피와 함께 창의성(Creative), 혁신(Innovation)이라는 단어가 떠오른다. 애플은 '창의적인 새로운 것으로 고객의 삶에 변화를 준다'는 브랜드 이미지를 성공적으로 구축했다. 디즈니(Disney)는 어떠한가. '마법 같은 경험으로 행복 만들기(Happiness Through Magical Experiences)'라는 세대를 뛰어넘는 가치를 제공하며 '꿈꾸고 믿고 도전하고 실행하라'는 메시지를 전달하고 있다.

또 다른 사례를 찾아볼까. 코카콜라(Coca-Cola)는 고객에게 행복한 순간을 제공하려고 다양한 '행복 나누기(Share Happiness)' 캠페인을 전개한다. 여름에는 '일상 속 짜릿한 행복'을, 겨울에는 '나눔의 행복'이라는 캠페인을 통해 '행복'이라는 핵심 가치를 일관되게 전달하고 있다. 이러한 지속적인 메시지에서 고객들은 예상치 못한 행복과 즐거움을 느끼고 주변 사람들과 나눈다. 글로벌 스포츠 브랜드, 나이키는 어떠한가. 나이키는 오래전부터 세상을 바꿀 수 있는 힘이 스포츠에 있으며, 이를 활용해 더 나은 세상을 만들어야 한다는 목소리를 내왔다. 그래서 수십 년 동안 심플하지만 강력한 '그냥 해(Just Do It)'라는 일관된 메시지를 전달하며 부동의 1위를 차지하고 있다.

한국에서 존경받는 브랜드, 풀무원의 가치는 무엇일까. 국내뿐만 아니라 전 세계인의 사랑을 받는 글로벌 로하스(LOHAS, Lifestyles Of Health And Sustainability) 기업으로 도약하고 있는 풀무원은 '바른 먹거리'와 '건강생활'을 중요한 가치로 여긴다. 그래서 '나를 위해, 지구를 위해'라는 브랜드 슬로건과 함께 여러 친환경(Eco-Friendly) 전략을 실행하고 있다. 코로나로 인해 환경에 대한 이슈가 부각되면서 2020년 ESG(Environment, Social, Governance) 평가에서 최우수 기업으로 선정되었다. 이제 사람들은 단순히 예쁘고 멋진 광고와 포장이 아니라, 그 속에 있는 진정한 가치에 동참하고 싶어 한다.

고객에게 제공하고 싶은 핵심 가치

정보가 넘쳐나는 시대에 상품과 브랜드의 진정한 가치를 담을 강력한 한 줄, 한 단어가 필요하다. 왜 이 일을 하는지, 무엇을 위한 것인지, 누구에게 어떤 가치를 전달하려는 것인지, 본질을 단순하게 풀어서 이야기하자. 처음부터 명확히 떠오르지 않을 수 있다. 그럴 땐 떠오르는 여러 단어를 종이에 쓰면서 생각을 정리하면 도움이 된다. 명사, 형용사, 동사, 무엇이든 상관없다. 고객에게 전하고 싶은 가치와 의미를 생각해 보자.

[그림31] **Object-Subject 키워드 생각 정리**

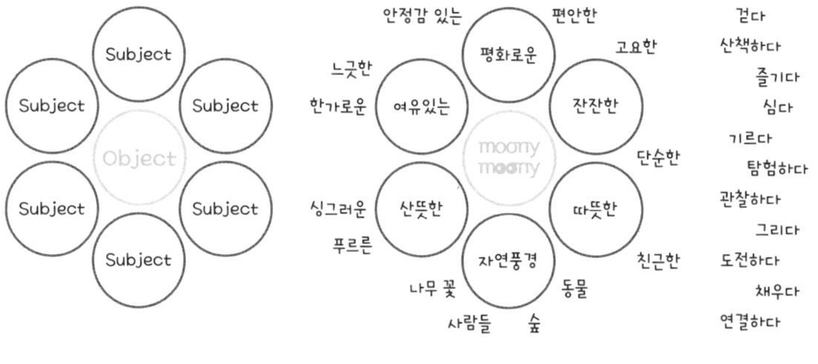

여러 생각을 떠오르는 대로 적어보자. 처음에는 확산적 사고를 풀어놓듯 나열해 놓고, 그중에서 유사한 것끼리 그루핑(Grouping) 한 후 각 그룹을 대표할 단어를 정해보자. 아이디어 발상처럼 확산적 사고에서 점차 수렴적 사고로 정리해가면 된다. 이 대상과 주제(Object-Subject) 관계는 하나의 대상(Object)을 여러 주제(Subject)로 찾아가는 방법이다. 대상에는 다양한 의미가 담겨 있는데, 대상이 되는 제품, 서비스, 브랜드에 어떤 의미와 가치를 담고 싶은지, 그 주제를 정해보면 어떨까.

일러스트 작업을 하는 무니무니(moonymoony)는 평화로운 자연 풍경을 주로 그린다. 창작자가 로컬 라이프를 즐기는 자연 애호가(Nature-Lover)여서 일러스트 제품을 통해 '자연에 대한 정서적 공감'을 사람들에게 전달하려고 한다. 그런데 정서적 공감이라는 부분은 너무 범위가 넓어서 애매모호하다. 자연이 주는 생동감일 수도 있고, 경이로움일 수도 있다. 그래서 대상과 주제(Object-Subject) 키워드 정리로 무니무니를 통해 보여주고 싶은 가치를 찾아보았다.

유년기 뛰놀던 정겨운 시골 풍경, 마을 길 산책과 관찰을 통해 발견하는 평온한 자연 풍경! 창작자도 '자연이 주는 따뜻함과 평안함'에서 힐링을 얻기 때문에 자신의 디자인에 그 가치를 담고자 했다. 릴라 로저스(Lilla Rogers Studio 대표)가 'People buy your joy'라고 디자이너들에게 말한 것처럼 창작자가 어떤 마음으로 창작물을 만들었는지 사람들은 느낄 수 있다.

어떤 제품은 '가성비 최고'라는 가치를 제공할 수 있고, 어떤 서비스는 '즐거움'이라는 경험을 제공할 수 있다. 브랜드가 제공하는 기본적인 가치는 고객에게 제공하는 편의성이나 혜택을 말한다. 여기서 말하는 편익은 기능적, 정서적, 사회적 편익을 포함한다. 이케아(IKEA)의 경우, '매일 아름다운 삶을 제공한다(The Wonderful Everyday)'는 정서적 편익을 제공하기 위해 '깨워요, 멋진 날(2019), 내가 아끼는 집, 나를 아끼는 집(2020), 새삶스럽게(2021)'와 같은 시즌별 마케팅 슬로건을 보여준다.

지금까지 살펴본 것처럼 고객에게 전달하고 싶은 가치는 브랜드의 존재 이유이자 지속 가능한 방향성을 나타내게 된다. 지금 하고 있는 일은 고객에게 어떤 편익과 가치를 제공하는가. 제품과 서비스를 통해 브랜드가 보여주고 싶은 본질이 무엇인지 탐색해야 한다.

DAY 22

어디에도 없는 나만의 콘셉트를 찾자

대체할 수 없는 찐 콘셉트(Concept)

시장에 비슷한 제품과 서비스가 넘쳐난다. 품질과 디자인은 거의 평준화되었고, 새로운 것이 나타났다 사라지는 주기(Cycle)는 점점 더 빨라지고 있다. 하루에도 수없이 등장하는 상품들 중에서 어떻게 창업자(나)의 것을 사람들에게 임팩트 있게 인식시킬 것인가. 반복적인 이미지 광고를 통해 보여줄 수도 있지만, 명확한 콘셉트와 스토리로 알리는 방법이 가장 효과적이다.

콘셉트를 정할 때 고객이 기억하기 쉬운 키워드나 의미를 찾아 정리해 보자. 콘셉트는 대상의 가치를 가장 잘 드러내는 대표성을 지니며, 함축적인 단어나 이미지를 통해 표현될 수 있다. 지금 만든 제품과 서비스는 고객에게 어떤 가치를 제공하는가, 어떤 특징이 있는가. 그것들을 단어로 하나씩 나열해 봐도 좋다. 여기서 유의할 점은 누구도 대체할 수 없는 '창업자(나)만의 단어', '창업자(나)만의 콘셉트'를 고민해야 한다는 것이다. 누군가 제품과 서비스를 비슷하게 카피했을 때, 어떻게 해야 차별화할 수 있을까.

오직 창업자(나)만이 가지고 있는 점을 콘셉트에 반영하자. 비슷한 일을 하고 있는 사람은 많다. 하지만 같은 일을 하더라도 각자의 삶이 다르고 지향하는 목적도 다르다. 삶의 목적이 다르면 중요하게 여기는 가치도 달라진다. 시장의 변화와 트렌드에 맞춰 콘셉트를 정해도 되지만, 시간이 흘러도 변하지 않을 삶의 가치를 콘셉트로 표현해 보자. 일과 삶이 다르지 않고 삶의 목적과 지향하는 가치가 일관된 콘셉트로 표현된다면(예: 일=삶=목적=가치=콘셉트), 이것을 똑같이 카피할 수 있는 사람은 없다. 이것이 시장에서 제품과 서비스를 명확하게 알리는 방법이고, 설령 제품과 서비스가 사라진다 해도 '창업자의 이야기'는 남게 된다.

창업자(나)만의 콘셉트를 정해볼까

앞에서 대상과 주제(Object-Subject) 키워드 정리를 통해 고객에게 제공하고 싶은 핵심 가치를 탐색했다. 예를 들어, 무니무니 브랜드는 '평화롭고, 여유 있고, 따뜻한, 자연 풍경'을 디자인에 담는다. 기능보다는 정서적 편익을 제공하는 핵심 가치를 표현한 것인데, 이 단어들을 대표하는 사진, 영상, 책, 문장 등을 자료로 모아보면 더 분명해진다. 언어 자료와 시각 자료를 함께 보아야 단어가 지닌 의미를 명확히 파악할 수 있게 된다. '평화로운 자연 풍경'이라는 말에 각자 생각하는 이미지가 다르지 않은가.

수집한 자료를 보면서 한 줄, 또는 세 줄로 콘셉트를 적어보자. 처음부터 표현하기 어려우면 다음 단계를 따라 정해보도록 하자. 첫 번째, 수집한 자료들을 각각의 키워드로 표현한다. 키워드 형태는 명사, 형용사, 동사, 무엇이든 괜찮다. 두 번째, 여러 키워드들 중에서 유사한 단어끼리 묶고, 대표성 있는 단어를 선별한다. 세 번째, 대표 단어들 중에서 가치의 우위성을 지니거나 대표성을 가진 단어, 3~5개를 뽑는다. 네 번째, 그 단어들이 브랜드 목적과 부합한지 확인한 후, 여러 의미를 압축적으로 표현한 '메인 콘셉트'를 결정한다.

[그림32] **한 줄 콘셉트 찾기**

콘셉트에 대한 점검을 위해 사람들에게 보여주고, '어떤 단어들이 떠오르나요?'라고 물어보도록 하자. 평안하다, 예쁘다, 따뜻하다, 싱그럽다, 여유롭다, 상상하게 된다. 가고 싶다 등 사람들이 표현한 다양한 단어들을 통해 콘셉트 이미지를 정할 수 있다. 창업자(나)가 생각하는 이미지와 고객(타인)이 생각하는 이미지가 일치하는지 확인하는 과정이다.

콘셉트를 스토리로 연결하라

단 한 줄로 설명하는 콘셉트를 정했다면 그것을 스토리로 풀어보자. 스토리가 있으면 브랜드에 대한 이해와 인지도를 높이게 된다. 브랜드가 어떻게 탄생했고, 어떤 의미를 담고 있으며, 무슨 차별성이 있는지, 글로 써놓는 것이 좋다. 이번 기회에 콘셉트와 연관된 SNS 해시태그까지 생각해 보면 어떻겠는가. 수많은 정보의 홍수에서 'A 브랜드는 B이다'라는 인식이 사람들에게 생길 때까지 지속적으로 알리는 일이 중요하다. 아무리 멋진 콘셉트라도 사람들에게 도달해야만 효과가 나타난다.

어떤 콘셉트인지, 어떤 스토리가 있는지, 각자에게 어울리는 '자신의 언어'로 표현해 보길 바란다. 참고로, 무니무니 브랜드에 대한 내용을 간략히 소개한다. 무니무니는 자연을 모티브로 패턴 디자인과 일러스트를 창작하는 디자인 브랜드이다. SNS에 디자인 제품뿐만 아니라 산책하기, 정원 가꾸기와 같은 일상에서 만나는 자연에 대해 사진과 글로 기록하고 있다. 자연이 선사하는 정서적인 혜택이 얼마나 좋은지, 삶의 경험으로 잘 알고 있기 때문에 〈자연과 나〉라는 한 줄 콘셉트를 정리했다.

또한 브랜드와 콘셉트의 연결점을 찾아 #하나하나무니무니 라는 해시태그를 만들었다. '무니'라는 단어가 패턴, 무늬(결)를 뜻하고, 패턴 디자인의 모티브들이 하나씩 모여 무늬를 이룬다는 의미이기도 하다. 단지 디자인 창작에서만이 아니라, 삶의 순간들이 하나씩 쌓여 '나만의 무늬(결)'을 만든다는 뜻도 포함되어 있다. 더 넓게는 나와 너, 우리 모두가 〈하나하나 무니무니〉가 된다는 의미의 해시태그 키워드이기도 하다.

콘셉트와 스토리를 만들 때 가장 기초가 되는 것은 고객이다. 각각의 브랜드는 사람들이 더 멋지고, 건강하고, 현명하고, 더 평안하도록 돕는다. 고객은 어떤 사람이 되고 싶어 하는가, 고객은 무엇을 열망하는가. 고객이 진정으로 원하는 것이 무엇인지 찾아서 콘셉트에 담고 스토리로 연결해 보자. 그리고 그 안에 창업자(나)의 이야기를 자연스럽게 풀어내자. 새로 기획한 제품과 서비스를 통해 고객의 삶이 더 나은 방향으로 변화할 수 있다면 얼마나 기쁜 일인가.

[콘셉트와 스토리 / 무니무니]

[자연과 나]

아직은 '자연 속의 나'에 익숙합니다.

하지만 이대로 가면 자연의 품에 머물기란 그리 쉬운 일이 아닐 거예요. 늘 나를 보호해 주는 자연에서 나와 함께 하는 자연으로 관점을 바꿔야 할 때입니다. 그래서 [자연과 나]라는 주제로 일러스트를 그리며, 소중한 '당신과 나'에게 자연이 주는 위로와 평안을 전달하고 싶습니다. #자연과나

[자연을 담은 일러스트 & 패턴 디자인]

모든 일러스트와 디자인 패턴은 자연을 살펴서 얻은 것들이에요.

'자세히 보아야 예쁘다'는 나태주 시인의 말처럼 자세히 보아야 느낄 수 있지요. 그래서 산, 돌, 구름, 꽃, 물, 나무 그리고 살아있는 모든 것들에 대해 이야기하고 있어요. #하나하나무니무니

수많은 디자인 모티브가 있는데, 무니무니는 자연으로부터 모티브를 가져옵니다. 그래서 언제부턴가 '그 이유는 뭘까, 지금 하는 일들이 자연스러운 내 모습인 이유는 뭘까' 생각해 봤습니다.

- **어린 시적 시골에서 뛰놀던 추억**

  유년 시절 추억의 장소는 옛 TV프로그램 <전원일기> 촬영지보다 더 시골인 아주 작은 마을이에요. 예전 모습은 이제 거의 없지만, 여전히 제 마음속 풍경으로 남아있고, 그것을 추억하고 싶어서 제 감성에 맞는 일러스트 표현으로 그립니다.

- **자연과 가까운 로컬 라이프**

  10년 서울살이를 제외하고, 중소도시에 살고 있어요. 핫하고 트렌디한 것도 좋지만, 시간이 천천히 흐르고 좀 더 여유로운 마음으로 살 수 있는 로컬의 삶이 저에게 더 맞는다는 걸 알게 되었죠. 그래서 주변의 산, 들, 바다에서 보는 많은 것들이 창작의 소재가 되고 있어요.

- **자연이 주는 에너지**

  일상에서 만나는 자연의 모습에서 하루를 살아낼 새로운 에너지를 얻습니다. 틈틈이 풀멍, 산멍, 꽃멍 할 때가 많답니다. 세상에서 가장 아름다운 모습은 자연 속에 많이 있어요.

  그 모습을 아무리 아름답게 표현하려 해도 다 담을 수 없지만, 눈으로, 마음으로, 오래도록 담으려고 애쓸 뿐이죠. 며칠 전엔 비 온 날 찍었던 사과가 하루 종일 마음에 남아 바쁜 일상에 웃음을 주는 활력소가 되었습니다.

- **자연 애호가**

  DNA에 자연 애호 인자가 있는 식물 애호가, 식물러, 자연 애호가입니다. 트렌드를 쫓아서가 아닌, 아주 오래된 취향이에요.

  코로나로 인해 자연을 바라보는 관점이 바뀌었어요. 그저 아름다워서 보는 자연에서, 이제는 아끼고 보호해야 하는 자연으로 새롭게 바라보고 있어요. 제로 웨이스트, 플라스틱 프리 등 생활 속 작은 실천을 꾸준히 하며, 주변 분들에게도 함께 실천하자고 이야기한답니다.

'자연과 나'를 주제로 그린 일러스트, [산 중턱 작은 집]

오랜 팬데믹으로 밖에 나가지 못하는 시간이 더 많아졌어요. 더 많은 시간을 컴퓨터 모니터와 핸드폰 화면을 보며 지내고 있습니다. 뻣뻣해진 목과 어깨를 펴고 피로한 눈을 들어 잠시 <산 중턱 작은 집> 풍경을 바라보세요.

한가로운 풍경을 보기만 해도 스르르 잠들 것 같고, 살랑살랑 바람이 불어와 귓가를 시원하게 감싸줄 것만 같습니다. 스트레스와 피로가 사라지고, 마음의 여유가 생깁니다. 그리고 지친 일상을 보내고 돌아온 내 작은방이 힐링 풍경 하나로 따뜻한 안식처가 됩니다.

DAY 23

쉽게 각인되는 브랜드 이름을 짓자

상표 이름 ⊂ 브랜드 정체성

이름을 무엇으로 할까. 브랜드 네이밍(Brand Naming)은 새로운 제품이나 서비스를 론칭할 때 큰 고민이 된다. 가끔 사업자 이름과 브랜드 이름을 동일한 것으로 혼동하는데, 사업자 이름과 브랜드 이름은 달라도 된다. 사업자 이름보다 더 중요한 것은 브랜드 이름이다. 브랜드 이름에 지금 하고 있는 일, 타깃층을 고려한 이미지메이킹(Image Making), 앞으로의 지향점, 추구하는 가치 등을 함축적으로 담아야 한다. 요약해서 말하면, 브랜드 이름은 기업의 정체성(Identity)이다.

최근 급성장한 브랜드 사례 하나를 소개한다. 하우 그로우(HOWGROW), 개인이나 스몰 브랜드 창업가를 위한 SNS 전략과 방법에 대해 교육하는 브랜드이다. HOW와 GROW, 두 단어를 합쳐 '하우 그로우'라는 이름이 탄생했다. 창업자들이 가장 어려워하는 매출 증가 전략을 SNS로 어떻게 실현하는지 교육하고 있다. 하우 그로우를 알리는 카피에서도 '매출이 오르는 진짜 마케팅', '최단기 매출 증가와 최장수 사랑받는 브랜드를 만들기 위한 진짜 마케팅', '변화와 성장', '나만을 위한 마케팅 성장 멘토' 등으로 홍보하고 있다. 여기서 공통 키워드는 '성장'이다. 무척 직관적인 이름이어서 한번 들으면 기억에 남는다.

특허청에 두 차례 상표등록을 하며 브랜드 이름에 대해 고민했었다. 전문가나 브랜딩 회사에 의뢰하면 비용이 많이 들기 때문에 혼자서 만들었고, SNS와 주변 지인들에게 설문조사와 투표로 의견 수렴을 했다. 직접 경험하면 몰랐던 분야도 자연스럽게 알게 된다. 브랜드 네이밍 전문가는 아니지만, 좋은 브랜드 이름 짓기에 대한 기본 규칙을 파악하게 되었다.

일의 특성이 드러나도록 (연관성)

하고 있는 일의 성격이 잘 드러나야 한다. 그냥 떠오르는 이름을 나열하기보다는 유사한 브랜드를 먼저 벤치마킹한다. 패턴 디자인 또는 일러스트 창작을 주 작업으로 하고 있어서 비슷한 브랜드를 찾아보았다. 패턴 브랜드 중에서 재미 핑거(Jammyfinger)는 그림 그리는 일과 연관된 손(Hand)으로부터 이름을 지었고, 키티 버니 포니(Kitty Bunny Pony)는 초기에 그렸던 그림 소재로부터 이름을 지었다. 웜그레일테일(Warmgreytail), 쿠비올로(Kuviolo) 등 여러 브랜드를 조사한 후, '패턴 = 무늬 = 무니'를 연상할 수 있는 무니무니(moonymoony)로 브랜드 네이밍을 했다. 누가 들어도 납득할 만한 이름, 일과 연관성 있는 이름을 지으면 더 기억하기 쉽다.

목표 또는 지향하는 바를 담도록 (목표성)

브랜드나 기업이 지향하는 목표나 방향성을 담는다. 이러한 브랜드 사례도 무엇이 있는지 찾아본다. 예를 들어, 오 롤리 데이는 Oh, Happy Day라는 지향점과 롤리(lloy)라는 자신의 닉네임을 붙여 Oh Lolly Day란 이름이 만들어졌다. 디자이너 브랜드 중 요즘 주목받고 있는 모 베러 웍스(Mobetterworks)는 자기다운 방식으로 일하는 사람들에게 유쾌한 메시지(예: Deep Diver, ASAP, Small Work Big Money)를 전달한다는 브랜드 가치를 이름에 넣었다. 처음 시작은 스몰 브랜드지만, 지향하는 가치를 보고 찐 팬들이 모여 빅 브랜드가 될 수 있다. 지향하는 최종 목표나 목적을 브랜드 이름으로 보여줄 때 사람들의 공감과 참여를 이끌게 된다.

쉽게 부르고 기억할 수 있도록 (직접성)

누구나 쉽게 부르고 기억할 수 있는 이름이 좋다. 하우 그로우(HOWGROW) 사례처럼 제품이나 서비스의 키워드를 담을 수 있다. 하지만 그런 이름은 이미 상표가 등록되었을 가능성이 높다.

아무리 쉽게 부르고 기억하기 좋은 이름이라도 이미 등록된 이름이라면, 법적으로 사용할 수 없는 이름이다. 그래서 사용 가능한지 '특허 정보검색서비스(KIPRIS, 키프리스)'에서 반드시 상표를 검색해야 한다. 브랜드에 대한 만족도가 높고 쉽게 부르고 기억하기 쉬운 이름이라면 오래 살아남을 가능성이 높아진다.

향후 확장성이 있도록 (지속성)

최소 10년 동안 변하지 않고 계속 사용할 이름인지 검토한다. 장기적인 사용이 가능한지 생각하고, 다중적 의미를 담아 향후 사업의 유동성과 확장성까지 고려하면 더욱 좋다. 무니무니의 경우, 현재 직접 디자인한 패턴으로 제품을 제작하고 판매하는 브랜드이다. 하지만 시장 변화에 따라서 디자인 콘텐츠를 생산하고 다른 기업과 협업하는 일을 할 수도 있고, 온라인 디자인 수업을 할 수도 있다. 빠르게 변화하는 시대여서 사업의 수요가 어디에서 더 발생할지 명확히 예측할 수 없다. 그렇다면 변화에 융통성 있게 대처할 수 있는 이름이 적합하다.

남들이 사용하지 않도록 (유일성)

네이버, 구글 등의 포털 사이트와 SNS에 브랜드 이름을 검색해 보자. 또한 특허 정보검색서비스(www.kipris.or.kr)에서 상표권 등록을 조회해서 법적으로 등록 가능한 이름인지 확인하자. 두 가지 과정을 모두 확인해서 남들이 사용하지 않는 유일한 이름을 짓는 것이 바람직하다. 무니무니 이름은 상표 검색에 등록되지 않아서 상표등록을 했는데, 나중에 네이버와 구글에서 찾아보니 개인적으로 사용하는 이름으로 검색되었다. 그렇기 때문에 여러 검색을 해도 유일하게 사용할 수 있는 단 하나의 이름을 짓자. 시작 단계부터 동일한 이름으로 인해 불필요한 경쟁을 할 필요가 없다.

[표21] **브랜드 네이밍 예시**

체크리스트		브랜드 네이밍
연관성	■	moonymoony 의미 (1) 패턴의 우리말 '무늬'로부터 패턴=무늬=무니 (2) 삶의 모든 순간이 '무늬(결)' (3) 나와 너, 우리 모두가 '하나하나 무니무니' 형상 (1) '모든 디자인은 관찰하기부터 시작된다'는 디자인 과정을 나타내려고 신체의 일부인 '눈' 도형을 반영. (2) 중첩된 문자 (3) 도형화(디자인화) 된 'O'
목표성	■	
직접성	■	
지속성	■	
유일성	□	

브랜드 네이밍의 중요성

지금 하고 있는 일의 정체성을 담는 첫 번째 요소는 브랜드 이름이다. 브랜드 이름을 상표권, 로고, 온라인 도메인(Domain)에 동일하게 사용해야 한다. 로고, 도메인, SNS 각 계정에 일관된 브랜드 이름을 사용해야 고객이 쉽게 찾을 수 있다. 고객 입장에서는 각각 찾는 곳마다 이름이 다르면 기억하기도 어렵고 혼란스럽다. 잘 지은 브랜드 이름 하나가 효자 역할을 할지 누가 알겠는가.

몇 개의 이름 후보를 생각했다면 1차적으로 검색 엔진(네이버, 다음, 구글 등)과 SNS 채널을 검색해 보자. 어떤 결과가 나왔는가. 그 이름에 대한 검색 결과가 나오지 않으면 유일성이 생겨서 1차 후보로 적합하다. 하지만 동일한 이름이나 유사한 이름이 같은 시장을 이미 선점하고 있다면, 아무리 멋지게 로고를 디자인해도 효과를 보지 못한다. 고객이 검색했을 때 상품 검색도 쉽고 브랜드도 빨리 찾도록 하는 일이 중요하다.

1차 검색뿐만 아니라, 2차 검색으로 특허 정보검색서비스, 키프리스(www.kipris.or.kr)에 상표등록이 되었는지 확인해 보자. 상표등록은 향후 유사한 상표로 인해 법적인 분쟁이 생겼을 때 우선권을 갖기 위해 필수적으로 해야 한다. 만약 유사한 상표가 있다면, 어느 분야, 어떤 상품군인지 확인할 필요가 있다. 완전히 다른 분야로 상표등록이 되어 있는 경우엔 아직 추천 후보에 넣어 둬도 된다.

마지막 중요한 부분은 브랜드 이름과 연계된 도메인이 있는지 확인하는 일이다. 온라인 홈페이지나 쇼핑몰을 만드는 경우, 브랜드 이름과 연관된 도메인이 필요하다. 통상적으로 많이 사용하는 도메인은 .com 또는 .co.kr이기 때문에 누군가 사용하고 있는지 찾아봐야 한다. 브랜드 이름과 전혀 다른 도메인 주소를 사용하면 그만큼 고객의 접근을 어렵게 만든다. 따라서 브랜드의 공식 사이트와 SNS 채널 등 고객과 커뮤니케이션이 있는 곳은 모두 일관된 네이밍을 유지하는 것이 좋다. 그래야 짧은 시간 내에 브랜드 인지도를 높이고 고객들에게 이름을 각인시킬 수 있다.

DAY 24

선택 아닌 필수, 상표등록!

A 브랜드와 상표는 무엇이 달라?

B 간략히 말하면, 브랜드는 상표를 포함하는 더 넓은 개념이고 상표는 브랜드를 담는 그릇이라고 볼 수 있어. 브랜드에 대한 소유권을 명확히 하려면 특허청 사이트에 상표등록을 해놓는 것이 좋아.

A 그럼 브랜드를 만들 때 상표등록까지 해야겠네. 상표등록이 중요한 일 같은데 조금 더 자세히 알려줘.

B 상표등록은 제품과 서비스를 식별하기 위한 이름, 기호, 로고, 슬로건, 디자인, 색상, 입체적 형상 등을 상표로 출원하고 일정한 심사과정을 거쳐 등록하는 일을 말해.
근래에는 기업의 이미지 통일화 전략(Corporate Identification Program)에 따라 상호와 상표를 동일하게 사용하는 것이 국제적인 추세인 것 같아. 그리고 상표권자가 될 수 있는 자격은 우리나라 국민(법인 포함) 모두 해당되기 때문에 상표법에 따라 자기 상표를 등록할 수 있어.

A 갑자기 궁금한 게 생겼어. 한 번 상표등록을 하면 언제까지 사용할 수있어?

B 상표등록이 승인되면 10년의 보호권이 부여되고, 10년 간격으로 갱신이 가능하기 때문에 상표권은 반영구적인 권리라고 볼 수 있지. 그런데 우리나라는 '선출원주의'를 취하고 있어서 먼저 상표출원을 한 사람에게 유리해. 동일한 상표를 처음 사용하는 사람이 있더라도, 상표를 먼저 출원한 사람에게 사용 권리가 돌아가게 되어있거든.

A 이렇게 중요한 상표등록을 간과하고 있었네.
브랜드를 지키는 중요한 일의 출발은 상표등록이네!

B 대부분은 상표등록의 중요성을 간과한 채 제품과 서비스를 출시하고 마케팅을 시작하는 경우가 많지. 하지만 상표등록을 하지 않았을 때 분쟁이 발생할 수 있어서 마케팅하기 전에 상표 출원과 등록을 받아놓는 것이 좋아.
요즘은 '우선심사제도'라는 것이 생겨서 조금 더 빠르게 심사과정을 거칠 수 있어. 그래도 몇 개월에서 1년 정도는 시간이 걸린다고 봐야 해. 그러니까 상표가 정해졌으면 먼저 출원 신청부터 진행하는 게 낫겠지.

상표등록을 꼭 해야 하는 이유

상표출원은 준비되는 대로 빨리하는 것이 중요하다. 제품이나 서비스를 출시하고 한참 지나서 상표 출원을 하려는 경우도 있는데 그러면 늦다. 누군가 먼저 법적 우선권을 획득했다면, 애써 출시한 제품과 서비스를 전혀 사용할 수 없게 되어 낭패를 볼 수도 있다. 적어도 6개월~1년 전부터 상표를 준비해야 하고, 브랜드 네이밍 과정에서 상표등록을 미리 검토하는 것이 좋다.

상표등록이 왜 그렇게 중요할까. 첫째, 우리나라 상표법은 '선출원주의'를 취하고 있어서 상표를 먼저 신청한 사람에게 상표권이 주어진다. 둘째, 타인의 유사 상표 사용을 미리 차단할 수 있다. 브랜드가 유명해지면 모방 상표가 생겨나는데, 상표등록이 안 되어있는 경우엔 타인에게 상표 사용을 금지할 방법이 없다. 셋째, 상표등록이 있어야 법적 분쟁이 생겼을 때 유리한 입장을 취한다. 넷째, 등록상표가 없으면 애써 만든 브랜드를 타인에게 빼앗길 수 있다. 타인이 먼저 상표등록을 한 경우, 아무리 브랜드 상표를 만든 사람이라도 상표를 사용하지 못한다.

브랜드의 상표는 단순한 이름이 아니라, 개인이나 기업 활동의 핵심 자산이 된다. 일례로, 상표권은 속지주의를 적용하는데 해외 시장 진출을 하려는 나라에 누군가 상표 선점을 했다면, 시장 진출을 포기하거나 수십 배 비용을 지불하고 상표권을 다시 사와야 한다. 상표는 브랜드를 보호하는 가장 중요한 수단이다.

특허권, 실용신안권, 디자인권, 상표권의 구별

지식 재산권(IP, Intellectual Property Rights)은 산업재산권, 저작권, 신 지식 재산권으로 나뉜다. 그중 산업재산권은 특허, 실용신안, 디자인, 상표를 포함한다. 통계청 〈지식 재산 통계연보〉 자료를 살펴보면 2019~20년 사이에만 상표출원이 36,000건 이상 증가했는데, 이것은 상표출원에 대한 인식이 커졌음을 보여준다.

브랜드 상표출원에 대해 개인뿐만 아니라, 중소기업, 대학, 공공기관까지 적극적으로 상표권 확보에 나서고 있기 때문이다.

지식 재산권 출원을 계획 중이라면 관련된 기관(예: 소상공인 시장진흥공단의 소상공인 역량 강화사업, 특허청 고객센터, 지역 지식 재산센터)에서 무료 상담을 받을 수 있다. 그런데, 상담을 받더라도 특허, 실용신안, 디자인, 상표, 이 네 가지 산업재산권(http://www.kipo.go.kr/)을 어떻게 구분하는지 알아야 하지 않겠는가. 기술이나 기능과 연관된 것은 특허와 실용실안이고, 물품의 외적인 형태는 디자인이며, 상품의 명칭은 상표로 구분하면 된다.

[표22] **산업재산권 종류와 차이점**

구분	특허 (원천, 핵심기술)	실용신안 (주변 개량 기술)	디자인 (물품의 외관)	상표 (상품의 명칭)
정의	자연법칙을 이용한 기술적 사상의 창작. 고도화된 발명 (대발명)	자연법칙을 이용한 기술적 사상의 창작. 물품의 형상, 구조, 조합에 관한 실용성 있는 고안 (소발명)	물품의 형상, 모양, 색채 등이 포함된 것. 시각을 통해 심미성을 느끼게 하는 것	자기의 상품과 타인의 상품을 식별하기 위하여 사용하는 표장 (기호, 문자, 도형, 색채, 홀로그램 등)
대상	물질, 물품, 방법	물품	물품	
예시 (자동차)	· 엔진제어 시스템 · ABS 브레이크 시스템 · 변속기 시스템	· 백미러 · 컵홀더 · 자동차 도어 · 의자 높낮이 조절	· 차체 형상 · 의자 형상 · 전방 램프 형상 · 리어 스포일러 형상	· 자동차 명칭 (제네시스, 그랜저) · 제작사 명칭 (현대, 기아)
존속 기간	등록일로부터, 출원일 후 20년	등록일로부터, 출원일 후 10년	등록일로부터, 출원일 후 20년	등록일로부터 10년 반영구적 독점 가능

식별력 없는 상표는 어떤 것인가

상표는 해당 상품이 누구의 것인지 구분해 주는 표식이다. 상표를 등록하기 위해서는 이름 자체가 식별력이 있어야 한다. 그런데 식별력이 없는 상표도 있을까. 상표법(제6조 제1항)에서는 상품 식별력이 없는 상표를 7가지로 알려주고 있다. 이 7가지 경우에 해당되면 상표등록이 거절된다.

보통 명칭

실제로 사용되고 인식되는 명칭을 의미한다. 예를 들면, 먹는 과일인 사과는 Apple이나 사과로 상표등록할 수 없다. 하지만 컴퓨터 제조회사가 사용하면 다른 컴퓨터 상품과 구별되기 때문에 상표가 될 수 있다.

관용 표장

동종의 사업에서 자유롭게 사용하는 명칭을 말한다. 과자업계에서 새우깡, 양파깡, 감자깡은 식별력이 없어 등록이 불가능하다.

성질 표시 표장

상품의 성질이나 원산지를 그대로 표시한 경우이다. 상품 품질을 나타내는 Super, Nice, 일품, 청정, 1등급 등은 개인이 독점할 수 없는 단어이다. 또한 영광 굴비, 보성 녹차처럼 원산지를 표기하면 상표등록이 안 되며, 가공 방법인 수제, 훈제와 같은 단어도 식별력이 없어서 사용할 수 없다.

현저한 지리적 명칭

시, 군, 구 명칭은 식별력이 없다. 장충동 왕족발처럼 지리적 명칭에 업종을 그대로 추가한 경우, 등록이 불가능하다.

흔한 성 또는 명칭

김&박, 박상사, 허노인 등 흔히 있는 성이나 명칭만으로는 다수가 존재하기 때문에 식별력이 없다.

간단하고 흔한 표장

가, 나, 다처럼 한 음운으로 이루어진 한글이나 한자, 두 자리 이하의 숫자, 2자 이하의 외국 문자 등은 모두 식별력이 없다. 다만, LG, CJ, SK 등은 오랜 사용에 의해 예외적으로 식별력이 인정된다.

특허 정보검색서비스, 키프리스 검색하기

상표등록 여부를 검색할 수 있는 곳이 '특허 정보검색서비스, 키프리스(http://www.kipris.or.kr/)'이다. 상표등록 카테고리를 선택하고, 검색창에 생각해 둔 상표 명칭을 기입해 보자. 상표등록 검색에서 그 명칭이 없다면, 먼저 출원하고 등록하는 사람이 우선권을 갖는다. 만약 상표등록 검색에 있는 경우, 상품 종류가 전혀 다른 분야라면 이미 사용 중인 상표라도 새롭게 출원이 가능하다. 하지만 브랜드를 대표할 상표인데 유일하게 사용할 수 있는 이름이 더 낫다.

변리사를 통해서 상표출원을 할 수도 있고, 서류가 준비된 상태라면 특허청의 특허로 사이트(https://www.patent.go.kr/)에서 절차에 따라 직접 진행할 수 있다. 준비사항은 특허고객번호, 상표 이미지, 공인인증서, 특허로 통합 서식 작성 프로그램, 주민등록등본 등이다. 상표등록 출원서를 온라인에서 작성할 때, 구분 항목에 '상표'를 선택한 후 상표 분류를 추가하면 된다. 상표 분류는 등록할 대상에 대한 구분이며, 상품은 제1류~제34류, 서비스는 제35류~제45류로 분류되어 있다. 이 중 가장 근접한 상품 분류 코드를 선택하도록 하자. 한 종류의 상품만 취급하면 1개의 분류 코드를 선택하고, 여러 종류의 상품을 취급하는 경우엔 여러 개의 분류 코드로 신청한다. 미리 어느 분류 코드로 할 것인지 살펴보도록 하자.

[표23] 상품 분류 코드

구분	니스(NICE) 국제상품분류
제1류	공업/과학 및 사진용 및 농업/원예 및 임업용 화학제; 미가공 인조수지, 미가공 플라스틱; 소화 및 화재예방용 조성물; 조질제 및 땜납용 조제; 수피용 무두질제; 공업용 접착제; 퍼티 및 기타 페이스트 충전제; 퇴비, 거름, 비료; 산업용 및 과학용 생물학적 제제
제2류	페인트, 니스, 래커; 녹방지제 및 목재 보존제; 착색제, 염료; 인쇄, 표시 및 판화용 잉크; 미가공 천연수지; 도장용, 장식용, 인쇄용 및 미술용 금속박(箔) 및 금속분(紛)
제3류	비의료용 화장품 및 세면용품; 비의료용 치약; 향료, 에센셜 오일; 표백제 및 기타 세탁용 제제; 세정/광택 및 연마재
제4류	공업용 오일 및 그리스, 왁스; 윤활제; 먼지흡수제, 먼지습윤제 및 먼지흡착제; 연료 및 발광체; 조명용 양초 및 심지
제5류	약제, 의료용 및 수의과용 제제; 의료용 위생제; 의료용 또는 수의과용 식이요법 식품 및 제제, 유아용 식품; 인체용 또는 동물용 식이보충제; 플래스터, 외상치료용 재료; 치과용 충전재료, 치과용 왁스; 소독제; 해충구제제; 살균제, 제초제
제6류	일반금속 및 그 합금, 광석; 금속제 건축 및 구축용 재료; 금속제 이동식 건축물; 비전기용 일반금속제 케이블 및 와이어; 소형금속제품; 저장 또는 운반용 금속제 용기; 금고
제7류	기계, 공작기계, 전동공구; 모터 및 엔진(육상차량용은 제외); 기계 커플링 및 전동장치 부품(육상차량용은 제외); 농기구(수동식 수공구는 제외); 부란기(孵卵器); 자동판매기
제8류	수동식 수공구 및 수동기구; 커틀러리; 휴대무기(화기는 제외); 면도기
제9류	과학, 항해, 측량, 사진, 영화, 광학, 계량, 측정, 신호, 검사(감시), 구명 및 교육용 기기; 전기의 전도, 전환, 변형, 축적, 조절 또는 통제를 위한 기기; 음향 또는 영상의 기록, 전송 또는 재생용 장치; 자기데이터 매체, 녹음디스크; CD, DVD 및 기타 디지털 기록매체; 동전작동식 기계장치; 금전등록기, 계산기, 정보처리장치, 컴퓨터; 컴퓨터 소프트웨어; 소화기기

구분	니스(NICE) 국제상품분류
제10류	외과용, 내과용, 치과용 및 수의과용 기계기구; 의지(義肢), 의안(義眼) 및 의치(義齒); 정형외과용품; 봉합용 재료; 장애인용 치료 및 재활보조장치; 안마기; 유아수유용 기기 및 용품; 성활동용 기기 및 용품
제11류	조명용, 가열용, 증기발생용, 조리용, 냉각용, 건조용, 환기용, 급수용 및 위생용 장치
제12류	수송기계기구; 육상, 항공 또는 해상을 통해 이동하는 수송수단
제13류	화기(火器); 탄약 및 발사체; 폭약; 폭죽
제14류	귀금속 및 그 합금; 보석, 귀석 및 반귀석; 시계용구
제15류	악기
제16류	종이 및 판지; 인쇄물; 제본재료; 사진; 문방구 및 사무용품(가구는 제외); 문방구용 또는 가정용 접착제; 제도용구 및 미술용 재료; 회화용 솔; 교재; 포장용 플라스틱제 시트, 필름 및 가방; 인쇄활자, 프린팅블록
제17류	미가공 및 반가공 고무, 구타페르카, 고무액(Gum), 석면, 운모(雲母) 및 이들의 제품; 제조용 압출성형형태의 플라스틱 및 수지; 충전용, 마개용 및 절연용 재료; 비금속제 신축관, 튜브 및 호스
제18류	가죽 및 모조가죽; 수피; 수하물 가방 및 운반용 가방; 우산 및 파라솔; 걷기용 지팡이; 채찍 및 마구; 동물용 목걸이, 가죽끈 및 의류
제19류	비금속제 건축재료; 건축용 비금속제 경질관(硬質管); 아스팔트, 피치 및 역청; 비금속제 이동식 건축물; 비금속제 기념물
제20류	가구, 거울, 액자; 보관 또는 운송용 비금속제 컨테이너; 미가공 또는 반가공 뼈, 뿔, 고래수염 또는 나전(螺鈿); 패각; 해포석(海泡石); 호박(琥珀)(원석)
제21류	가정용 또는 주방용 기구 및 용기; 조리기구 및 식기(포크 ,나이프 및 스푼은 제외); 빗 및 스펀지; 솔(페인트 솔은 제외); 솔 제조용 재료; 청소용구; 비건축용 미가공 또는 반가공 유리; 유리제품, 도자기제품 및 토기제품
제22류	로프 및 노끈; 망(網); 텐트 및 타폴린; 직물제 또는 합성재료제 차양; 돛; 하역물 운반용 및 보관용 포대; 충전재료(종이/판지/고무 또는 플라스틱제는 제외); 직물용 미가공 섬유 및 그 대용품

제23류	직물용 실(絲)
제24류	직물 및 직물대용품; 가정용 린넨; 직물 또는 플라스틱제 커튼
제25류	의류, 신발, 모자
제26류	레이스 및 자수포, 리본 및 장식용 끈; 단추, 갈고리 단추(Hooks and Eyes), 핀 및 바늘; 조화(造花); 머리장식품; 가발
제27류	카펫, 융단, 매트, 리놀륨 및 기타 바닥깔개용 재료; 비직물제 벽걸이
제28류	오락용구, 장난감; 비디오게임장치; 체조 및 스포츠용품; 크리스마스트리용 장식품
제29류	식육, 생선, 가금 및 엽조수; 고기진액; 가공처리, 냉동, 건조 및 조리된 과일 및 채소; 젤리, 잼, 콤폿; 달걀; 우유 및 유제품; 식용 유지
제30류	커피, 차(茶), 코코아 및 대용커피; 쌀; 타피오카 및 사고(Sago); 곡분 및 곡물조제품; 빵, 페이스트리 및 과자; 식용 얼음; 설탕, 꿀, 당밀; 식품용 이스트, 베이킹파우더; 소금; 겨자(향신료); 식초, 소스(조미료); 향신료; 얼음
제31류	미가공 농업, 수산양식, 원예 및 임업 생산물; 미가공 곡물 및 종자; 신선한 과실 및 채소, 신선한 허브; 살아있는 식물 및 꽃; 구근(球根), 모종 및 재배용 곡물종자; 살아있는 동물; 동물용 사료 및 음료; 맥아
제32류	맥주; 광천수, 탄산수 및 기타 무주정(無酒精)음료; 과실음료 및 과실주스; 시럽 및 음료수 제제
제33류	알코올 음료(맥주는 제외)
제34류	담배; 흡연용구; 성냥
제35류	광고업; 사업관리업; 기업경영업; 사무처리업
제36류	보험업; 재무업; 금융업; 부동산업
제37류	건축물 건설업; 수선업; 설치서비스업
제38류	통신업
제39류	운송업; 상품의 포장 및 보관업; 여행알선업
제40류	재료처리업

구분	니스(NICE) 국제상품분류
제41류	교육업; 훈련제공업; 연예오락업; 스포츠 및 문화활동업
제42류	과학적, 기술적 서비스업 및 관련 연구, 디자인업; 산업분석 및 연구 서비스업; 컴퓨터 하드웨어 및 소프트웨어의 디자인 및 개발업
제43류	식음료제공서비스업; 임시숙박업
제44류	의료업; 수의업; 인간 또는 동물을 위한 위생 및 미용업; 농업, 원예 및 임업 서비스업
제44류	법무서비스업; 유형의 재산 및 개인을 물리적으로 보호하기 위한 보안서비스업;개인의 수요를 충족시키기 위해 타인에 의해 제공되는 사적인 또는 사회적인 서비스업

DAY 25

돈이 되는 마법은 기록으로부터 시작된다

기록이 자산으로 될 수 있을까

바야흐로 기록의 시대를 살고 있다. 스마트폰을 매일 사용하는 디지털 시대에 기록은 점점 더 중요해지고 있다. 글, 사진, 영상 등 어느 매체든 상관없다. 기록한다는 것은 흔적을 남기는 일이다. 꾸준한 기록이 모이면 과거, 현재, 미래를 이어주는 징검다리가 된다. 과거 기록을 바탕으로 현재를 이해할 수 있고, 현재 기록은 미래의 새로운 자원이 될 수 있다. 점처럼 작은 흔적들이 모여 인생의 새로운 길을 열어줄지 누가 알겠는가. 꼭 일이 아니어도 일상 기록이 콘텐츠가 되고, 기록 과정에서 내적 성장뿐만 아니라 퍼스널 브랜딩(Personal Branding)도 가능하게 한다.

최근 주목받는 MZ 세대 기록은 '나만의, 또는 나를 위한 (for me)' 콘텐츠를 명확히 보여준다. 이들은 일상을 SNS에 공유하고 피드백 받는 상호작용(Interaction)에 민감히 반응하는 세대이다. (http://snaptime.edaily.co.kr/2021/03) 자신을 위한 소비를 아끼지 않으며, 취미나 운동을 하더라도 단순히 체험하는 것에 그치지 않는다. 여가생활을 즐기거나 목표 달성 과정을 지속적으로 SNS에 공유하고 결과물까지 남긴다. 그래서 그 결과물을 하나뿐인 굿즈(Goods)로, 책으로, 보디 프로필 사진 등으로 남긴 사례를 쉽게 찾아볼 수 있다.

〈기록의 쓸모〉 이승희 저자가 떠오른다. 마케터였던 그녀는 일을 잘 하고 싶어서 틈틈이 생각나는 대로 메모하며 '기록 생활자, 기록 장인'이 되었다. 처음엔 직장에서 사람들의 의도와 맥락을 파악하려고 기록하기 시작했는데, 재미를 붙인 후론 일상, 여행, 강연장, 낡은 잡지 등 다양한 내용을 기록했다. 노트에 차곡차곡 쓴 메모를 통해 통찰력을 얻고, 인스타그램에 아이디어(Idea Inspiration)를 저장해두었다가 새로운 프로젝트로 연결했다. 그뿐만 아니라, 4박 5일 여행하는 동안 찍은 180장 사진으로 책을 만들었다. 이쯤 되면 기록이 퍼스널 브랜딩의 유용한 수단이 아닌가, 그것도 지속 가능한 브랜딩 수단!

창업에서도 마찬가지다. 꾸준한 기록으로 콘텐츠 마케팅을 하는 한복 브랜드가 있다. 콘텐츠 마케팅은 잠재 고객을 대상으로 그들의 신뢰를 쌓을 수 있는 정보와 스토리를 제작하고 발행하는 전략적 마케팅을 말한다. #오한복한인생 이라고 SNS에 검색하면 리슬(LEESLE)이라는 브랜드가 나온다. BTS 지민, 마마무, 이날치, 송가인 등 여러 연예인이 입었던 한복이고, 스파오(SPAO)와 컬래버레이션(Collaboration) 하면서 대중에게 더욱 이름을 알리게 된 브랜드이다. 리슬 대표, 황이슬 디자이너는 대학교 1학년 때 만화 '궁'의 여주인공을 코스튬 플레이한 것을 시작으로 취미였던 한복 아이템으로 창업했다. 초창기엔 전통 한복을 조금 개량한 형태였지만, SNS를 통해 고객들과 매일 소통하면서 모던 한복으로 진화해갔다. 또한 한복 100번 입기 프로젝트, #한복입고 캠페인을 SNS에 알리며 〈나는 한복입고 홍대 간다〉라는 책을 썼다. 현재는 한복을 일상복처럼 자연스럽게 입고 즐길 수 있는 옷으로 홍보하며 '오! 한복한 인생'(한복을 즐기는 생활이 행복하고 재미있는 인생이 된다는 의미)을 슬로건으로 내걸고 있다. 오랫동안 자신이 하는 일을 적극적으로 기록하고 고객과 소통하며 점점 성장하는 브랜드를 만들어왔기 때문에 '리슬러'라는 강력한 팬을 갖게 된 것이다.

때론 과거의 기록이 중요한 근거 자료가 된다. 창업 또는 창작과 연관된 기록은 스토리와 함께 날짜를 표기하는 것이 좋다. 상표나 창작물의 경우 법적인 분쟁이 생겼을 때 누가 먼저인지 우선순위를 결정하는 중요한 증거가 될 수 있기 때문이다. 블로그나 페이스북에는 명확한 기록 날짜가 있는데, 인스타그램은 별도의 방법으로 날짜를 확인해야 하는 번거로움이 있어서 게시물에 날짜를 표기해 놓는다. 예를 들어, 무니무니 로고에 대한 의견 수렴을 인스타그램에 2020년 11월 2일 올렸고, 실제 11월 6일 특허로에서 상표출원을 한 후 11월 9일 블로그에 '셀프 상표등록, 혼자서도 할 수 있어요'라고 글을 발행했다. 또한 창작물인 〈산 중턱 작은 집〉 스케치를 2020년 7월 21일 인스타그램에 올렸고, 시간이 흘러 일러스트 커튼으로 〈산 중턱 작은 집〉을 텀블벅(Tumblbug) 펀딩에 소개할 때 딱 1년이 걸렸다는 스토리의 근거는 과거 기록이었다. 비슷한 이미지가 하루에도 수없이 생겨나는 시대인데 누가 자신의 창작물에 대한 진위를 묻는다면, 그 근거를 말할 수 있어야 한다. 어디에든 기록을 남겨서 피해 보는 일이 없도록 하자.

세 사례만 봐도 꾸준한 기록은 단순히 흔적을 남기는 작업을 넘어선다. '자기다움(나다움)'을 기록하며 자연스럽게 퍼스널 브랜딩 하는 일이며, 꾸준한 기록을 쌓아 든든한 자산을 만드는 일이다. 당장 매출이 오르거나 돈이 되지 않는다고 포기하지 마라. 처음엔 주목받지 못하더라도 지속적인 기록에 관심 갖는 사람들이 분명히 나타난다.

그렇다면 어떻게 기록해야 더 가치를 높이고 주목받을 수 있을까. 더 넓은 확장성을 지닌 기록에는 반드시 스토리, 콘텐츠, 공감이 있어야 한다.

스토리, 콘텐츠, 공감

누구나 자신만의 스토리가 한 가지 이상 있다. 창업을 준비하는 과정도 하나의 스토리다. 어떤 창업이든 고객을 만나야 하기 때문에 혼자만 꺼내보는 기록이 아닌, 세상에 알리는 기록을 해야 한다. 왜 시작하는지, 무엇을 할 것인지, 어떻게 준비하는지, 누가 하는지, 누구를 위한 제품과 서비스인지, 어디에서 할 것인지 등. 창업과 연관된 스토리를 #창업일지 시리즈로 SNS(블로그, 인스타그램, 페이스북, 유튜브, 트위터)에 올려서 기록하자. 각 플랫폼마다 주 사용자와 특성이 다르기 때문에 동일한 내용을 조금씩 다르게 올리는 방법이 있다. 원 소스 멀티 유즈(One Source, Multi-Use), 최소 시간으로 최대 효과를 내는 전략이다. 이때 모든 SNS를 할 필요는 없다. 쉽게 잘 다룰 수 있는 2~3개 SNS 채널에 집중하길 추천한다.

처음엔 무엇을 콘텐츠로 기록하고 어떤 내용을 스토리로 써야 할지 막막하다. 하지만, 콘텐츠 범주는 블로그의 주제 카테고리라고 봐도 무방하다. 나의 경우엔 디자인, 창업, 로컬 라이프가 기록의 주 내용이자 콘텐츠이다. 이 콘텐츠로 고객을 만나려면 [STEP 2] '찐 팬을 찾아 골수팬 1호로 만드는 법칙'에서처럼 키워드, 트렌드, 관심사 등을 반영한 기록을 해야 한다. 이제부터는 기록하는 시간을 일상의 루틴(Routine)으로 만들고, 기록으로 만들어지는 스토리, 콘텐츠, 공감의 상호 연관성을 높여야 한다.

하나 둘, 스토리를 기록하다 보면 공감을 얻는 일이 쉽지 않음을 깨닫는다. 스토리가 쌓여 콘텐츠가 되고, 콘텐츠가 좋을수록 공감하는 사람들이 늘어난다. 하지만 킬러 콘텐츠(Killer Contents, 어떤 미디어가 폭발적으로 성장할 수 있도록 하는 핵심 콘텐츠)는 한 번에 만들어지지 않는다. 몇 개의 콘텐츠를 올리고 즉각적인 반응이 없다고, 사람들의 관심을 끌지 못한다고, 실망하지 마라. 콘텐츠 마케팅에서 성공하는 80% 원동력은 꾸준함에 있다. 운동하는 것처럼 매일 시간을 쌓으며 근육을 키워야 한다.

여러 가지를 기록해 보고 공감이 높은 스토리와 콘텐츠에 집중해 보자. 소설이나 영화에서도 장르별로 공감 포인트가 다르지 않나. 창업과 연관된 100개의 기록을 올리면 어떤 기록에 반응이 높은지 알 수 있다. 최소 한 달 간격으로, 주기적인 자가 진단을 하길 추천한다. 인기 게시물을 분석한 후, 새로 발행할 게시물에 그 반응을 적용해 보자. 예를 들어, 조회 수, 댓글 숫자, 댓글 내용, 연결 사이트로의 전환율, 소셜 미디어 공유 횟수, 그것만 유심히 봐도 사람들이 무엇에 관심 있는지 금세 보인다.

창업자뿐만 아니라 퍼스널 브랜딩을 원하는 누구나 기록하는 삶은 필수가 되었다. 특히 SNS 기반의 기록은 매일 시간만 할애하면 누구나 할 수 있다. 기록을 하다 보면 스토리를 담게 되고, 스토리를 만들다 보면 자신만의 공감 콘텐츠를 만들기 위해 부단히 연구하게 된다. 단순히 양을 채우는 일이 아닌, 일관된 메시지를 전달하며 사람들의 공감을 얻는 콘텐츠를 생산해야 브랜딩이 가능하다. 나(창업자)의 가치는 공감을 주고받는 사람들과의 관계 속에서 하나의 브랜드로, 하나의 콘텐츠로 자리 잡게 되는 것이다. 결국 꾸준한 메시지를 가진 기록이 콘텐츠가 되어 새로운 일로 연결된다.

[표24] **SNS 기록에 대한 자가 진단**

기록 (5월)	콘텐츠	스토리		공감 반응						
	키워드	제목	구성	조회 수	공감 수	댓글 수	댓글 내용	전환율	공유 횟수	기타
블로그										
인스타그램										
기타										
효과/개선점										

DAY 26

직원 대신 생산성 도구

A OO프로젝트 결과 보고서, 도대체 어디에 둔 거야?!

B 분명히 OO프로젝트 폴더에 날짜를 기입하고 저장해 놓았는데, 어디로 갔을까...

A 작년 프로젝트 결과 보고서가 있으면, 올해 정부 지원사업 계획서를 1시간이면 완성할 수 있는데... 왜 아무리 찾아도 없는 거지?

B 그러게, 서류 찾는 데만 30분이 넘다니... 정작 중요한 일을 못하고 있네!

파일 정리만 해도 높아지는 업무 효율성

중요한 서류 찾느라 시간을 낭비한 경험이 한 번이라도 있는가. 바쁘다는 핑계로 업무 서류와 컴퓨터 파일을 여기저기 쌓아둔 적이 있다면, 필요한 서류를 찾다가 업무 효율이 낮아지고 집중력도 떨어지는 경험을 했을 것이다. '분명히 서류가 있는데 왜 이렇게 못 찾겠지' 하면서 컴퓨터 폴더를 하나씩 열다가 점점 괴로워하며 스트레스를 받게 된다. 초등학교 때 배운 대로 '물건은 제자리에 놓기'가 습관이 되었으면 이런 일이 생기지 않을 것이다.

아무리 작은 1인 기업일지라도 업무 기록은 중요한 자산이 된다. 일의 과정을 블로그나 브런치에 기록으로 남겨 중요한 콘텐츠로 만들 수 있지만, 그런 글은 외부에 공개되는 내용이다. 내부 보관용 기록과 자료는 별도로 관리해야 한다. 예전엔 문서를 출력해 큼직한 바인더에 보관했는데, 지금은 컴퓨터 드라이브의 업무 폴더에 디지털 파일로 저장한다. 방 청소를 제대로 하지 않으면 물건 찾기가 어려운 것처럼, 업무 파일을 제대로 관리하지 않으면 낭패를 보게 된다.

업무 폴더는 큰 분류부터 단순하게 만드는 것이 좋다. 연도별 주요 프로젝트 폴더를 만들고 폴더명 앞에 넘버링(Numbering) 해서 정리해 보자. 프로젝트 중요도에 따라서 000, 001, 002를 붙여서 자주 찾아보는 프로젝트를 상위 정렬되도록 하는 것이 편리하다. 동일한 프로젝트가 매달 주기적으로 이루어지는 경우엔 기간을 명시해서 구분하도록 하자. 예를 들어 2022-01, 2022-02처럼 기간별 폴더가 있으면 찾기 쉽다. 또한 파일명은 '프로젝트명_문서명_버전_날짜_작성자'처럼 알아보기 쉬운 방법으로 만들어보자.

파일 하나를 잘 만드는 일도 중요하지만, 필요 없는 파일 삭제가 업무 시간을 단축시켜 준다. 프로젝트를 진행하다 보면 중복된 파일, 중간에 저장된 파일처럼 불필요한 파일이 그대로 남아있는 경우가 많다. 너무 많은 파일이 한 폴더에 있으면 이것저것 열어보게 되고, 결국 시간 낭비가 발생한다. 한 폴더 당 10개 이하의 파일만 보관하는 것이 좋고, 같은 프로젝트에 10개 이상의 파일이 생기면 다시 소그룹 폴더를 생성해 상·하위 위계구조를 만드는 것이 효율적이다. '나중에 정리해야지'라고 생각하면 하염없이 미루기 십상이다. 매달 30일이라든지, 매주 금요일 오후라든지, 정기적으로 파일 정리하는 날을 정해두고 꾸준히 정리하는 습관을 만들도록 하자.

[그림33] **업무 효율 높이는 문서관리 / 예시**

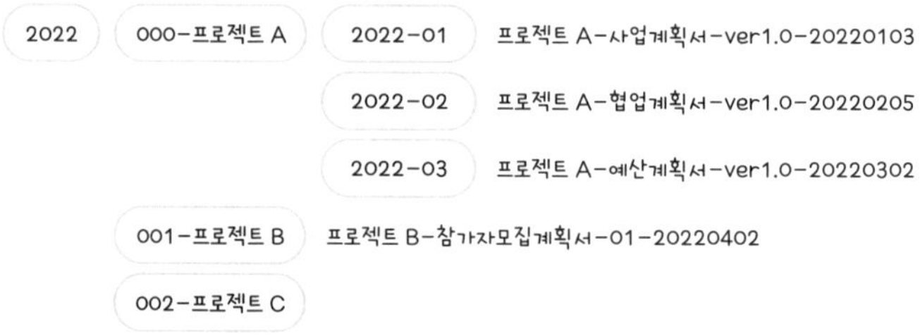

스마트한 업무처리를 돕는 생산성 도구

작은 기업일수록 시간을 절약해 주고 업무 효율을 높이는 생산성 도구가 중요하다. 특히 1인 창업자는 일정관리, 프로젝트 기획 및 실행, 주요 회의 기록, 계약 및 주문 등 혼자서 해야 할 업무가 무척 다양하다. 중견기업처럼 관리팀, 기술팀, 생산팀, 영업팀, 개발팀 등으로 업무를 분담할 인력을 갖추기까지는 시간이 걸린다. 지금 당장 혼자서 처리할 일은 많은데 하루 업무시간은 한정되어 있다면, 업무 효율을 돕는 생산성 도구를 활용해 보자.

구글 슈트(Google Suit)

업무 일정과 진행 상태를 확인할 수 있는 '투 두 리스트(TO DO LIST)'를 작성하려고 구글 슈트(Google Suit) 업무 도구를 찾게 되었다. 구글 슈트는 10개 이상의 업무 애플리케이션을 기본요금 월 $4.8, 비즈니스 요금 월 $9.6의 비용으로 모두 사용할 수 있다. 업무용 이메일을 맞춤형으로 제공하며, 미트(Meet) 화상회의, 챗(Chat) 팀 메신저, 캘린더, 드라이브(요금당 30GB-1TB), 워드 프로세싱 문서작성, 스프레드시트, 프레젠테이션, 설문지, 킵(Keep) 공유 메모 등이 있다.

이 중에서 협업이나 팀 프로젝트를 진행할 때 편리한 도구들이 있다. '설문지'는 간단한 설문조사를 빠르게 할 수 있는 툴이다. '잼보드(Jam Board)'는 브레인스토밍에 활용할 수 있고, '프레젠테이션'은 팀원들이 동시에 발표 자료를 만들 수 있는 장점이 있다. '스프레드시트'에 있는 '할 일 목록(TO DO LIST)'은 연간·월간 일정을 작성해 진행 상태를 확인할 수 있다. 예를 들어, 월간 일정을 기록하고, 완료한 후 V 체크 표시를 하면 일정 완료 상태를 알 수 있다. '스프레드시트'의 기본 템플릿에는 캘린더, 파이낸스 투자 추적기, 재무제표, 연간 사업 예산, 프로젝트 관리 타임라인, 마케팅 타임라인 등 여러 양식이 있으니 활용해 보자.

[그림34] **구글 스프레드시트를 활용한 프로젝트 일정 관리**

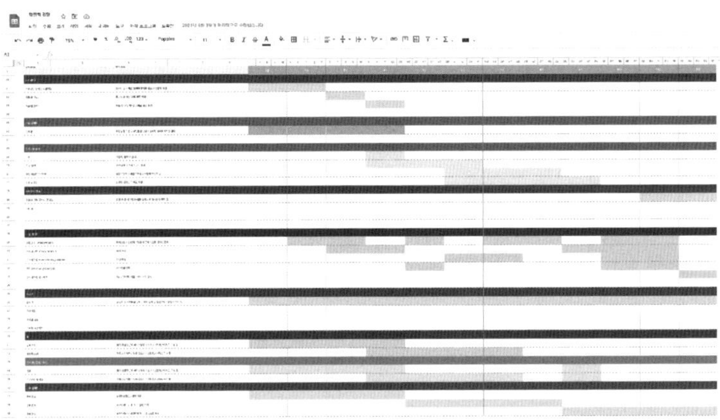

에버노트(Evernote)

에버노트는 스마트폰에서 바로 사용할 수 있어서 편리하다. 기본 템플릿(예: 할 일 목록, 회의 노트, 프로젝트 계획, 강의 노트, 에세이 자료 조사, 독서 목록, 습관 관리, 전략계획, 아이디어 노트, 프로젝트 트래커 등)이 제공되어 용도에 맞게 사용할 수 있다. 텍스트로 기록할 수 있을 뿐만 아니라, 오디오로 기록하는 기능이 있기 때문에 이동하다가 새로운 아이디어가 떠오르면 곧바로 녹음하면 된다. 무료 버전과 유료 버전은 용량과 기능에서 차이가 나는데, 가장 저렴하게 이용할 수 있는 방법은 PC에서 앱을 다운로드하고 무료 버전에서 유료 버전(3,000원대/월, 27,000원/년)으로 업그레이드하는 것이다.

에버노트 기록을 하나 둘 계속 쌓으면 프로젝트별로 중요한 콘텐츠 자산이 된다. 비슷한 프로젝트를 매년 업그레이드하는 경우, 이전 기록을 바탕으로 성과분석을 해서 더 나은 프로젝트로 만들어 갈 수 있다. 시간을 절약하고 효율성을 높이는 일이 결국은 돈을 버는 일이다. 자신에게 맞는 기록 관리 습관을 먼저 만들고, 100일 이상 꾸준하게 업무를 기록하고 관리해 보자. 지금 당장 시작하고 싶다면, 에버노트의 습관 관리에서 '30일 도전'을 활용하는 방법은 어떤가.

마인드맵 (X 마인드, 마인드 마이스터)

마인드맵은 아이디어 발상이나 기획에서 생각 정리 도구로 많이 사용되고 있다. 정보를 분류할 때, 팀 프로젝트를 계획할 때, 아이디어를 체계화할 때, 유용한 도구임에 틀림없다. 업무 효율을 위해서는 디지털 마인드맵 도구가 편리한데, 컴퓨터 기종에 따라 선택할 수 있는 마인드맵 도구가 조금씩 다르다. 또한 마인드맵의 형태와 기능에 있어서도 차이가 있기 때문에 여러 마인드맵 도구를 확인한 후 선택하는 것이 좋다.

마인드 마이스터(Mind Meister)는 맥용, 윈도우용 모두에서 사용 가능한 프로그램이다. 회원가입은 구글이나 페이스북 계정으로 할 수 있으며, 무료 버전은 3개의 마인드맵을 만들 수 있다. 계층 구조를 만들기 쉽고, 디자인적인 완성도와 가독성이 좋은 편이다. 개인, 기업, 협업의 용도에 맞게 사용하고, 무료 버전이어도 프레젠테이션 모드가 지원된다는 점이 유용하다.

구글이나 네이버에 '업무 생산성 도구'라고 검색하면 여러 도구들을 알려준다. 워크 플로위(WorkFlowy), 노션(Notion), 트랜스노(Transno) 등 도구마다 사용성이 조금씩 다르다. 중요한 것은 각자의 업무가 다르기 때문에 자신에게 적합한 도구를 찾는 일이 중요하다. 여러 무료 버전을 사용해 본 후 하나를 선택하고, 그 도구를 200% 이상 활용하는 것이 좋다.

매일 꾸준히 3개월만 사용해도 그 생산성 도구 활용에 전문가가 될 수 있다. 전문가가 된다는 것은 생산성 도구에 관한 지식을 누군가에게 제공할 수 있다는 의미이다. 다양한 활용 팁을 정리하거나 편리한 양식을 만들어서 전자책으로 판매하는 일, 이것도 도전해 보길 추천한다.

DAY 27

무점포, 온라인 숍 어떻게 만들까

온라인 쇼핑이 일상인 시대!

온라인에서 상품을 판매한다면 하나 이상의 링크가 있다. 카카오 쇼핑, 네이버 쇼핑뿐만 아니라, 인스타그램, 블로그 마켓 등 다양한 온라인 판매 채널이 늘고 있기 때문이다. 게다가 2년 전에 비해 개인 쇼핑몰이 많아졌고, 특화된 전문 쇼핑몰 수도 크게 증가했다. 창업한다고 해서 오프라인 공간이 반드시 필요한 것은 아니다. 창업 초기에는 인건비와 유지비가 많이 드는 오프라인 매장보다 무점포, 온라인 숍 운영이 바람직한 방법이다.

이미 판매를 해 본 창업자라면 네이버 플랫폼이 편리하다는 것을 잘 알 것이다. 네이버 블로그, 스마트 스토어, 모두(Modoo) 홈페이지, 이 세 가지를 연결하기 쉽고 네이버 페이 결제를 사용할 수 있는 장점이 있다. 네이버 내에서 이루어지는 홍보와 판매에 만족한다면, 더 이상 다른 곳으로 확장할 필요가 없다. 그래서 누군가는 '독립적인 자사몰이 왜 필요하냐'고 묻는다. 실제로 온라인 자사몰을 만들려면 도메인과 쇼핑몰 구축비용이 들고, 사진 촬영과 상세 페이지 제작 등 여러 해야 할 일이 늘어나는 게 사실이다.

하지만 네이버 외에 다양한 온라인 확장처를 만들고 싶다면, 독립적인 자사몰을 만드는 것이 좋다. 예를 들어, 인스타그램에 쇼핑 기능이 추가되어 숍 개설이 쉬워졌다. 하지만 인스타그램 숍 개설은 온라인 자사몰의 도메인이 있어야 승인된다. 네이버 스마트스토어 URL로 승인 신청하는 경우, 숍 승인이 안 된다. 인스타그램 숍 개설은 하나의 사례이고, 전문 쇼핑몰에 입점하는 경우에도 온라인 자사몰이 있으면 더 전문성과 신뢰성을 줄 수 있다.

온라인 자사몰이 있으면 여러 SNS와 연결하는 일은 더 쉽다. 결제 시스템이 있는 플랫폼에 자사몰을 만들고, 블로그, 인스타그램, 페이스북의 URL을 연결하면 된다. 반대로, 각각의 SNS 채널에 온라인 자사몰을 링크해서 여러 방향의 고객 유입을 만들 수 있다. 관리하는 모든 온라인 채널이 서로 연결되어야 홍보에 유리하다는 건 당연한 일이다. 또한 우연히 SNS 게시물에 올린 해시태그로 인해 지그재그와 같은 쇼핑몰 MD(Merchandiser)로부터 입점 제안을 받는 일이 생기기도 한다. 새로운 기회는 어느 통로로 찾아올지 아무도 모른다.

도메인 이름을 무엇으로 할까

쇼핑몰 이름을 무엇으로 만들지 생각해 보자. 영문 브랜드 이름이 있으면 그대로 사용할 수 있고, 국문 브랜드 이름이면 읽었을 때 소리대로 영문으로 바꿔 볼 수 있다. 도메인은 .com, .net 또는 .co.kr을 가장 많이 사용하는데, 그 이름과 유사한 인터넷 도메인이 있는지 알아봐야 한다. 도메인 검색 및 신청은 카페24(https://www.cafe24.com) 또는 가비아(https://www.gabia.com/)에서 할 수 있으며, 도메인 검색 후 사용 가능하다면 이용료를 내고 계약기간 동안 사용하게 된다.

카페24 도메인 센터를 방문하면 빈창에 도메인 검색을 할 수 있다. 무니무니를 영문으로 타이핑해서 moonymoony로 검색해 보니 가능한 도메인 이름들이 표 형태로 나타난다. 무니무니 닷컴 moonymoony.com으로 하려 했지만, 이미 사용 중이어서 moonymoony.co.kr로 도메인을 결정했다. 카페24에서는 도메인 이용료만 결제하고, 쇼핑몰은 다른 플랫폼을 활용하려고 그 이전부터 계획하고 있었다. 이런 경우엔 다른 플랫폼에서 쇼핑몰을 만든 후 도메인 호스팅을 연결하면, 미리 선점해둔 도메인 주소(예: moonymoony.co.kr)가 온라인 상점이 되는 것이다.

도메인 이름을 정할 때 1순위는 회사나 브랜드 이름이다. 그런데 1순위의 이름을 누군가 사용하고 있다면, 브랜드를 연상할 수 있는 단어의 조합이나 문장으로 도메인 이름을 만들어보자. 기억하기 쉽고 명확한 단어일수록 좋다. 한 가지 주의해야 할 점은 다른 상표권을 침해하지 않는지 확인해야만 한다. 유명 브랜드와 동일한 이름이거나 유사한 이름을 사용하는 일은 상표권 문제가 생길 수 있다. 반드시 확인해서 나중에 곤란한 문제가 생기지 않도록 하자.

쇼핑몰 플랫폼 선택하기

쇼핑몰을 쉽게 만들 수 있는 플랫폼들이 생겨서 다행이다. 한동안 온라인 쇼핑몰을 어떻게 만들까 고민이었다. 쇼핑몰 전문가에게 의뢰해서 멋지게 만들고 싶지만, 창업 초반에 큰 비용을 들이기란 쉽지 않았다. 상품 소개와 결제 기능만 사용한다면 혼자서도 만들 수 있는 플랫폼을 활용해 보는 것이 어떤가. 1인 쇼핑몰과 홈페이지를 구축할 때 많이 활용하는 곳은 윅스(https://ko.wix.com/), 아임웹(https://imweb.me), 식스숍(https://www.sixshop.com) 이다. 이 중에서 쇼핑몰 또는 홈페이지를 만들려면 어떤 플랫폼이 더 적합할까.

첫 번째, 윅스(Wix)는 결제 시스템 연동이 어려워서 쇼핑몰보다는 홈페이지용으로 괜찮다. 기본 템플릿에서 맘에 드는 디자인 구성을 선택하고, 원하는 대로 '드래그 앤 드롭(Drag & Drop)'하여 편집하는 방식이다. 홈페이지 카테고리별로 사진 자료와 설명 글을 미리 준비해두면 쉽게 만들 수 있는 장점이 있다. 하지만 해외 사이트이기 때문에 네이버에서 검색이 안 되고, 인터넷 익스플로러에서 작동하지 않는 단점이 있다. 몇 년 동안 패턴 디자인을 소개하는 홈페이지 용도로 윅스를 사용했었는데, 해외 텍스타일 페어(Printsource)에 참가한 후 구글 검색이 되어 외국 바이어들로부터 이메일이 오기도 했다.

두 번째, 아임웹(Imweb)은 쇼핑몰과 일반 홈페이지용 템플릿 중 원하는 디자인 형식을 선택하고 적용하면 된다. 장점으로는 무제한 용량, 무제한 상품 지원을 해주기 때문에 대규모 상점 운영이 가능하다. 글로벌 요금제를 사용하면 7개 언어(영어, 중국어(간체, 번체), 일본어, 스페인어, 베트남어, 한국어)로 동시에 운영할 수 있어서 글로벌 쇼핑몰로 만들 수 있다. 하지만 크롬 브라우저에서 안정적으로 운영되며, PC버전을 만들면 자동 생성되는 모바일 버전은 화면 비율이 변경되기 때문에 직접 확인해야 한다.

세 번째, 식스샵(Sixshop)도 기본 템플릿에서 원하는 레이아웃을 선택해서 쇼핑몰을 만든다. 실제 식스샵에서 만든 사례를 참조하면 도움이 되지만, 6분 만에 쇼핑몰 만들기는 시간이 턱 없이 부족하다. 쇼핑몰 구축을 처음으로 하는 경우엔 일주일 이상 소요될 수 있다. 단점으로는 아임웹처럼 크롬 브라우저에서 디자인 편집이 가능하고, 국내와 해외에 동시에 판매하는 경우엔 계정을 연결하기가 번거롭다. 국내 판매가 중점이고 상품 수가 정해져 있는 경우라면, 식스샵에서 쇼핑몰 만드는 일이 그리 어렵지 않다.

아임웹과 식스샵은 혼자서도 쇼핑몰을 만들 수 있는 사이트이다. 개인마다 쇼핑몰 구축 시간이 다르겠지만, 기본 템플릿에서 편집하는 방식이어서 시간을 들이면 쇼핑몰이 만들어진다. 혹시 만들다가 어려운 점이 생기면 고객센터에서 친절히 답변해주기 때문에 걱정하지 않아도 된다. 다만, 플랫폼을 결정하기 전에 유지관리 비용, 디자인 템플릿 사례, 결제 시스템 등을 비교한 후, 가장 적합한 것을 선택하자.

[그림35] **온라인 쇼핑몰 구축 사례**

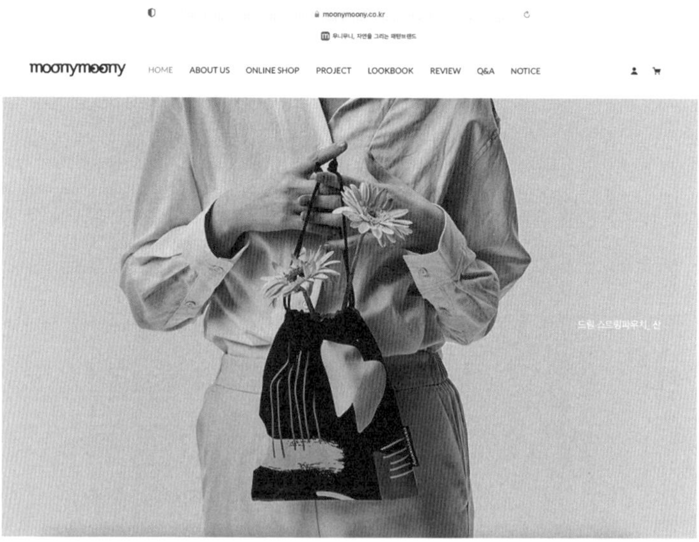

DAY 28

단 1분 만에 파악하는 상권분석

오프라인 공간, 어디로 정할까

온라인 창업이 요즘 대세지만, 오프라인 공간에서 창업해야 하는 업종이 분명히 있다. 이런 경우엔 창업 자본금이 어느 정도인지, 업종이 무엇인지, 거주지와 거리가 어느 정도인지, 고객층의 유입 빈도가 어떠한지에 따라서 선택 장소가 좁혀진다. 선택의 우선순위를 어디에 둘 것인가, 그것을 먼저 결정해야 한다. 번화한 상권의 대로변에 상점을 낼 것인지, 눈에 띄지 않는 골목에서 모바일 플랫폼으로 상품을 판매할 것인지, 창업자마다 사업 계획이 다르다.

출퇴근 시간을 절약하고 싶은 사람은 거주지와 가까운 곳을 선택할 것이다. 만약 교육과 연관된 업종이라면 주변에 학교나 아파트가 많은 지역을 선택할 것이고, 직장인이 주 고객층이라면 오피스 빌딩이 많은 지역을 우선순위로 삼을 것이다. 사람들이 많이 지나다니는 번화가에 위치했고, 마음에 드는 새 건물을 찾을 수도 있다. 하지만 보증금과 월세를 감당할 수 없으면 아무 소용이 없다. 그저 그림의 떡일 뿐이다. 아직 본격적인 시작도 안 했는데, 전부 대출받아서 시작하기엔 부담이 클 수밖에 없다.

오프라인 창업자는 초기 자본금이 최소한이라도 필요하다. 자금 여유가 있다면 1~2년 유지 관리 비용을 책정해두는 것이 좋다. 비용 부담이 큰 부분은 임대료와 인건비일 것이다. 고용 인원이 없는 상태에서는 인건비가 들지 않지만, 임대료는 매달 지출해야 하는 비용 아닌가. 자가 소유 건물이 있거나 거주공간에 업무공간을 둘 수 있다면, 임대료가 들지 않아서 부담이 없다. 하지만 업무공간과 거주공간의 분리를 원하는 창업자는 별도의 공간을 확보해야 한다.

새로 오픈하려면 어느 지역이 좋을까. 발품 팔아가며 돌아다니기 전에 먼저 찾아볼 것이 있다. 적절한 매장을 찾는 일에 빅 데이터 분석을 활용해 보자. 소비 트렌드가 빠르게 바뀌면서 빅 데이터와 디지털 기술을 활용해 온·오프라인 공간을 운영하는 일이 중요해졌기 때문이다. 이런 추세에 맞춰 IT기업들이 다양한 앱을 선보이고 있으며, 빅 데이터 기반 상권분석, 업종별 인기 지역 등을 편리하게 알려준다. 이미 일상 속에 와 있는 4차 산업혁명의 기술과 정보를 잘 활용하는 일은 사업을 점프업(Jump Up) 해주는 견인차 역할을 해줄 것이다.

빅 데이터로 알려주는 상권분석

- **소상공인 시장진흥공단 상권분석** [https://sg.sbiz.or.kr/]

빅 데이터로 분석하는 상권분석에는 소상공인 시장진흥공단의 '상권정보시스템'이 있다. 무료로 제공하는 서비스이며, 홈페이지를 방문하거나 스마트폰 앱에서 '상권분석'을 검색해서 이용할 수 있다. 실제 현장조사를 가기 전에 스마트폰으로 확인하면, 발품 파는 수고와 시간을 절약할 수 있는 장점이 생긴다. 홈페이지 또는 앱에서 뭘 해야 할지 전혀 모르면, 유튜브 소상공인 시장진흥공단 채널에서 〈상권정보시스템〉 1편 '쉽게 따라 하기', 2편 '보고서 활용하기'를 먼저 보길 바란다.

'간단 분석'에서는 해당 업종을 선택하고, 지역을 선택한 후 분석하기 버튼을 클릭하면 된다. 업종과 지역에 따라 월 매출 평균부터 업소개수 등 주요 현황 정보 조회가 가능하다. '상권 현황'은 선택한 상권의 유동 인구, 매출 정보, 빌딩 내 점포 수, 임대료 통계까지 다양한 상권 정보를 알아볼 수 있다. 여기서 주의할 점은 누구나 쉽게 상권분석을 할 수 있지만, 업종에 맞도록 결과를 어떻게 해석하느냐의 몫은 창업자에게 달려있다.

지역별 상권에서 가까운 일자의 '추정 매출'과 '유동 인구' 결과를 알아볼 수 있어서 입지분석의 유용한 자료가 된다. 여기서 제공하는 매출액은 해당 상권의 경쟁 점포를 포함한 최고와 최저의 평균 매출액이다. 평균 매출액은 입점 후보지의 실제 매출액과는 다를 수 있다. 하지만, 소비 연령대나 이용 시간대, 요일별 매출 특성에 관한 정보를 얻을 수 있다.

상권분석 시스템을 100% 이상 활용하려면 반복적인 훈련이 필요하다. 처음에는 집 근처에 있는 자주 가는 상점을 대상으로 상권분석을 해보면, 올바르게 해석할 수 있는 노하우를 쌓게 된다. 분석 결과를 해석하는 경험이 쌓이면 어떤 가게가 잘 되는지, 어떤 가게가 안 되는지에 대한 상권적인 판단을 조금 더 명확하게 할 수 있게 된다. 빅 데이터 전문가도 데이터를 해석해서 인사이트(Insight)를 얻고 가치(Value) 창출까지 이끌어내는 일이 처음부터 쉬운 일은 아니라고 한다. 처음 시도하는 것이라면 소상공인시장진흥공단의 지원사업 중 '점포 컨설팅'을 받는 것도 방법이다.

- **서울특별시 우리 마을가게 상권분석** [https://golmok.seoul.go.kr/ (문의: 1577-6119)]

서울시 상권분석은 빅 데이터를 토대로 100개의 생활 밀접 업종을 선별해서 업종별 분석 결과를 제공한다. 발달상권 분석보다는 골목상권 분석에 집중하고 있으며, 골목상권은 발달상권에 비해 생존율이 낮고 폐업 기간이 짧다. 그래서 신규 창업자에게는 합리적이고 신중한 창업을 돕고, 기존 창업자에게는 영업 환경 개선과 매출 증가를 도우려는 취지에서 만들어졌다. 또한 서울시 자영업 지원센터의 200명 전문 컨설턴트가 전문가용 상권분석 서비스를 통해 '창업 컨설팅 지원'을 하고 있으니 참고하길 바란다.

간편하게 분석할 수 있는 '창업 신호등'을 활용해 보자. '창업 신호등' 메뉴에서 행정구역을 '마포구, 망원 2동'처럼 선택하고, 생활밀접 업종에서 대분류(외식업, 서비스업, 소매업)를 먼저 고른다. 그 다음, 중분류에서 판매하는 상품 종류를 골라 검색 버튼을 클릭한다. 그러면 그 지역에서 신생기업 생존율이 어떠한지, 평균 영업 기간이 몇 년인지, 창업 위험도(정상, 주의, 위험, 고위험)는 어느 정도인지, 수치와 그래프로 보여준다.

해당 지역의 상권 활성화 지수, 관광 활성화 지수가 몇 등급인지 알려주는 분석에서 1등급에 가까울수록 활성화된 곳이다. '3D 입지분석'에서는 업종을 선택하면 추천 지역을 산출해서 알려준다. 예를 들어, 소매업, 문구업종은 성북구 돈암 2동, 송파구 가락 1동, 영등포구 신길 4동, 강남구 개포 1동, 용산구 이촌 1동을 추천해 준다. 이 분석 결과는 '가구' 대비 '상가 업소 수'를 기준으로 산출한 내용이기 때문에 참고 자료로 활용하는 것이 좋다.

[표25] **우리 마을가게 상권분석, 생활 밀접 업종의 분류**

대분류	중분류
외식업	한식음식점, 중식음식점, 일식음식점, 양식음식점, 제과점, 패스트푸드점, 치킨전문점, 분식전문점, 호프-간이주점, 커피-음료
서비스업	일반교습학원, 외국어학원, 예술학원, 컴퓨터학원, 스포츠 강습, 일반의원, 치과의원, 한의원, 동물병원, 변호사사무소, 변리사사무소, 법무사사무소, 기타법무서비스, 회계사사무소, 세무사사무소, 당구장, 골프연습장, 볼링장, PC방, 전자게임장, 기타오락방, 복권방, 통신기기수리, 스포츠클럽, 자동차수리, 자동차미용, 모터사이클수리, 미용실, 네일숍, 피부관리실, 세탁소, 가전제품수리, 부동산중개업, 여관, 게스트하우스, 고시원, 노래방, 독서실, DVD방, 녹음실, 사진관, 통번역서비스, 건축물청소, 여행사, 비디오/서적임대, 의류임대, 가정용품임대,
소매업	슈퍼마켓, 편의점, 컴퓨터 및 주변장치 판매, 핸드폰, 주류도매, 미곡판매, 육류판매, 수산물판매, 청과상, 반찬가게, 일반의류, 한복점, 유아의류, 신발, 가방, 안경, 시계 및 귀금속, 의약품, 의료기기, 서적, 문구, 화장품, 미용재료, 운동/경기용품, 자전거 및 기타 운송장비, 완구, 섬유제품, 화초, 애완동물, 중고가구, 가구, 가전제품, 철물점, 악기, 인테리어, 조명용품, 중고차판매, 자동차부품, 모터사이클 및 부품, 예술품, 주유소, 전자상거래업

그 외에 마포구청에서는 마포구 상권분석 빅 데이터 센터(https://sangkwon.mapo.go.kr)를 별도로 운영하고 있다. 업종, 상권 면적, 보증금, 월 임대료, 고객층, 유동인구 등 상세한 검색 조건으로 마포구 상권을 분석할 수 있다. 또한 KB국민은행에서는 자사 부동산 플랫폼에서 상권분석 서비스(https://kbland.kr/)를 제공한다. KB 카드 결제 실적을 기준으로 상권 영역, 상권 동향, 이용고객, 유동 인구, 매출 규모, 매장당 평균 매출 등을 보고서로 보여준다. 여기서도 간략하게 상권정보를 파악할 수 있는 장점이 있

지만, 이것만으로 절대적인 판단을 해서는 안 된다. 상권분석은 그리 간단한 일이 아니다. 손품 팔고 발품 팔고 전문가 컨설팅도 받아보면서, 오프라인 공간을 신중하게 결정하길 바란다.

[그림36] **소상공인 시장진흥공단, 상권정보 시스템**

DAY 29

고객의 마음을 반영하는 노하우

상품을 파는 일 VS 고객을 모으는 일

요즘은 상품을 만들기 전부터 SNS 채널을 통해 만드는 과정을 공유한다. 그러기 위해선 창업자(나)의 이야기를 들어줄 사람들이 어디에 있을지 찾는 과정이 필요하다. (이 내용은 [STEP 2]를 참고하길 바란다.) 여러 채널에서 잠재 고객을 만나고, 앞으로 뭘 하면 좋을지 또는 뭘 할 것인지, 왜 이 일을 하는지에 대해 이야기하면서 서로를 알아가는 여정인 것이다. 마치 연애할 때 서로에게 호감을 느끼고 썸 타는 과정과 비슷하다.

만약 시장에 출시하려는 상품이 이미 있다면, 어떤 가치가 있는지 알려야 한다. 무작정 상품만 판매하려고 하면 고객은 기존에 나와 있는 상품과 큰 차별성을 느끼지 못한다. 기능적 가치, 감성적 가치, 사회적 가치와 같은 특별한 가치를 지속적으로 알리고,

공감하는 고객을 모으는 일이 중요하다. 여기서 기능적 가치는 사용의 효용을 의미하며, 감성적 가치는 정서적 편익을 제공하는 것을 말하고, 사회적 가치는 공공적 이익을 창출하는 것을 뜻한다. 이 중 한 가지 이상의 가치를 포함한 상품이어야 한다. 그래야 공감할 수 있는 이야기를 만들고 잠재 고객을 모을 수 있게 된다.

잠재 고객의 관심을 끌기 위해서는 콘텐츠가 중요하다. 고객의 마음을 사로잡는 한 줄 카피, 상품의 매력을 최대로 보여주는 영상과 이미지, 서사가 담긴 스토리 등으로 상품의 차별성을 크게 부각시켜 줄 수 있기 때문이다. 세상에 없는 상품보다는 세상에 없는 콘텐츠를 만드는 일이 더 중요한 일이다. 상품은 똑같이 만들 수 있지만, 매번 똑같은 콘텐츠를 누군가 동일하게 만드는 일은 전혀 불가능하다. 그래서 콘텐츠에 진정성을 담아 잠재 고객과 꾸준히 소통하다 보면, 상품 판매는 자연스럽게 이루어진다. 결국 상품 판매보다 먼저 해야 할 일은 진정성을 담은 콘텐츠로 고객을 모으는 일이다.

SNS 소통은 각 채널의 특징에 맞게

소통할 수 있는 고객을 만나기 위해 SNS 채널별 특징을 알아야 한다. 온라인 소통 채널로는 블로그, 인스타그램, 페이스북, 유튜브, 브런치, 카페 등이 있고, 이들은 각각 성격도 다르고 이용자도 다르다. 지금 하고 있는 일의 타깃층, 판매하려는 상품의 잠재 고객이 누구냐에 따라서 SNS에 발행하는 콘텐츠(영상, 이미지, 글)의 내용과 형식이 달라져야 한다. 간략히 블로그, 인스타그램, 페이스북의 채널 특징을 알아보도록 하자.

블로그(Blog)는 노출에 있어 가장 기본적이고 효과적인 채널이다. 네이버 자체가 검색 기반의 플랫폼이기 때문에 블랙키위(https://blackkiwi.net)나 웨어이즈포스트(https://whereispost.com) 사이트를 활용해 키워드를 설정하면, 상위 노출과 블로그 유입을 늘릴 수 있다. 하지만 어쩌다 한 번의 블로그 글 발행보다는 꾸준한 블로그 기록이 있어야만 가능하다. 텍스트 중심의 기록을 하더라도 여러 분야보다는 강점을 나타낼 하나의 분야에 집중해서 글을 발행하는 것이 낫다. 고객을 독자라고 생각하고 그들이 원하는 정보와 스토리를 꾸준히 발행하며, 블로그 방문자, 조회 수, 방문 횟수, 순방문자 수, 인기 게시물 등을 분석해서 콘텐츠를 쌓아야 한다.

페이스북(Facebook)은 기업이나 기관에서 많이 활용하는 SNS 채널이다. 페이스북의 페이지는 기업의 홈페이지와 비슷한 역할을 하며, 페이스북 피드에 올라오는 콘텐츠는 '여러 사람과 공유할 만한 가치가 있는지'가 중요하다. 그런 점에서 페이스북의 대표적인 기능 중 하나가 공유하기(Share) 기능이다. 사용자 간의 공유 참여(Engagement)가 클수록 콘텐츠 확산이 커지는 장점이 있다. 그런 점에서 기업이나 기관을 대상으로 마케팅하려면, 페이스북 채널을 적극적으로 활용하길 바란다.

인스타그램(Instagram)은 시각적인 이미지와 트렌디한 감성 콘텐츠가 특징인 채널이다. 블로그가 텍스트 기반의 채널이라면, 인스타그램은 이미지 기반의 채널이라고 볼 수 있다. 그래서인지 40대 이하의 젊은 층이 더 많이 사용하며, 남성보다는 여성 이용자가 많다. 또한 인스타그램에서는 해시태그로 찾고 싶은 내용을 검색하며, 지역, 연령, 성별에 따라서 타깃 광고가 가능하다는 장점이 있다.

꾸준한 소통을 통해 효과적인 마케팅을 하려면 1+1, 즉 한 개 이상의 SNS 채널 관리를 해야 한다. 그 이유는 채널별로 도달율과 구매 전환율이 다르기 때문이다. 예를 들어, 검색 기반의 블로그는 잠재 고객에게 실제로 도달하는 비율은 낮다. 하지만, 텍스트 기반의 꾸준한 소통으로 인해 창업자(나)의 이야기를 들어줄 고객을 만나면 구매 전환율이 높아진다. 반면, 페이스북이나 인스타그램은 도달율이 높지만, 시간을 보내기 위한 흥미 위주의 채널이기 때문에 구매 전환율이 낮은 편이다. 따라서 페이스북이나 인스타그램에서 도달율을 높이고, 블로그에서 구매 전환율이 높은 고객을 만나야 한다.

고객 의견을 경청해서 반영하기

어떤 채널을 사용하든, 중요한 일은 찐 팬과 팬덤을 만드는 것이다. 블로그에서는 이웃, 인스타그램에서는 팔로워, 유튜브에서는 구독자가 꾸준히 소통할 잠재 고객이다. 그들과 SNS 채널을 통해 가까이 소통하다 보면 찐 팬이 생길 것이고, 여러 아이디어를 제시해 줄 것이다. 잘 되길 바라는 마음에서 전해주는 아이디어나 의견은 어떤 방식으로든 반영하는 것이 좋다. 그 의견을 반영하는 과정과 결과를 보는 찐 팬들은 더욱 동질감을 느끼고 견고한 팬덤을 형성해간다.

소통에 적합한 채널을 찾다가 뒤늦게 블로그를 시작했다. 블로그의 장점은 내 이야기를 전달하면서 검색까지 되게 만드는 최적의 플랫폼이다. 블로그 글쓰기를 통해 어떤 일을 하는지, 어떤 일상을 보내는지, 지향하는 가치가 무엇인지를 알리다 보니 비슷한 관심사와 결을 지닌 이웃들과 만나게 되었다. 온라인에서 만난 인연이 오프라인 인연처럼 가까워진다는 게 참 신기한 일이었다. 온라인 쇼핑몰을 만들 때 응원해 주고 구매 고객이 되었던 이웃들은 계속 도전하는 모습을 응원하며 텀블벅(Tumblbug) 펀딩까지 후원해 주었다. 그 덕분에 성공적으로 펀딩을 마무리할 수 있었다.

"인테리어 아이템으로 좋은데, 캠핑 아이템으로도 좋겠어요."

"야외 식탁보나 테이블보로 사용하려고요."

"평안한 분위기여서 아이 방 커튼으로 사용할래요."

"아이가 빨간 지붕 있는 집에서 살고 싶대요. 아이가 좋아해서 기분이 좋아요."

"거실 벽에 한 폭 그림처럼 걸어두고 싶어요."

"혼자 사는 방이라서 공간 분리가 안되는데, 공간 가리개로 딱 맞아요."

혼자만의 아이디어로는 부족할 때, SNS 채널을 통해 적극적으로 의견을 구해보자. 크라우드 펀딩 과정에서 블로그 이웃과 찐팬들이 다양한 의견을 내주었다. 그래서 가족 캠핑에서 사용해보고 싶다는 서포터즈를 찾아서 캠핑장에서 사용하는 사진과 동영상을 부탁했다. 서포터즈에게 도움을 요청할 때에는 무엇을 제공할 것인지, 제공 내역을 정확히 알려줘야 한다. 그리고 어떤 사진을 찍어주면 좋을지, SNS에 홍보할 의향이 있다면 어떻게 소개할 것인지, 해시태그를 무엇으로 설정할지 등 가이드라인(Guide Line)을 정해주는 것이 좋다. 또한 제품이나 서비스를 사용한 구매 고객으로부터 후기(Review) 피드백을 받는 일은 향후 품질과 서비스 개선에 큰 도움이 된다.

전시회와 페어를 통한 교류와 확장

온라인 숍이 만족할 정도로 활성화되었을 때, 오프라인 박람회와 페어(Fair) 참가는 의미 없는 것일까. 제품과 브랜드가 명확히 알려졌다 해도, 박람회나 페어에서 고객을 만나는 기회를 마련하는 것이 좋다. 직접적인 만남으로 기존 고객뿐만 아니라, 신규 고객까지 판매로 이어질 수 있다. 하지만 판매 목적보다는 교류 목적으로 활용하도록 하자. 온라인 시장의 비중이 커졌는데 판매할 방법이 없어서 전시회와 박람회를 참여하는 것이 아니다. 대부분의 경우, 고객과 기업, 기업과 기업 간의 교류와 협력을 넓히기 위해서 전시회, 박람회, 페어를 활용한다.

수없이 많은 박람회와 페어가 일 년 내내 열린다. 어디서 그런 일정을 확인해야 할까. 먼저, 국내 전시 일정은 (사)전시주최자협회(http://www.keoa.org/)와 한국전시산업진흥회(http://www.akei.or.kr/)에서 확인할 수 있다. 다음으로, 코트라(Kotra), 한국무역 투자 진흥 공사에서 운영하는 '글로벌 전시 플랫폼' 사이트(https://www.gep.or.kr/)에서는 해외 전시회 일정을 알려준다. 코트라에서는 국내 전시 지원사업뿐만 아니라, 해외 전시회와 박람회에 개별 또는 그룹 참가를 지원한다. 이것은 무역과 수출을 증진시키기 위한 정부 지원사업이기 때문에 기회가 된다면 참가하길 추천한다.

서울에서는 코엑스(COEX) 행사가 가장 많고, 세텍(SETEC)과 AT센터 행사가 그 다음을 차지한다. 서울을 제외한 타지역에서는 경기도 일산의 킨텍스(KINTEX)와 부산의 벡스코(BEXCO)에서 많은 행사가 열린다. 정부와 지자체 지원사업으로 국내 페어와 해외 트레이드 페어(Trade Fair)를 여러 차례 참가했었다. 코엑스에서 열리는 핸드메이드 페어(Handmade Fair)와 공예 트렌드 페어(Craft Trend Fair)에 2~3년에 걸쳐 참가했는데, 페어마다 방문객의 특징을 파악하고 참가할 곳을 결정해야 한다. 20대가 많이 찾는 디자인 페어(Design Fair)에 30~40대를 타깃으로 하는 제품을 가지고 참가하는 일은 자칫 시간과 비용을 낭비하는 일이 될 수 있기 때문이다.

따라서 전시회와 페어의 참가 목적이 교류와 확장이라면, 적절한 행사 선택이 중요하다. 잠재 고객을 만날 가능성이 높은 행사를 찾아야 하고, 행사장에서는 고객들의 반응과 의견을 적극적으로 파악하는 것이 좋다. 온라인에서 직접 경험하지 못하는 것을 실제 오프라인 현장에서는 생생하게 보여줄 수 있지 않은가. 제품과 서비스를 직접 보고, 듣고, 만지는 경험을 해봄으로써 고객들이 새로운 가치를 발견하도록 만들자. 그뿐만 아니라, SNS 팔로우 요청을 하거나 연락처와 이메일 주소를 확보하는 등 적극적으로 잠재 고객을 확보하는 활동을 해야 한다. 온라인이든 오프라인이든 고객의 데이터 확보는 마케팅 경쟁력이 될 수 있으니 미리 준비해서 실행하는 일이 필수이다.

DAY 30

성공하는 틈새 브랜드는 뭐가 다르지?

특정 타깃층을 위한 틈새 브랜드

하나의 브랜드를 만들고 많은 고객들에게 도달하기까지 시간이 걸린다. 그 시간을 조금이라도 앞당기기 위해 처음부터 틈새시장(세분화된 소비자들의 니즈를 만족시키는 작은 규모의 시장), 틈새 브랜드의 개념을 적용해 보자. 규모는 작아도 '자신의 브랜드'를 고민하는 창업자가 많다. 상품과 서비스를 어떻게 차별할까, 고객에게 어떤 가치를 경험하게 할까, 쉽고 사소한 디테일은 어디에 둘까. 작은 브랜드여도 생각하고 결정할 일은 A부터 Z까지 정말 많다. 이왕 고민하는 것이라면 타깃층이 명확한 시장을 찾아 그들에게 필요한 것을 제공하면 어떻겠는가.

창업에서 가장 어려운 점은 세분화된 타깃층과 그들이 있는 최적의 시장을 찾는 일이다. 남들과 똑같은 방법으로 동일한 시장에서 경쟁하기보다는 틈새시장을 공략해야 한다. 그렇게 만들어진 틈새 브랜드는 생존 가능성이 높아진다. 출발부터 특정 소비자를 염두에 두고 만들기 때문에 차별화는 기본 값(Default)이고 마케팅 콘셉트도 명확히 할 수 있다. 작은 규모로 시작하는 브랜드일수록 틈새시장을 찾아야 한다. '남다르게 하는' 방법을 찾고, 남다른 철학과 가치를 보여주도록 하자.

대표적인 틈새 브랜드는 뭐가 있을까. '자신감을 입자!'라는 캐치프레이즈로 데일리룩(Daily Look)을 제안하는 육육걸즈(66girls)가 있다. 육육걸즈에서는 66사이즈 여성을 위한 옷을 만든다. 이 브랜드의 시작은 온라인 쇼핑몰에서 프리(Free) 사이즈 옷을 구매했을 때 몸에 맞지 않았던 박예나 대표의 경험에서 비롯되었다. 당시 의류시장에 형성된 여성복 평균 사이즈는 55에 맞춰 있어서 66사이즈 여성들은 마음에 드는 옷 구입이 쉽지 않았다. 그런 경험을 토대로 고객의 니즈를 파악해 온라인 쇼핑몰 창업을 했다. 그런데 예상보다 시장 반응은 폭발적이었고, 지금까지 승승장구하고 있다. 옷 크기에 대한 고정관념을 깨고 특정 고객을 위한 빅 사이즈 옷이라는 틈새 전략이 성공적인 결과를 낳은 것이다.

육육걸즈 사례처럼 틈새 브랜드는 경쟁자가 많은 시장(레드오션)에서 작은 변화를 찾아낸다. 남들이 생각하지 못한 제품이나 서비스를 선보이려면 먼저, 타깃층에 대한 면밀한 분석이 있어야 한다. 광범위한 타깃층 대신, 수익성이 있다고 판단되는 특정 계층에 포커스를 둔다. 성공 또는 실패의 길은 그들의 욕망(Desire)와 욕구(Needs)를 얼마만큼 잘 분석하느냐에 달려있다. 실질적이고 정확한 분석을 위해 타깃 고객을 심층 인터뷰(Focused Group Interview) 하길 권한다. 그다음으로는, 분석한 내용을 바탕으로 브랜드 차별화에 집중한다. 선명하게 그려지는 단 한 사람의 고객을 생각하고, 그 사람에게 꼭 필요한 것을 해결해주는 것부터 시작해 보자.

시장 경쟁에서 살아남을 틈새 브랜드, 어떻게 만들까

첫째, 세밀한 타깃층을 찾아 뾰족하게 하라. 예를 들어, 2545로 표현할 수도 있지만, 타깃이 어떤 사람일까 구체적인 글로 풀어써보자. 처음부터 구체적으로 잡기 어려우면, 머릿속에 떠오르는 한 가지부터 종이에 적는다. 무니무니의 타깃층을 생각할 때 '자연에서 힐링을 얻고 여유를 찾는'이라는 특징부터 시작했다. 그 이후에 '도심에서 바쁘게 생활하지만 자연을 그리워하는, 자연에서 힐링을 얻고 활력을 찾는, 디자인 제품이나 서비스에 관심이 많은, 인테리어에 관심이 많고 스타일링을 즐기는, 흔한 제품보다 유니크한(Unique) 디자이너 제품을 선호하는' 등으로 타깃층 모습을 구체화했다. 두루뭉술한 나이보다는 뾰족한 취향에 중점을 두어 세분화하는 것이 낫다.

둘째, 무엇을 특별하게 할 것인가, 핵심 타깃으로부터 차별 요소를 발견하자. 차별화 요소는 가격, 소재, 스타일, 크기, 색상, 용도 등 여러 가지가 있다. 육육걸즈의 경우, 일반 상품과 크기를 다르게 함으로써 타깃층의 고민을 해결했다. 또 다른 사례로, 환경을 생각하며 만든 가방 브랜드, 플리츠마마(Pleats Mama)는 상품 소재에 차별성을 두었다. 주름진 형태가 특징인 플리츠마마는 페트병 재활용 원사를 소재로 사용했고, 환경보호에 관심 있는 소비자들에게 어필하고 있다. 이와 같이 차별화 포인트를 자신의 브랜드에 맞게 넣어야 한다. 동일한 친환경 콘셉트일지라도 재활용 소재를 사용할지, 면 100%, 리넨 100%와 같은 친환경 소재를 사용할지에 따라 적용이 달라질 수 있다.

셋째, 브랜드에 가치와 철학을 담자. 진정한 차별화는 기술(How)나 종류(What)가 아닌, 이유(Why)의 영역에서 시작된다. '내가 만든 제품이나 서비스는 어떤 가치를 전달하고 있나?' 이런 질문을 해야 한다. 디지털 세상으로 쉽게 연결되면서 전반적인 수준이 비슷해졌다. 만드는 기술도, 산출된 결과도 비슷비슷하다. 무엇을 어필해야 할까. 결국 누구도 카피할 수 없는 이야기를 브랜드에 담아야 한다. 상품을 만드는 이유, 일을 대하는 자세, 지향하는 목표 등 삶과 연관된 특별한 것이 있을 것이다. 세상 어디에도 똑같은 삶, 똑같은 생각이란 없다. 나(창업자)=삶=가치=의미=일(브랜드), 이 연결고리를 통해 자신만의 답을 찾을 것이다. 고객들은 '좋은 제품과 서비스에 이런 좋은 의미가 있었구나'하고 브랜드를 더 특별하게 여기게 된다.

넷째, SNS를 적극적으로 활용해 타깃층과 소통하자. 온라인 시장이 빠르게 성장하면서 브랜드 론칭이 용이해졌다. 오프라인 창업은 준비사항이 많은데, 온라인 창업은 상품 하나만 있어도 시작할 수 있다. 하지만 온·오프라인 창업 모두 SNS 마케팅은 필수가 되었다. 코로나19 팬데믹으로 인해 온라인 판매와 SNS 마케팅을 할 수밖에 없는 상황도 한몫했다. 그래서 SNS에서 고객을 확보한 스몰 브랜드가 타깃층과 적극적으로 소통하며 빅 브랜드로 성장한 사례를 여러 차례 보았다.

2018년 5월 창업한 무직타이거(Muziktiger)는 빠른 시간 내에 크게 성장한 브랜드이다. 초기에는 민화를 현대적으로 해석한 리빙 브랜드였는데, 민화의 호랑이를 점점 단순하게 그리면서 뚱랑이(Tiger) 캐릭터를 개발했다. 그 당시 인스타그램에 1일 1일러스트를 올리며 매일 타깃층의 반응을 확인했고, 타깃층과 빠른 소통을 하면서 문구류와 디지털 액세서리 제품을 만들어갔다. 현재는 뚱랑이 캐릭터로 다양한 기업과 컬래버레이션을 많이 하고 있다. 무직타이거처럼 성공하는 브랜드가 되려면 고객과 빈번히 소통하며, 그들의 의견을 어떻게 브랜드에 반영할지 끊임없이 고민해야 한다.

[표26] **틈새 브랜드를 만들기 위한 적용**

틈새 브랜드의 성공 비법	적용
1. 뾰족하게 하라 : 세밀한 타깃층	
2. 차별화 하자 가격/소재/스타일/크기/색상 등	
3. 가치와 철학을 담자 예) 나(창업자)=삶=가치=의미=일(브랜드)	
4. SNS 적극적으로 활용하자 : 소통-반응	

처음부터 모든 것을 완벽히 준비해서 시작하려 하지 마라. 우선 SNS에 시작을 알리는 사진 1개, 글 1개를 올리는 일부터 하자. 벤치마킹할 성공 브랜드 1개를 창업 초창기부터 역주행해서 관찰하고 분석하면 나아갈 방향이 조금씩 보인다. 앞에서 제시한 틈새 브랜드를 만드는 방법을 각자의 브랜드에 맞게 적용해 보자. 똑같은 적용과 반응이 있을 수 없고, 어느 방법이 더 효과적인 결과를 가져올지 예측할 수 없다. 그럼에도 불구하고 확실한 점은 '브랜드 특성이 확고할수록 틈새 브랜드로서 경쟁력을 갖는다'는 사실이다. 창업자(나)만의 틈새 브랜드 전략으로 성공 창업에 이르길 바란다.

에필로그

창업 전에 알았더라면 좋았을 것들

만약 6년 전으로 되돌아간다면 더 준비된 창업을 할 것이다. '어쩌다 창업'으로 필요에 의해 사업자등록을 했지만, 정말 아무런 준비가 없었던 것은 아니다. 나만의 씨앗을 뿌리고 그것이 잘 자라도록 돌본 시간이 창업 전 몇 년 동안 있었다. 아날로그 디자인 도구에서 디지털 디자인 도구로의 전환이 있었고, 패턴 디자인과 일러스트레이션(Illustration)이라는 새로운 영역으로의 도전이 있었다. 그뿐만 아니라 여러 프로젝트와 연구 지원사업 진행에서 나도 모르게 기획서 작성 노하우가 쌓였던 것이다. 그런 준비기간이 없었다면, 창업 콘텐츠를 만들고 다양한 창업 지원사업에 선정되는 일이 어려웠을 것이다.

그런 점에서 성공하는 창업을 하려면 반드시 준비가 필요하다. 여러 정부기관에 무료 창업교육과 전문가 컨설팅이 있다는 사실만 알아도 첫걸음을 가볍게 시작할 수 있다. 먼저, 창업의 주춧돌이 될 기업가 마인드와 창업에 관한 기본 지식을 새롭게 장착하길 바란다. 어디에서 무슨 도움을 받을 수 있는지는 [STEP 1]에 상세히 나와 있다. 어떤 창업을 할 것인지 마인드맵으로 생각 정리를 하고, 자신이 원하는 삶의 목적과 맞는지도 고민해 보면 좋겠다. 창업이란 일 자체가 창업자의 모습을 많이 닮게 된다. 일의 진행 방식, 의사결정에서 선택 기준, 창업 아이템 선정까지 창업자의 능력과 자질에서 모든 것이 시작된다.

창업을 결정했으면 여러 창업 지원 정보를 찾아보길 바란다. 매년 정부의 창업 지원사업 예산은 큰 폭으로 증가하고 있다. '기업마당, 소상공인 시장진흥공단'의 앱만 켜두어도 창업자를 위한 다양한 지원사업 정보를 일 년 내내 받아볼 수 있다.

예를 들어, 예비~초기(1년 미만) 창업 기업은 시제품 제작과 테스팅, 사진 촬영과 홈페이지 제작, CI/BI 디자인 개발 등을 지원받는다. 창업 2~5년 기업은 국내외 박람회와 페어 참가, 맞춤형 기술 개발, 스마트 업무환경 개선, 기술인력 채용과 같은 지원을 받을 수 있다. 아무런 준비도 없이 창업했기에 이런 유용한 정보를 전혀 알지 못했었다. 겁 없이 큰돈을 투자할 여건도 안 되었지만, 천천히 가더라도 안전한 길을 걷고 싶어서 필요한 지원사업을 하나씩 찾아 사업계획서를 작성했다.

성공이든 실패든 모든 경험은 창업자의 자산으로 남는다. 정부 창업 지원사업의 사업계획서도 여러 번 작성하다 보면 요령이 생긴다. 또한 지원사업에 한번 선정되어 마무리 정산까지 해보면 그 과정에서 새로운 것을 배우고 깨닫는다. 용기 내서 시도하면 두 번째는 조금 더 쉽다. 정부 지원사업에서 받는 지원금은 작게는 창업자에 대한 장려금이지만, 넓게는 산업 생태계를 원활히 돌아가게 돕는 부스터 역할을 한다. 하지만 창업 지원금이 시작 단계에서 도움이 된다 하더라도, 시장 경쟁력을 갖추고 생존하는 일은 또 다른 문제이다. 그래서 [STEP 2]의 시장조사, 벤치마킹, 고객 찾기, 찐팬 만들기, 채널 다각화 등으로 급변하는 시장 상황에 맞춰 대응해나가야 한다. 그뿐만 아니라, [STEP 3]에서 말한 것처럼 성공하는 창업이 되기 위해 차별화된 경쟁력을 갖춰야 한다.

이 책은 1인 창업가로서 고군분투한 경험을 바탕으로 '창업 전에 알았더라면 좋았을 유용한 정보와 실전 팁(Tip)'을 담았다. 특히 저자본, 저부담, 저위험 창업을 고려하고 있는 예비·초기창업자에게 도움이 될 내용이다. 창업에 대해 하나도 모르고 시작했기 때문에 이제 시작하려는 분들의 답답한 심정을 너무나 잘 알고 있다. 그런 분들에게 도움을 드리고자 〈지금껏 나만 몰랐던 창업기술: 30일 도전! 저자본, 저위험 창업 가이드〉를 썼다. 각자의 창업이 다르기 때문에 성공 창업에 이르는 정답은 없다. 그렇지만 변하는 것과 변하지 않는 것이 창업에도 있다. 변하지 않는 큰 줄기를 파악하고, 상황에 따라 변하는 작은 줄기들을 연결하고 잘라내는 작업을 계속해야만 한다. 때론 우연히 만난 누군가의 가이드가 새로운 방향으로 안내하기도 한다. 비록 이 책이 창업에 대한 완벽한 답은 아닐지라도, 사람과 사람을 연결하고 새로운 세상으로 이끄는 '징검다리' 같은 책이 되길 바란다. '유유히 흐르는 큰 강물을 타고' 멋지게 창업 여정을 꾸려가길 응원한다.

부록

창업에 도움이 되는 사이트

창업지원사업 통합 공고

- 기업마당 https://www.bizinfo.go.kr (1357)
- K-STARUP https://www.k-startup.go.kr (1357)
- 창업진흥원(창업패키지/사관학교) https://www.kised.or.kr (1357)
- 중소벤처기업부 https://www.mss.go.kr (1357)
- 소상공인 시장진흥공단 https://www.semas.or.kr (1357)
- 장애인기업종합지원센터 https://www.debc.or.kr (1588-6072)

(1) 제조기반 창업기업 지원

- 중소기업청 (각 지역)
- 테크노파크 http://www.technopark.kr (각 지역)
- 경제통상진흥원, 산업진흥원
  - 서울산업진흥원 https://new.sba.kr (1577-7119)
  - 경기도경제과학진흥원 https://www.gbsa.or.kr
  - 인천경제통상진흥원 https://bizok.incheon.go.kr (070-8787-8286)

- 강원도 경제진흥원 http://www.gwep.or.kr (033-749-3301)
- 충청북도기업진흥원 http://www.cba.ne.kr (043-230-9700)
- 충청남도경제진흥원 http://www.cepa.or.kr (041-539-4508)
- 대전일자리경제진흥원 https://www.djbea.or.kr (042-380-3034)
- 전라북도경제통상진흥원 http://www.jbba.kr (063-711-2000)
- 광주경제고용진흥원 http://www.gepa.or.kr (062-960-2600)
- 전남 중소기업진흥원 https://www.jepa.kr (061-288-3800)
- 경상북도경제진흥원 https://www.gepa.kr (054-472-2986)
- 경상남도경제진흥원 https://www.gnepa.or.kr (055-212-6760)
- 울산경제진흥원 https://www.uepa.or.kr (052-283-7171)
- 부산경제진흥원 https://www.bepa.kr (051-600-1700)
- 제주특별자치도경제통상진흥원 https://jba.or.kr (064-751-3337)

(2) 콘텐츠 기반 창업기업 지원

- 창조경제혁신센터 https://ccei.creativekorea.or.kr (각 지역)
- 콘텐츠진흥원 https://www.kocca.kr (각 지역)
- 콘텐츠 코리아 랩 https://venture.ckl.or.kr (각 지역)
- 정보문화산업진흥원 (각 지역)

(3) 기타

- 대학교 창업보육센터 (각 지역)
- 지자체 창업보육센터 (각 지역)
- 소상공인 지원센터 https://www.semas.or.kr (각 지역)

예비창업자를 위한 무료 창업교육

- 서울시 소상공인아카데미 https://edu.seoulsbdc.or.kr (1577-6119)
- 스타트업위키 https://startup.snu.ac.kr (02-880-2223)

- 소상공인 지식배움터 온라인교육 https://edu.sbiz.or.kr
- 창업진흥원 창업교육 https://www.k-startup.go.kr/edu (044-410-1958)

맞춤형 창업교육 / 사업화 지원

- 서울 창업 카페 (총 11곳)
  - 신촌점 http://seoulstartupcafe.com (070-5121-1441)
  - 서초교대점 https://서울창업카페서초교대점.com (070-4185-5491)
  - 천호점 http://창업카페천호.com (02-488-6880)
- 경기도 경제과학진흥원 **창업진흥TF팀** (031-8039-7110)
- 경기스타트업플랫폼 https://www.gsp.or.kr (031-8039-7107)
- 경기 꿈마루 https://www.dreammaru.or.kr/www/index.do

전문가 멘토링

- K-ICT 창업 멘토링센터**(ICT, 4차 산업혁명, 과학기술)**
  http://gomentoring.or.kr (031-778-7454)
- 공간정보 창업컨설팅 http://www.spacen.or.kr/ (031-606-2530)
- 서울창업카페 멘토링 (각 지역구)

공모전, 대외활동

- 링커리어 https://linkareer.com
- 씽굿 https://www.thinkcontest.com
- 위비티 https://www.wevity.com
- 올콘 https://www.all-con.co.kr

빅 데이터로 알려주는 상권분석

- 소상공인 시장진흥공단 상권분석 https://sg.sbiz.or.kr

- **지식재산권 상담**

- 한국저작권위원회 https://www.copyright.or.kr (1800-5455)
- 특허청 지식재산권상담센터 https://www.kipi.or.kr (1544-8080)
- 서울 지식재산센터 https://www.ipseoul.kr (02-2222-3860)
- 경기 저작권센터 https://www.ayventure.net (중소기업 저작권 종합기관, 031-8045-6700)
- 한국예술인복지재단 http://www.kawf.kr (02-3668-0200)

- **창업 아이템 찾기** (인기 검색어, 키워드 검색량 등)

- 구글 트렌드 https://trends.google.co.kr
- 네이버 데이터랩 https://datalab.naver.com
- 카카오 데이터트렌드 https://datatrend.kakao.com
- 썸트렌드 https://some.co.kr
- 블랙 키위 https://blackkiwi.net (070-8064-2910)
- 아이템 스카우트 https://itemscout.io (070-8833-3002)
- 판다랭크 http://pandarank.net (070-7778-2568)
- 사장님닷컴 https://sjnim.com

- **통계 데이터 찾기** (빅 데이터, 시장 동향 등)

- 통계 데이터 센터: 뉴스 기반 통계 검색 https://data.kostat.go.kr (110)
- 코트라 해외시장 동향 https://www.kotra.or.kr/bigdata (1600-7119)
- 지능형 산업 시장분석 시스템 http://kmaps.kisti.re.kr (02-3299-6293)
- 통계 지리 정보 서비스 https://sgis.kostat.go.kr (02-2012-9114)

지금껏 나만 몰랐던 창업 기술

30일도전! 저자본, 저위험 창업 가이드

초판 1쇄 발행 2022년 03월 28일
초판 2쇄 발행 2022년 08월 30일

지은이 최은희
감수 송현숙
펴낸곳 읽고싶은책 (제2020-000044호)
펴낸이 오세웅
편집 권윤주
디자인 임민정

주소 서울시 관악구 신림로340 르네상스복합쇼핑몰 7층 707-4호
이메일 modubig@naver.com
홈페이지 https://modubig.modoo.at/

※ 누구나 읽고 싶어하는 책을 만드는 도서출판 읽고싶은책

※ 도서출판 읽고싶은책과 함께 할 작가님을 모십니다. 이메일로 원고 접수받아검토 후 연락드립니다.

※ 파본은 구입하신 서점에서 교환해 드립니다.

책값은 뒤표지에 표기되어 있습니다.
ISBN 979-11-971209-7-8 03320